貨幣の地域史

中世から近世へ

貨幣の地域史

中世から近世へ

鈴木公雄 編

岩波書店

目次

貨幣の地域史——中世から近世へ

序文　前近代日本貨幣史の再構築

近年の銭貨史における新しい研究動向は、古代のみならず中世、近世の貨幣史研究の再検討という状況の中で考えるべきものといえる。そして、その根底には、ここ十数年のあいだにおける日本歴史考古学の進展にともなう、出土銭貨研究の台頭という大きな動向がある。

八〇年代以降本格化した東京都心部再開発の結果、江戸市中に存在していた近世遺跡、とくに墓地遺跡の調査によって、六道銭と呼ばれる埋葬銭貨が大量に発見され、それらの銭貨を経済史、貨幣史的観点から分析する研究が行われるようになり、出土銭貨研究による貨幣史研究が新たな可能性をもって登場してきた。都市再開発が首都圏から全国主要都市へと拡大されるに連れて、近世遺跡の調査も全国規模で普及し、六道銭出土墓の発見例も、総数四五〇〇基に達するほどの量となった。

これらの近世銭貨についての流通状況を全国規模において、考古学的手法に基づく分析(セリエーション分析)の結果と、近世宿場資料の記録内容とを対比させつつ検討したところ、中世銭貨(渡来銭)から、近世銭貨(古寛永通宝)への流通通貨の交替は、従来の貨幣史研究が考えていたよりも迅速に完了していたことが判明した。さらにその過程において、幕府が金・銭相場の変動を巧みに利用した、極めて開明的な銭貨政策を実施していた事実も明らかとなった。かくして、出土銭貨と近世経済史資料との結合による、近世銭貨流通史の復元という、新しい視座が結実したのである。

このような動向を受けて、明治期以来主として古銭学的視点から取り扱われてきた中世出土銭(大量出土の備蓄銭)

についても、中世遺跡の発掘調査に基づく確実な事例が増加してきた。そしてこれらの中世出土銭が、中世銭貨流通史復元の重要な情報源としての有効性をもつことが多くの研究者に認識されるようになり、ここに出土備蓄銭を中心に据えた中世銭貨流通史研究の気運が高まってきたのである。

総数約三〇〇万枚以上に及ぶ中世出土備蓄銭のコンピュータ処理に基礎をおいたデータベースの作成を通じて、中世銭貨流通が一三世紀後半から中世末の一六世紀に至る約三〇〇年以上の期間にわたって、いくつかの段階を経て生成、展開、衰退していった状況が具体的に明らかとなった。そしてこの出土備蓄銭の研究成果と、従来から積み重ねられてきた文献資料による中世経済史研究の成果とを対比させて検討することから、中世の銭貨流通、貨幣使用の状況、撰銭令の解釈など、従来不明の点が多かった中世から近世にかけての貨幣動向や銭貨流通の変遷過程などが、新しい視点から再検討される機運をもたらしつつある。

以上のことから明らかなように、近年の貨幣史研究は、従来の文献記録に基づく貨幣経済史、制度史的研究や、歴史的、経済史的文脈からは距離を置いた古銭学的な銭貨の個別研究などに加えて、新しい研究動向が顕著になってきたことに注目すべきである。すなわち、出土資料に基づく考古学的研究、さらには貨幣を経済活動のメディアとしてだけではなく、その使用される社会的状況を含めた貨幣使用の習俗として扱う民俗学的研究など、幅広い形で銭貨研究が展開されている点に、大きな特徴があると言わねばならない。

本来銭貨というものは、経済活動のみならず、政治、文化、社会の各方面と幅広く結びつく存在であり、いわばそこには人間―貨幣関係とでも総称すべき状況が存在している。したがって、今後の貨幣史研究の射程は、これら学際領域間に展開している多様な研究成果、視点を吸収しつつ、新たなる貨幣史の構築に向かうべきであろう。今後はこの枠組みを中世から近世へと拡大しつつ、トータルな意味での前近代日本貨幣史の再構築を目標に定め、その成果を問うていきたいと考えている。

鈴木公雄

*

本書は、かつて鈴木公雄がおこなった右の提言にもとづき、前近代日本貨幣史の再構築をめざしたひとつの共同作業である。

本書が主な対象とするのは、一五世紀末から一七世紀前半までの約一五〇年間、戦国時代から江戸時代初期の貨幣の歴史である。それまで三〇〇年以上にわたって続いてきた中世の渡来銭経済が崩壊し、その混沌のなかからやがて近世の三貨制度が生まれる。その熔解と生成の坩堝となったのがまさにこの時代であった。

ただし混沌とはいっても、まったくの無秩序によって支配されていたわけではない。そこでは崩壊した普遍的な秩序に代わって、いくつものローカルな秩序が生み出されていた。永楽銭を好む地域、洪武銭を好む地域、私鋳された無文銭を好む地域、あるいは銭を捨てて米や銀を選んだ地域等々が列島社会の各所に生まれ、それぞれに独自の貨幣圏と貨幣秩序をつくりあげていたのである。そのローカルな秩序がどのような過程を経て形成され、どのような構造と実態をもっていたのか、また、その多様な地域性のなかからいかにして次なる普遍的秩序＝近世幣制が生成されていったのか、あるいは、近世幣制に向かう貨幣統合の過程でこれらの地域性ははたして完全に払拭されてしまったのかどうか。以下に収める八章の論文がこれらの課題に答えてゆくであろう。

四〇〇―五〇〇年前の日本列島に存在した〝地域通貨〟の時代――それは、地域の活性化や経済的自立、あるいは中央と地方の新たな関係構築が切実な課題になりつつある現代の私たちにとって、けっして遠い世界の出来事ではないと確信している。

二〇〇七年一〇月二二日

執筆者一同

第一章
東アジア貨幣史の中の中世後期日本

黒田明伸

一　常識の非「常識」

二一世紀初頭のある日、日本列島のどこかで、あらかじめ計画された公共工事のついでかあるいは突然の土砂崩れの補修作業中か、土中から甕が予期せずして掘り出されたとする。蓋を開けてみると中には古めかしい銅銭が大量に入れられている。調べてみると元豊通宝だの永楽通宝だのといった中国の年号などを鋳込んだものばかり。一一世紀を中心とする北宋の年号をもつものが一番多いようであるが、比較的大きさはそろっており銭面の文字も見にくいことはない。中には九七枚くらいがそろって束になっているものも見つかる。

と、ここまでは実際に起こってきたしこれからも起こりうる客観的な事柄であるのだが、それらから何を読みとるかは観察者の知見に依存する。「わざわざ土に埋めたのだから、戦乱などで緊急に埋めたのだろう。埋められた時期は最新の銭が一五世紀初めの永楽銭なのだから遅くとも一五世紀半ばまでだろう。中国の銭を貯めておくとは、日本の政権に法貨を通用させる能力がなかったか、中国王朝の影響力が強かったかどちらかなのではないか」といったように推論する研究者がいても不思議ではない。

無理のない推論のように聞こえるが、しかしすでにここでは、地中に埋めるのは非常事態であり、また外見の立派な銅銭は中国王朝自身が発行した当時の法貨である、といったことが暗黙の前提になっている。しかし、こうした前提はすべて現代人の常識によって構成されているのであって、それらが埋めた同時代人の認識と合致しているかどうかはたしかではない。別にここで同時代人の「心性」などというものをもちだそうというのではない。考えられるべき別の可能性を検討せず、現代の常識から当然のごとく引き出された前提を疑うことなく推論してしまっていることの危うさを指摘したいのである。

まず、土に貨幣を埋めるのは非通常の事態なのだろうか。もし非常だというのなら、では日常はどこに蓄えておくというのだろう。鍵に守られた金庫が普及しているとでもいうのか。よしんばそのようなものがあっても、かえって財宝のありかをわざわざ教えるようなものではないのか。そもそも常態がどうであるかを考えずに非常だとみなすとが、推論する際に踏むべき重要な階梯を飛び越してしまっているとはいえないか。

同時代人たちにとっての常識は、それが常態であるゆえにことさらに記述されないことが多い。それをわざわざ書き留めるのは異邦人たちである。一六世紀末にジャワに到来したオランダ東インド会社の艦隊の日誌は、金銀貨などを地中に埋めときどき掘り出して日干しする現地の習慣を記述している。(1) 一九世紀末から二〇世紀初めにかけてエチオピアの地方を見聞した記録には、同じく通貨ないしは財宝を地中に埋めて保蔵する習慣が書かれている。一九三五年の上海商業貯蓄銀行の資料は山西省の大徳通という伝統式為替銀行についての営業調査の中で、「北方では土匪が多いので豊かな農家はその銀行の為替を土塀の中に隠していた」と記している。(2) もし、当時の自分たちの常識に固執した西欧人や日本人がなぜ土中に隠すのかと現地の人々に聞いたなら、他のどこがより安全なのか、と逆に問われたことであろう。目をひとたび日本列島の外に開き広く類似の知見を求めさえすれば、土の中に財貨を埋めることが非常事態だという推論には、頑丈な金庫や銀行預金、そして何よりも治安の良さを当然視した時代の認識が投影されているだけで、特段の根拠がなかったことに気づかされるはずである。

近年茨城県東海村の中世遺構において、民家の床の人為的にこねられた黒土中から少なからぬ枚数の銅銭が発見されている。(3) 枚数や分布の具合からしてたまたま遺失して土中に残ったとは考えられない。同遺構からは悪質な銭貨も見つかっているが、その人為的に混ぜられたとみられる銅銭には含まれていない。ということは何らかの選別が働いていたことになる。まともな銭貨がまとまって隠されているというこれらの傾向は、甕などに入れられた形で発見される大多数の大量備蓄銭の事例と同様のものと看取される。右の山西省の農家の事例を知っていれば同様の行為であると容易に看取できるはずである。すなわち、保蔵用に選んだ良質の銭貨を土中に保存しておくという行為は、冒頭に例示したような一括大量出土銭の事例を頂点として相当広いすそ野をもっていたと考えることができる。

つまり、土の中に保蔵されること自体はよくあったむしろ常態なのであって、それを取り出すことができないまま現代において発見されることが非「常態」なのである。特に戦争、内乱、災害に見舞われた地域に保蔵貨幣が意図せず残されるのはけっして不思議ではない(もちろん緊急時に埋めたこともあったであろう)。

さて、それではその甕に蓄えられた銭たちはいつごろの時代まで活用されていたのか、が当然次に問われるであろう。言い換えると、所有者たちがいなくなるなどして遺失の状態になったのはいつなのか、と。埋められた銅銭の銭面には年号などが鋳込まれているのであるから、たしかにその情報に頼らない手はない。しかしそれにしても一五世紀初めの年号をもつ永楽通宝とならんで七世紀初鋳の開元通宝がかなりの割合で含まれていたりするのだが、そうすると八〇〇年前に中国で鋳造された少なからぬ量の銅銭が、つい最近同じく中国で鋳造された明初の銅銭とともに室町前期の日本の地中に埋められたのであろうか。

発行年が数年からせいぜい一〇年以内の銀貨がかたまって見つかることの多い西欧中世の埋蔵貨幣と比較した場合[4]、東アジアでの埋蔵貨幣の特徴は発行年が数百年にわたるものが少なくないことにある。それは貨幣発行高権を有する王や諸侯が再鋳造の指令のたびに旧通貨を非貨幣化した西欧と、歴代の古銭の並行流通を是認した東アジアの貨幣制度との違いを反映している。しかし、だからといって遺構から見つかる銅銭がその銭面の示す時代に鋳造されたという保証はない。次節で明らかにするように、歴代の「古銭」がまさしく一五—一六世紀に中国で鋳造されていることを、同時代の史料が示してくれている。中国王朝の幣制は歴代古銭を容認する設計であったがゆえに、開元通宝や北宋銭のように人々になじみの深い古銭が後世に私鋳されることは、そもそも避けがたいことであった。私鋳された古銭にも精美なものから薄小なものまで幅があったと記述されており、また官鋳の銭貨にも財政難の時には粗悪なものが発行されたことがあったのであるから、「精美であれば正式に発行された通貨であり、そうでなければ私鋳銭」というような外観と出自を対応させる区分は危うい。

貨幣の表面の年号は実際に鋳造した時期を反映しているはずだし、立派な外観は公式通貨である証左であり、それらが埋められていたのは戦争など何か非常事態によるものだ、というのはすべて現代の常識に基づく類推である。それらは、現代人には抵抗なく受け入れられる解釈であろうが、銅銭を埋めた当時の人々の行為を説明するのにも有効である保証はどこにもない。また、通貨を受け取る人々にとっては、鋳造された真実の年代や実際の鋳造者そのものではなく、その年号も含めた通貨の外観自身の方こそが重要であるという事例は世界史上には満ちあふれている。たとえば、紅海沿岸で重要な通貨として流通したオーストリアのマリア・テレジア銀貨は一七八〇年の銘のまま二〇世紀半ばまで鋳造されつづけた[5]。開元通宝を受領した一六世紀前半の日本列島の人々にとって、それが真に七世紀の中国王朝が発行したものであるかどうかは何ら問題にならなかったであろう。

さて貨幣の素材価値でもなく額面の数値でもない外観に意味があるとすると、それに従って通貨の選別が行われる可能性が生じる。本章のみならず本書全体において取り上げられる撰銭はその典型的な事例である。その貨幣の選別にかかわって、重要な歴史上の貨幣に関する非「常識」な常識をもう一つあげておこう。貨幣供給が増加するとそれによって建てられている物価は上昇する。他の条件が所与ならば、少なくとも下がることはない。これを疑うものは少なかろうし、さすがにこれは歴史上においてもほぼ真の命題であるようだ。しかし、その裏の命題、すなわち貨幣供給が減少すると物価は下がる、は同じく真なのだろうか。言い換えると、貨幣供給と物価を正の相関でとらえるフィッシャーの貨幣数量説、公民の教科書にも登場する常識が、史実において通用するのかということなのだが、実際のところ、通貨の突然の供給不足が物価の下落ではなくむしろ高騰の原因として記述されている事例は少なくないのである（ただし長期の貨幣不足は同じく長期の物価を下げこそすれ上げることはない、とはいえそうである）。

通貨不足の中でも、通貨一般というより、日常的に使われる小額通貨の不足は都市民の反発を招いた。たとえば劣位な銭貨がはびこりはじめた地方の長官がその使用を禁止したとする。すると日々の売買を生活の糧とする小販売者たちがそれを不服として従わないのである。貨幣の制限は物価をむしろ上げるだけで、暮らしにくくさせるだけだという論理が史料に垣間見られる。もし物価が単に下落するなら都市の消費者でもある彼らは抵抗しなかったであろう。(6)

良質な通貨ではなく、充分な量の通貨の供給こそが日常の取引を安定させるのだとしたら、そして限られた条件のもとでは劣位な通貨の受領こそがその充分な量の確保の現実的な方策なのだとしたら、薄弱な無文銭のようなものにも充分に存在価値があったわけである。しかしそうした無文銭では資産として保蔵するには適さない。あえて地中の甕に入れて蓄えられるものは立派な銭面をもった精銭となるのはまた自然である。こうした差別化は、貴金属と卑金属の間だけではなく、似た素材の銭貨の間でも生じたのであり、またその差別化はたぶんに地方的色彩を帯びたものであった。先のジャワの事例でも、銭面のしっかりした銅製の「万暦通宝」は埋められたが、鉛製の「咸平元宝」はそうした特権に与らなかったようである。

こうした通貨の差別化は、現実の（仮想のではなく）貨幣そして市場のある重要な性質を反映している。歴史上の現実の市場における売買は同じ通貨のみでは効率よく媒介されなかったのであり、いくつかの通貨の組み合わせこそが取引を安定的に成り立たせていたのである。その組み合わせにおいては、貨幣たちの関係は代替的ではなく、補完的に現れる。ある貨幣にとって容易な働きが、別の貨幣では困難であり、その逆もあり得る。場合によってはある貨幣で別の貨幣を買わねばならない。同じ市場で売買しているのに。それは、国内単一の貨幣体系、そこでは小額通貨が補助貨幣として本位貨幣に従属している、に慣れた者の常識とはおよそ違う世界である。現行の政治経済学は本位貨幣に基づく単一の貨幣体系を前提にして登場したが、つい一〇〇年少し前まで人類の過半は、補完的な貨幣制度の中で日々の取引を成り立たせてきたのである。(7) 人口に膾炙した「悪貨が良貨を駆逐する」が通用するのは貨幣たちの関係が代替的な場合である。補完的な場合の方が多い歴史の現実においては「良貨」はせいぜい後景に退くだけで、貨幣たちの組み合わせ方が変わったととらえる方が適切である。誰それの法則として知られる割には、これもまた史実の解釈には不適切な常識なのであった。

貨幣にまつわる、実は根拠がない常識はその他にも多々あるのだが、とりあえず下記三点の史実に適合しない「常識」に注意しながら、物質資料と文献資料双方をふまえて中世日本の貨幣流通が東アジアの中でどのように位置していたのかを明らかにしていこうと思う。

①銭面の文字情報は、その銭貨の実際の鋳造年代を示すとは限らない。つまり後世に鋳造された可能性がある(もちろん初鋳年代より前ではないという保証にはなるが)。

②たとえ銭面の文字通りの時代に鋳造されたのだとしても、鋳造者はその王朝によるとは限らない。同時代の私人、別の政権が鋳造しているのかもしれない。

③官制の銭貨は立派な外観を有し、私鋳はみすぼらしい、という傾向はある。しかし、だからといって立派な銭貨は官制で、みすぼらしいのは私鋳と決めつけるのは危険である。

日本中世遺構から発掘される埋蔵銭の八割が宋銭であるが、北宋代の年号を銭面にもつことがその銅銭自身が北宋代に鋳造されたことを証明する、という常識が成り立たないということからまずはじめよう。

二　明代私鋳の北宋銭、開元銭、そして永楽銭

鈴木公雄が最も総括的に整理したように、日本列島での一括出土埋蔵銭の八割は北宋の年号などをもつ北宋銭である[8]。これは中国における出土状況とおおむね合致するし[9]、文献から想定される中国王朝による銭貨鋳造の規模の歴史的推移とも矛盾しない。しかしだからといって、一五、一六世紀においても日本でいまだに大量に流通していた宋銭が、真に銭面の文字が表示する一一世紀に鋳造されたものだという保証はない。

顧炎武撰『天下郡国利病書』所収の『漳浦県志』は一六世紀の同県で宋銭を「盗鋳伝用」していたとし、嘉靖三年（一五二四）から元豊銭が鋳造・使用され、同七年からは元豊銭が廃棄され元祐銭が、同九年からは元祐銭が廃棄されて聖元銭がと、対官憲対策にめまぐるしく変えるが、同一三年（一五三四）から崇寧当三銭と熙寧折二銭に変えた後は、万暦三年（一五七五）まで約四〇年間変更がなかったと、具体的に銭面の北宋年号を挙げて記述してくれている。これらの銭種は中世日本の遺構で発見されるものの上位と合致するし、また一六世紀末と見られる堺の模鋳銭の範型としても採られている銭種である。しかも、漳州府所属各県のなかでも県ごとに銭の使用・不使用がわかれ、銭使用地域でも相場に差があり、「詔安(県)の銭が極精で、漳浦(県)のものは之に次ぎ、龍渓(県)のものは極悪だが用いられている」と、銭の質にも差があるとも記述している。「極精」と評された銭貨がどの程度精美であったのかはわからな

いが、私鋳銭といえば劣悪な外観を連想するのはいましめるべきなのである。

この福建の宋銭私鋳の記述を知った上であれば、次の南京近くについての記述にも類似する印象を受けるであろう。『江浦県志』は当地の流通貨幣について、一五世紀では明銭と開元通宝が流通していたが、一六世紀にはいるとほぼ開元通宝一色になったと記す。しかも比較的立派な開元通宝が流通していた県から、極小の開元通宝が見られる南京近くの地域まで、地方ごとに種差があったという。[10] この記述から、ある地域には大振りの開元通宝が唐代から伝えられ、そう離れていない別の地域では小振りの唐代鋳造の開元通宝がたまたま一六世紀まで残った、と解釈するものがいるだろうか。一五世紀よりも、時代が後の一六世紀に開元銭がより支配的になったとの推移からしても、銭貨不足の中、各地が独自に別々の大きさの「開元通宝」を私鋳したととらえるのが最も整合的であろう。

すなわち一六世紀前半の中国は、当代の明朝の銭貨ではなく、歴代の年号などを鋳込んだ「古銭」が跋扈する世界となったのである。この先祖返りのような現象は一五世紀末に急速に進んだようである。というのは、一四九〇年ごろ江南の陸容の随筆が、若い時には洪武銭を見たのに近頃はまったく見かけない、というように記述しているからである。[11] つまり、宣徳(一四二六—一四三五)以後万暦(一五七三—一六二〇)以前の明代中期は、公式の通貨供給がほとんどなされず、地方的偏差をもった歴代古銭の私鋳銭が支配的になった時代なのである。私鋳するときにその対象となったのはそれ以前からもよく見なれた銭貨、すなわち元豊通宝などの北宋銭や開元通宝などであったのは至極当然のことであった。受け取られやすいという点でも、私鋳の咎めを少しでも遠ざけるという点でも。

もちろん、明代中期の中国で流通した「古銭」がすべて明代の私鋳銭であり、真正の宋銭などは含まれていなかったと主張しているわけではない。北宋の王安石の新法の前後の銭貨鋳造額は空前絶後であり、元豊通宝などの最盛期の鋳造額は年六〇〇万貫(六〇億文)、北宋全期積算でおよそ三億貫にのぼったとされる。[12] その巨大な蓄積の一部が一六世紀にかけて復活したことは充分想定できるし、掘り出して使用に供される宋銭という記述が明代後期にも残されている。[13] それら掘り出された古銭と新鋳「古銭」との市中での割合は知る由もない。ただ、いかに銭面が上手く模倣されていても、四〇〇年前の本当の古銭とごく最近鋳造されたものとでは、その外観の差は隠せなかったようである。明代に現れた出来たての古銭もどき、そのとまどいは「新銭」「新鋳」という表現をもって表された。[14]

この「新銭」、一四八〇年にかけての時期に急激に北京あたりで出回りはじめたようである。次節でとりあげる大内氏による日本における初めての撰銭令が出される直前であることを覚えておいてほしい。ではそれまで北京で流通していた通貨は何かというと、当然とはいえ、明銭であったようだ。ただし特に永楽銭であったようである。一四五六年の『明実録』に、北京において「永楽のみを用いてその他を用いず」という上奏が載せられている。[15] 明朝による南京での鋳銭について、洪武・宣徳・弘治・嘉靖の四種のみと一六世紀末に回顧されている記事が残されているから、[16] 永楽九年(一四一一)に浙江・江西・広東・福建の四布政司に鋳銭を命じたとの記事が残されているものの、[17] 実質的に永楽銭は遷都を行った永楽帝の下、北京で主として鋳造され、ことに当地近辺で出回っていたのかもしれない。ただしここでいうのは官による正式の鋳銭である。当該の一四五六年の上奏は、江蘇で永楽銭が私鋳されそれらが北京に持ち込まれはじめたことを問題としている。

その後も私鋳銭が北京に流入することによる弊害はたびたび実録などをにぎわすが、一四八〇年にかけて貨幣政策上の焦点となったのは、私鋳一般ではなく、「銭を揀《えら》ぶ(揀銭)」弊であった。銀一両に対して銅銭八〇〇文で安定していた比価が一三〇〇文にまで低下したといわれるほど大量の偽造銅銭が北京に持ち込まれたようである。日々二〇―三〇文を得て生活の糧としている都市民にとって銅銭の価値低下は死活の問題であったかもしれない。だが史料が指摘している市場を混乱に陥れた原因はその私鋳銭流入による銅銭比価の下落ではなく、商人たちが「銅銭を選揀」

しはじめたことであった。では何を選んだかというと、「洪武・永楽などの銭」を「挑揀して用いず」「数を加えて折算」しはじめたのである。[18] 流入する偽造銅銭の方を抜き取ったのではなく、既存の明銭を保蔵するかあるいは数倍に加算して用いるようになったのであった。当局が重大な問題として禁止せねばならなかったのが、私鋳銭の流通ではなく、民間による選別行為の方であったところに、他の時期とは異なるこの時期の際立った特徴がある。

なぜ、選別が問題になったかというと、それが穀物をはじめとする物価の高騰をもたらすと認識されたからであった。劣悪な私鋳銭が出回って「悪貨が良貨を駆逐した」結果の物価騰貴ならば私鋳銭禁止という政策が打ち出されねばならないはずなのだが。もちろん劣悪にすぎる銭貨の使用禁止は相変わらず謳われたが、一四八〇―一四八一年の明朝の対策は、輪郭がはっきりしたものなら選んではならない、つまり逆に受領せよとの奨励であった。選別が流通を滞らせそれが諸物騰貴の原因となっているという認識による。歴代の古銭は、形さえ整っていれば、あけすけに言えばたとえ私鋳だろうと、通用すべしと宣言したと同じである。

通貨の選別は流通通貨総量を減らしこそすれ増やすことはないだろうから、貨幣流通量の縮小が物価騰貴をもたらすという、一見奇妙な因果関係になっている。だが、その奇妙さは、物価と貨幣量を正の相関でとらえる貨幣数量説が、貨幣供給量と取引規模を独立の変数であって相互に依存しないと仮定していることからくる誤解から生じたものである。貨幣供給の急激な縮小を伴う変化が商品の出回りをそれ以上の速度でくじくという状況を想定しうれば、何ら奇妙な現象ではないし、明朝の政策も時宜にかなったものであったことになる。この一五世紀末の北京は決して孤立した事例ではない。たとえば一六世紀前半福建省莆田県で、地方官が銭貨の斉一さを維持したいがために私鋳銭を統制しようとすると、そうした制限は取引を困難にさせるので都市民たちが反対した、という事例なども同様のものと考えられる。[19] 同時代人たちは彼らの歴史的条件に基づいた彼らなりの合理性をもって理解していたのであり、むしろ、われわれの常識となっている貨幣数量説の方が、貨幣の中立性、というかなり強い仮定のもとに立てられていることに気づかねばならない。

この一五世紀末を境にして、前述のように、明銭が消え宋銭など「古銭」が闊歩する世界に中国はなっていく。次節で述べるように、より正確には、幾種かの銭貨に階層化されて流通していくことになるのだが。ではなぜそのようなことが明朝中期に起こったのだろうか。あらためて確認しなければならないのは、宣徳以後万暦以前の一世紀半というのはほとんど公式の鋳銭が行われなかった時期だということである。理由の一つははっきりしている。銭貨の鋳造に費用がかかりすぎたからである。もちろん費用というのは相対的なものであるから、一文の官銭を薄小に設定して鋳造発行したなら費用を下げることはできた。だが、そうはならなかったところに銅銭を中心として発展してきた東アジアの貨幣制度の特徴がある。千年以上にわたって一銭(四グラム弱)から一銭二分の重量の銭貨が発行され、受領されてきたことを王朝は無視できないのである。ことに北宋以後の王朝においては、一一世紀に天文学的な枚数が鋳造された青々しい良貨の蓄積は無視するには巨大すぎた。かりに五分(二グラム弱)の重さの官銭を新鋳しても、現実の市場はそれを受け取らないか、あるいは一文として受け取っても既存の古銭を二文や三文に換算して使用することであろう。したがって、創業期であった洪武期から永楽期を経た後、明朝が本格的に鋳銭を開始するには、費用を度外視してでも発行する要因がなければならない。事実、明代で初めて本格的に鋳造された一五七五年初鋳当初の万暦通宝はその精美さが謳われると同時にはげしい私銷(溶解)にみまわれた[20]。

ただし銅銭を本格的に官鋳しなかったという点では、北宋以後の諸王朝はみな同じである。金や元のようにあからさまに銅銭の使用を禁止しないまでも、北宋を継いだ南宋ですら鋳銭には積極的ではなかった。明が先行する王朝と異なったのは、鈔(紙幣)を流通させられなかったことにある。紙幣について本章で述べる余裕はないが、ともかく明朝中期は宋以後において最も公式の通貨供給の乏しかった時代なのである。明朝財政は一四三〇年代の金花銀を嚆矢に銀使用に傾斜していくが、民間の取引は、よく引用されてきた丘濬の上奏にあるように、銀を使う地域もあれば、米や布を使う地域もあるし、貝貨を使う雲南の事例もあるなど地域的特色が際立っていく。[21] そうした中に銭を使う地域もあったという状態であったのだが、ではなぜことさらに明銭が消えていったのか。それには明代特有の銭需要の地域的偏りが関わっていた。

一四五三年寧波着の遣明船の船長の一人であった楠葉西忍は、当時の北京の銭相場が銀一両＝一〇〇〇文であったのに対し、南京は二〇〇〇文、寧波は三〇〇〇文であったと記している。[22] この時期はまだ後述するような銭貨の階層化は進んでいないから、この違いが銭貨の質によったとは思えない。だとすると、いかに運送費用のかさむ銭貨とはいえ、この高低差は銭貨の移動をもたらすに充分なはずである。はたして一四六〇年代から一四八〇年にかけて前述のように北京は新鋳の銭貨の流入に見まわれる。注意しなければならないのは、銭需要の偏りがこの時期だけのことではなかったことである。一世紀以上後にも北京の銭相場が銀一両＝銭六〇〇文なのに対し、南京のそれは一両＝一二〇〇文であるとの記述が残されている。[23] しかしこれほどの格差はその後の清代では知られていないから、明代に特有のものであったとみてよい。では何が、この時代の北京周辺の銭需要を高めていたのか。

先述のように、明代中期においてはそもそも銭使用そのものが限られた地域でのみ行われていたわけである。その中において、大運河から北京にかけての地域は一貫して銭が流通していた。[24] それはすなわち軍が駐留する地域でもある。兵糧支給の困難さを屯田制による自弁で回避する方策はたびたび浮上するが、現実的解決策にはならない。兵士が駐留する地域は同時に日常的な売買のための通貨が需要される地域でもあった。明初において軍への兵糧供給は江南からの現物輸送を原則にしていたが、一四三三年の金花銀導入後、現物の直接分配支給から徴収された銀での支払いに比重が移動していく。だがこの銀支給は特定の地域における銅銭需給を逼迫させることになる。

最大の銀受領者は兵士たちであったが、彼らは同時に銅銭需要者でもあった。一六世紀末の史料になるが、北京駐在の団営の兵士は四月と一〇月に銀で給料を支給されるのだが、銀が多く銭が少ないため「売銭行戸」に不利な両替を強いられ、たとえば五銭（〇・五両）の銀を得ながら四銭あまり相当の用にしかならない、との記事が残されている(25)。ちなみにこの団営が創設されたのはやはり一四五〇年代なのだが、北京とその周辺に駐在する兵士たちへの銀による俸給支給は、すなわち恒常的な強い銅銭需要をもたらしていたのである。明朝が彼らへの銅銭供給をできないでいるかぎり、銀納化が進むほど北京周辺での銭需給は逼迫し、宋代の巨額の鋳銭を中心的になった東南沿岸部と銭相場の南北格差が生じることになる。そうした状況において安価な原料銅をまとまった量で南部のどこかの地域が獲得できたなら、おもむくところは明らかである。はたして銅は日本からもたらされた。勘合船であれ倭寇であれ。かくして一五世紀後半から北方の銭需要は巨大な磁石となって銅銭の北流を創り出す。需要に応えるべく作られた銭貨が流通を容認されていた歴代の「古銭」の様態をしていたことは、私鋳者の立場に立てばひとつの安全策なのだが、結果的に明銭の消失をもたらした。本来の古銭も含んだ雑多な銭貨の大量の流入は、次節で述べるような地域差をもった銭流通の階層化をもたらすことになる。しかも中国内だけではなく環シナ海一帯をまきこんで。

本章の主たる目的は、その銭貨流通の地方的階層化が東シナ海沿岸で共時的に起こったことを明らかにすることなのだが、次節でその具体的な進行過程について述べる前に、永楽通宝について流布している説、すなわち永楽通宝が中国国内で使用されるためではなくもともと日本など海外へ下賜するために鋳造されたという解釈(26)が成り立たないことをここで明らかにしておきたい。もともとこの説はひとえに中国本土での出土例が少ない永楽通宝が日本でよく出土するという事実から類推されたものであり、特段の史料的裏付けをもったものではない。これまで紹介した史料で充分明らかなように、地方布政司に鋳銭を命じており(27)、また一五世紀末まではたしかに永楽通宝が北京周辺では流通していたことを、まず強調しておこう。それが一六世紀にかけての「宋銭」流通の流れの中で消えていったのであって、明朝がことさらに永楽通宝を選んで海外にもたらそうとしたわけではない。

永楽銭の中国国内での流通を確認した上で、ここで考えるべき問題は二つある。第一に、一五世紀初めの永楽期からしばらく経た後に、一五世紀末までの日本と中国の史料に現れる永楽通宝が何者であるかということ。第二に、一六世紀前半には中国はもとより日本でもほとんど史料に現れない永楽通宝が、一六世紀後半から突如日本の関東を中心に再び現れるのは何を意味するのか、である。

まず一五世紀について考えてみよう。そもそも上述のように一五世紀前半においてすでに明朝は鋳銭に消極的であった。それに対して室町幕府側が明銭の提供を望んでいたことは明らかである。消極的な中国側に日本側の要求に応えさせるには何か有利な条件をもたらすしかない。それは日本側からの銅の提供であった。上述の江南における私鋳永楽銭の記述は日本の朝貢船到着の直後であり、私鋳を可能にさせているのは銅価格が下落したからだと記されているが、その中国側に記される江南での銅価格は、中国側に買い取られた日本銅の価格として日本側が記しているものと一致している(28)。これを単に日中双方の記載価格が偶然一致したとして片づけるのは、その方がむしろ不自然であろう。つまり日本銅の到来こそが中国での鋳銭を誘発しているのである。

一四五四年に明朝が日本側の朝貢品の代価として「新銭」三万貫を渡したとされる(29)。既述のごとく南京の工部宝源局そのものが万暦以前に鋳造したのは洪武・宣徳・弘治・嘉靖の四種の銅銭のみである、という回顧が後にあり、永楽銭は鋳造されなかったとされている。ではどこから新銭は来たのか。永楽九年(一四一一)に鋳銭を命じられた四布政司の中に浙江布政司が含まれており、日本側は寧波に「杭より至る」と記しているから(30)、それが事実を反映しているなら、杭州の鋳銭局に特別に永楽銭を鋳銭させたととるべきかもしれない。しかし同時に中国側の史料上で確認されるのは、既述のように、まさしくこの時期に永楽銭を模した銅銭が江南で私鋳されていたということである。この時日本側が入手した永楽銭は、みずからが持ち込んだ銅を使って鋳られた私鋳銭が相当含まれていた可能性がある。なお同じ「新銭」と記されていても、一四九九年に日本側が「新銭即ち悪ければ」、「旧銭永楽銭」を求めたとする記事におけるそれは、上述のように、もはや明銭の様態をしたものではなく、新鋳の「宋銭」であったにちがいない。(31)

そもそも一四〇八年、一四一一年の永楽通宝鋳造、一四三三年の宣徳通宝鋳造が日本の勘合貿易の第一期ならびにその再開直後に行われていることからして、日本銅と明朝の鋳銭との呼応関係が推測されもするのだが、一五世紀中葉から後半にかけて日本が勘合貿易を通じて入手した銭とは、自らの持ち込んだ銅から公私に鋳造された永楽通宝の一部であった可能性が高いのである。ただしそれは本来の公式の永楽通宝を明朝が日本など海外への下賜のために鋳造したなどということを意味しない。中国側が希求する原料銅の重要な供給者たる日本が同時に銅銭の強い需要者でもあったことのいわば経済的な帰結なのである。(32)

いずれにしろ一五世紀末には永楽銭を含む明銭は中国国内から消え、もはや日本側には渡らなかったはずである。ところが日本での永楽銭出土のピークは一六世紀後半の遺構からである。博多ですら過半の永楽銭はこの時期の遺構から見つかっている(本書所収櫻木論文)。一六世紀後半に関東を中心に史料にも現れる永楽通宝とは何なのであろうか。第二の問題にうつろう。

そもそも一五世紀を通して中国から流入する永楽通宝は、官鋳であれ私鋳であれ、大内氏など西日本の諸大名や商人の手を通して通用ないしは蓄積されていたはずである。銅銭のような小額額面通貨は、一度散布されると、集め直して他所へ移転させるなどということは極めてむずかしい。一五世紀に西日本で流通した永楽通宝が集められて一六世紀半ばに関東に輸送され突如現れるなどという想定は、収集する費用と輸送する費用の両方を考えるとおよそ成り立ちがたい。

出土する永楽銭は相対的に様態の良いことで知られているが、様態が良ければ官銭、悪ければ私鋳銭という対応関係はもともとあてにならない。それよりも永楽銭の出土状況について着目すべきは、満遍なく見つかる上位の北宋銭と違い、妙に特定の地層にまとまって出土する傾向がある点である。堺、松山など、一六世紀後半の地層で永楽銭がまとまって出土する事例は東日本に限らない[33]。これを、一五世紀初めに中国で鋳造された真正の永楽銭を各地で撰銭した結果と考えるのは、その状態に至るまでのさまざまな手間ひまを無視しないと成り立たない仮説である。高い需要があるなら、分散したものを集めるより、新たに供給した方が費用はむしろ安くすむ。だからまとまって特定の時期の地層で見つかる、との仮説の方が経済的にはかなう。そうすると、最も自然な推論は日本での永楽通宝鋳造である。

はたして、つい最近茨城県東海村の村松白根遺跡から、永楽通宝の枝銭が発見された。まぎれもなく鋳銭の最終工程を示している。現場は港からさほど離れてはいないので他所から持ち込まれた可能性も否定できない。しかし、中国江南(あるいは福建)での鋳造現場からこの枝銭がはるばる関東にもたらされたなどという偶然を想定するより、関東で永楽通宝の様態をした銭貨が鋳造されていた物証とみなすのが自然である。枝銭の化学分析の結果も日本での永楽銭鋳造の存在に肯定的である[34]。

同じ明銭の洪武通宝の日本における模鋳銭は、いわゆる加治木銭にみられるように、九州南部において一六世紀後半には相当流通していたようであるから、永楽通宝の模鋳銭が東日本などにおいて同じく鋳造され流通していたとしても何ら不思議はなかった。一六世紀後半の『多聞院日記』に現れる撰銭対象としての「新銭」について、江戸期の

『三貨図彙』の著者草間直方が「水戸の永利手、隅州の加治木銭」のようなものとして、国内私鋳銭と比定していたのには耳を傾けるべきであろう[35]。

そもそも永楽通宝の四文字を銭面に有しているからといって、我々の目の前にあるそれらの銅銭が、史書に記された永楽六年や同九年に中国の鋳銭局で製造されたものである保証はなかったのである。つまるところ、鋳造場所が中国の江南や福建といった東南沿岸部であれ日本の関東などの国内であれ、今日われわれが目にする相当数の永楽通宝は永楽年間より後に非公式に鋳造されたものと見なした方がよいということになる。

三　階層化する環シナ海の銭貨——悪貨は良貨を駆逐せず

一四七八年に日本は勘合船を明に派遣している。上述の一四八〇年に至る時期の北京における「新銭」流入と明銭保蔵という事態を思い出してほしい。有名な大内氏による撰銭禁令はすぐ後の一四八五年のことである。本章は、これまでも議論のある当該禁令の条文の解釈そのものについて何かを付け加えることを意図しているわけではない。もうすでに中国本国で「新銭」がはびこりはじめ明銭が民間で抜かれるようになった事態を経た上で、特定の明銭の使用に関わる禁令が日明貿易の当事者である大内氏から出された、という時系列上のつながりに注意を喚起したいのである。

このころまではこれら「新銭」の出所はまだ江南、すなわち文字通りの「なんきん」であったかもしれない[36]。だが一五世紀末から一六世紀初頭にかけてはもはや江南ではなく福建が「新銭」の主たる供給元になる。一四八六年にべトナムで撰銭禁令が出されているのも偶然ではなかろう。[37] そしてこのころから銭貨の流通における階層化現象が、東シナ海の両岸で同時並行的に進行していくことになる。その雑多さを反映して中国では「新銭」のほか「鉛錫」、「薄小」、「低銭」、「倒好」、「皮棍」など様々な呼称があったようである。[38] 日本において中国での「新銭」に最も対応した呼称は「今銭」でおそらくあったろうが、「新銭」という記載も少なくない。前節で述べた『多聞院日記』での事例のように「新銭」が特定の銭を指していたと推測できる場合も少なくないが、「おおかけ」、「うちひらめ」、「なんきん」などと同様、中国における呼称との実際の対応関係は明らかではない。そもそも中国史料での「新銭」が時代によって永楽銭であったり、宋銭であったり、後には万暦通宝であったりするように、同じ言葉が同じ銭貨を指すとは限らないのは当然である。だが、九州北部でさまざまな銭貨呼称が現れるようになるのが延徳年間(一四八九―一四九二)とされるように、[39] そもそもこうした銭への多様な呼称が同じ地域に併存する事態そのものが日中同時並行なのである。

室町幕府による初めての撰銭禁令が出されるのが一五〇〇年のことであり、東寺が西国の荘園に対して「悪銭」を送らないようにとの指示を初めて出したのも同じ一五〇〇年のことであるから、[40] 遅くともこのころには九州にとどまらず京都においても流入中国銭の多様化が社会的問題となっていたのであろう。上述のごとく、この一五世紀末から一六世紀初めの中国、ことにその沿岸部で、明銭が消え宋銭が(場所によっては南京附近のように開元銭が)主たる流通銭貨となってきたことを証言する記述がのこされている。

繰り返しになるが、明代中期の人々が使用していた宋銭が当時鋳造された「新銭」ばかりであったとは限らない。北宋は、二世紀足らずの間に三億貫(三〇〇〇億文)という史上最大の鋳銭を行ったのだから、当然その蓄積は一六世紀にもあったはずである。既述のように、古い宋銭を掘り返して使用する、という記事も一六世紀末には確認される。

しかし、中国の貨幣政策において、歴代の古銭の流通は、ことさらに排除するものではなかったのであるから、真正な古銭が流通しているだけなら、当局も、そしてそれを受領する人々も問題とはしなかったはずである。問題なのは、光沢の新しいぴかぴかの「古銭」であった。

前節で、福建省南部の『漳浦県志』が、一六世紀に同地で鋳込む北宋年号を変えながら宋銭を私鋳していた記事を載せていることを紹介した。漳浦は漳州府に属し、後期倭寇の拠点となる月港を擁する龍渓県の隣県である。『漳浦県志』に記されるその私鋳の初年は一五二四年だが、同じ福建省に属するが北部沿岸に位置する莆田県についての記事は、それより以前の遅くとも正徳年間（一五〇六―一五二一）初めには、この漳州から宋銭模倣銭が当地に流入しはじめた、と記している。しかも、『漳浦県志』には一五三〇年頃元祐銭を私鋳したと明記しているが、『莆中銭法志』が、莆田の人々が正徳初めよりも後になって「字様」で銭を選びはじめ、その抜き取られたものの例として元祐通宝を明記しているのも偶然の一致ではあるまい[41]。福建南部から北へ向かって模倣宋銭はたしかに流出していたのである。

一五一七年に科挙試験のために北京を訪れた董穀が「板児」という「低悪之銭」二枚を一文に数える習慣を初めて目にするが、故郷（浙江、海塩県）でもやがて普及し、いつのまにか二枚を一文ではなく「如数」、すなわち一枚を一文として数えるようになったと述べている[42]。他の史料ではこの二枚をもって「好銭」一枚に当てられる銭貨を「倒好」と呼んでいる。ただここで注意しなければならないのは、それら新鋳のものを「低銭」と呼んでいるのであって、かならずしも薄小であるとは記述されていないことである。つまりあからさまな私鋳であることを示唆する新しさゆえに低く評価されているのであって、より後にはびこる私鋳銭のように、かならずしも素材価値の低さのためではなかった。

やがて「倒三」、「倒四」との表現のごとく、「好銭」一枚に対して三枚、四枚の比率をもって当てられるような銭貨も流布しはじめる。しかしおおむね一六世紀の第一・四半世紀においては、「好銭」は七〇〇枚＝銀一両だが、「中銭」は一四〇〇枚＝銀一両、というような一対二、せいぜい一対四止まりの階層化にとどまっていたとみてよい。[43]これは中国の状況だが、西日本でも同じ頃、精銭と並銭に比率をつける「和利」などと呼ばれる慣行が地域差をもちながら現れてくる。[44]しかしこれもおおむね一対三や四を超えないものであった。

しかし中国では嘉靖年間、すなわち一六世紀の第二・四半世紀から後半にかけての時期に、流通する銭貨の多層化がより進行する。雑多な私鋳銭流通に手を焼いた明朝は一五五四年に制銭や歴代の「上品」の銭を七〇〇文＝銀一両とし、以下、一〇〇〇文、一四〇〇文、二一〇〇文といった区分に整理しようとする。しかし当時の市場ではそれらの比率をはるかに下回る三〇〇〇文や七〇〇〇文をもって銀一両に当てるような「蕩劣」な銭がはびこっていた。先の「倒三」「倒四」どころか基準銭一枚に対して「五六至九十」枚が当てられるような低質銭が当たり前に見られる状態になっていった。[45]

この銭貨のさらなる多層化は中国だけではなく、確実に同時代の日本においても進行していた。一五五九年の東福寺領である周防国得地保の正税米売却帳簿で、精銭一枚に対して三枚に比される「新銭」と一〇枚に当てられる「南京」が混在しており、一五六〇年の伊勢大湊文書では、銭貨は一対二から八まで数種類にわけて記帳されるようになっていた。そもそも有名な一五六八年の織田信長上洛直後の撰銭禁令自体が、銭貨流通を一対二、五、一〇の四階層に秩序づけようとするものであった。[46]

残念ながら、この時日本で精銭一枚に対して一〇枚に当てられた「うちひらめ」や「なんきん」の様態を確かめる手段はないし、また中国側で「裁鉛剪紙之濫極」と嘆かれた下層の銭貨との対応関係も定かではない。しかし、一六世紀第二・四半世紀から後半にかけては、日本各地の遺構からの無文銭や鉛銭の出土が際立つ時期でもあり（本書所収櫻木論文）、おおよそ文献において最下層の銭として表現されたものと重なるものだったとみて大過はあるまい。

以上のごとく一五世紀末から一六世紀後半にかけて、中国沿岸部と西日本は偶然ではすまされない銭貨流通の同時並行的な変化を共有していた。そもそも、明朝独特の体制によってもたらされた中国国内の銭貨需要の地域的偏差が、私鋳も含めた古銭を南部から北流させる構造的背景となっていた。しかし銅供給がなければ私鋳しようにも採算に合わない。古銭を溶解して新銭を鋳造した場合もあろうが、日本銅の到着地が私鋳の拠点になるのは理の当然と言えた。当初は遣明船の到来する江南、そしてやがて非公式貿易、すなわち倭寇の拠点たる福建南部へと私鋳の中心は移る。重要なのは日本自身が強い銅銭需要をもっていたことである。福建から新旧の「古銭」をはるばる北京へ運ぶより、舟山列島から東へ舵をとって九州に搬送した方が販売者にとっては風の便が良いかもしれない。

福建と西日本を結ぶ非公式貿易は一五四〇年あたりから新たな段階を迎える。一度ならず述べてきたことなので贅述はさけるが、輸出されはじめた石見銀が福建経由で江南の絹などと交換されはじめ、それまでにない規模の私的交易が東シナ海沿岸を結びつけはじめる。「極精」から「極悪」まで豊富な古銭の品揃えをもつ貿易拠点漳州がその輸出を加速させるとともに、日本、中国ともに銭貨流通のはげしい多層化を共時的に経験することになる(47)。

さてこうした銭貨流通の多層化はただ混乱した印象のみを現代のわれわれにあたえがちだが、けっして通貨の流通が無秩序だったわけではない。むしろ、貨幣たちの間に補完的な関係が成立していることを可視化させてくれているとも言える。西日本において精銭と並銭のどちらをどの比率で換算して年貢納入で使うか、といったことは常に騒擾の原因となったが、地場の市などでは並銭が行使されていても、遠隔の地域から木材なりの商品を購入しようとすると精銭が不可欠であったりしたように(48)、銭の間にはそれ相応の分業的関係があった。ここでは悪貨と良貨は競存しているのであって、けっして「悪貨が良貨を駆逐する」世界ではなかった。言い換えると、銭貨たちは代替的であるよりむしろ補完的な関係にあった。

刹那的な取引を媒介するための通貨、資産として保蔵しようとする通貨、地域を超えた決済に用いられる通貨、この三者が分かれて併存して現れる場合もあるし、重複する場合もある。並銭と精銭だけが併存するような場合は、精銭が後の二つの機能を担っていたことになる。簡単にいってしまえば、貨幣に異なる需要があるが、供給は非弾力的(しかも異なる程度で)であるから、それぞれの需要に対応する複数の通貨を競存させることが合理的な選択となる。

一七世紀後半の福建省莆田県などは、清朝の銭を日常の取引に遣いながら、宋銭などを素材価値から過高評価して資産蓄積の手段とし、遠隔地との交易では銀が決済の用をなしていたようである。当時の莆田の事情を記す年代紀は、特定の銭を基準銭として通用銭と差別化する合意が県城の商人たちの合議によって変えられていく様を記述してくれている[49]。官の規則に依存するのではなく、かといって商人の間に厳格な団体が確立しているわけでもなく、その時の状況に依存しながら補完的な関係にある複数の通貨の間の関係についての合意を成り立たせていくあり方は二〇世紀初めになっても中国では基本的には変わらなかった。黒田はそうした通貨受領に関する合意を共有する関係を、銀両制度研究における宮下忠雄の表現を受け継いで、「支払協同体」(英語では currency circuit と黒田は呼称している)と呼んだが[50]、一五―一六世紀東シナ海沿岸を覆った銭貨差別化にからむそれぞれの地域市場の自己組織的な様相はこの概念とよく親和する。

如上で述べてきた中世における日本と中国の銭貨流通の共時性については、小葉田淳がつとに指摘していながら、その後長い間その重要性が看過されてきたが、一九九一年の明清経済史研究者である足立啓二の、日本の銭貨は中国の「内部貨幣」であったとの問題提起以降、再び着目されるようになった。日本史研究者の注意を喚起したという点において足立論文の意義はいまなお色あせるものではない。しかし、明朝の銭法の混乱がそのまま日本に及んだという撰銭現象についての足立の解釈は、そもそも明朝自体が銅銭への依存が低い政策をとっていたし、中国における人々の銅銭受領は明朝の権威とはほとんど無関係であったのだから、中国における銅銭流通の性格と、日中の貨幣現象の間がどう連関しているのか、の両方の把握において不適当であった。つづいて大田由紀夫は中国王朝の銭使用禁止と日本における銭遣いの浸透の共時性を発見し、中国王朝の銭法に依存した日本の銭受領という足立論に相反する現象を呈示した。この指摘の意義も高く評価されるべきだが、供給側の側面にのみ着目したため、そもそもの日本側の需要の強さを解釈に入れ損ねていた。これまでの研究に共通しているのは、政治権力との関係を通じて市場の現象を論じようとし、市場がそれ自体としてもちうる多層性に着目しようとはしなかったことである。それゆえ、混乱した様相の背後にあるところの、銭を差別化するということの内在的な意味を明示するにはいたらなかった。[51]

四　分岐する近世東アジア

東南中国沿岸部は一五四〇年のあたりから疑いなく空前の規模の銀流入に見舞われた。その銀が主たる産地である日本の石見から福建漳州へ至る海路の重要な経由地が、浙江寧波沖合の舟山列島であった。[52] おりしも一五四六年という年にその舟山列島の中心地である定海に日本人が下船し、その折りの買い物リストを残してくれている。注目すべきはすべて銀建てで代価が記されていることである。「米・塩之代」として九六文目(匁)七分五厘を使ったとあるのはともかく、焼餅に三分、密甘に四分とあり、かなり小口の買い物まで銀建てで記帳されていることが目につく。[53] もちろん、記帳されていることが、実際に一グラム前後に秤量されて銀が手渡されたことを意味するとはかぎらない。つまり実際には銅銭などを手渡していた可能性もある。しかし明代中期の銅銭供給不足という時代背景と、そして何よりも日本銀の重要な通り道にあった地理的条件を考え合わせると、このリストは実際の売買を反映していたとみてよかろう。安易な比較をすべきではなかろうが、一四六八年の遣明船のことを記す『戊子入明記』に記される「渡唐御船色々下行註文」が貫文建てなのとは対照的である。やがて、一七世紀にかけて中国沿岸地域はこの銀遣いに傾斜していき、塩交易の中心都市たる揚州、新安商人の本拠の徽州などは一八世紀まで銀を日常でも切り遣いして交易する慣行が残ることになる[54]。

ただし銀の主たる流入経路には大きな変更が生じる。一五六七年前後の非公式貿易(倭寇)の拠点の明軍による制圧と、七〇年代後半からのフィリピン経由のポトシ銀流入が、東シナ海よりも南シナ海へと主要経路を南下させたと考えられるからである。西日本商人と福建商人たちとの交易は、漳州三彩が交趾産とみなされたことに端的に示されているように、東南アジアでの出会い貿易の形でやがて再開されるが、日本銀がここで一旦行き場につまったことを考えると、国内で産出されながら通貨としての流通が不思議なほど露われなかった銀が、一六世紀末から交易の際の代価として日本国内の史料に現れ出すのは偶然とはいえないのである[55]。

中国国内での銀遣いの普及が、上述の銭貨流通の多様化によって促進された面があることは間違いない。『常熟県志』などのように、以前は銭貨を資産として貯めていたのに、近頃は銭貨をもっぱら普段の買い物に使って、そのかわりに銀を貯めるようになった、と記述する事例が現れる[56]。つまり、銭貨を基準銭と通用銭に差別化していく補完関係と、銀と銭貨の間で分業化させていく補完関係の二つの趨勢が併存していたことになる。前述の一七世紀後半の莆田に見られた清銭—宋銭—銀という三層構造はその折衷である。なおこの莆田の事例で宋銭が素材価値よりも高く評価されていたことは、基準銭の資産として保有される機能が、その素材価値よりも、むしろそれ以上に取引者たちの合意に依存していたことを示す。

一八世紀にかけて穀物備蓄と組み合わせた大量の銅銭の公式投入の結果、中国ではやがて銭そのものの多層性は薄れていく。その結果、通貨の主たる補完関係は、銭貨の間や、銭貨と穀物などの商品貨幣との間ではなく、秤量銀と銭貨の間で形成されることになっていく。もちろんその間に中南米鋳造の銀貨(「銀元」)が割ってはいったりしてさらに多層化したりもするのだが、支払協同体の多様化の主役は銭貨ではなく秤量銀に移る。秤量であるのに多様化とは一見奇妙だが、実銀を特定の係数(兌)で割る虚銀両という中国独特のImaginary Money(実体を伴わない単位貨幣)が各地、そして各業種で繁茂していく[57]。

多様化が進む銀両制度と異なり、清代の銭貨流通は歴代の王朝下におけるほどの多様性はなくなっていく。もちろん銭貨使用の地域慣行が解消され斉一化したというわけではない。たとえば清代の北京を中心とする河北ならびに山東地方一帯では銅銭一枚を二文と数える「京銭」慣行が支配的となり二〇世紀にまで残るが、その淵源は一六世紀初めの時期に遡るとみて大過なかろう[58]。上述の「板児」や「倒好」の場合のように基準銭一枚＝通用銭二枚の割合での交換が長く続いた後、その階層的流通が解消されて人々による銅銭の差別化が過去のものとなっていく中で、基準銭一枚を二文とする慣行の方が残ったのであろう。

このような中国の趨勢と比べると、同時期の日本は近世にかけてかなり異なる方向に通貨流通を変えていったと言わざるをえない。そもそも銀を輸出しながら一六世紀中葉においては銀を通貨としてはほとんど用いず、地方市場の大半は、銭貨の間の基準銭と通用銭という補完関係をもって取引を成り立たせていた。その日本にとっても一五六〇年代後半は大きな転機となる。

一五六〇年代後半に西日本一帯でおこる土地売買などからの銭遣いの消失、同時期の東国での永楽通宝の基準銭としての登場、といった現象は、それまで基準銭として機能してきた精銭の動揺によるものとしてくくりうる。これまで黒田が繰り返し論じてきたことだが、一五世紀後半から続いたはずの良銭も含む中国銭の流入の停止がそれらの引き金であった。それまでと違い明白な模鋳銭が精銭のごとく多数を占める一括出土が一六世紀後半地層から現れるのは偶然ではない(本書所収櫻木論文)。そして、この基準銭の動揺は、それまで戦国期を通じて進行した貫高に基づく知行統一を不可能にする。一五七〇年代の越前での織田政権の丈量検地の過程などは、民間における銭流通の変化と検地における米石建て専一化との因果関係を示唆する。つまり、銭と米とが並行通貨として機能していた状態から基準銭を引き算して残った解が石高制であった、ということになる。[59]

豊臣秀吉の朝鮮侵攻戦争による日本、中国双方の銀による軍資金支出という事情にも後押しされて、一六世紀末から一七世紀初めにかけて、朝鮮も含む東アジア一帯には、計数銀貨(つまり硬貨)でなく、世界的に稀な秤量銀使用が流行する。しかし朝鮮国内では多量の銀が流通することはなく、実質的に計算単位としてのみ機能することになっていく。日本では一七世紀前半でこそ各種の領国銀が流通するなどしたが、幕府の指定した商人の運営する銀座の吹いた丁銀に統一され、やがて流通銀は斉一化する。[60]

一一世紀後半の宋銭の大量鋳造以降、東アジアではこれに匹敵するような規模の金属通貨供給は行われなかった。与えられるのではなく、交易者たちがみずから通貨を創り出したり、あるいはまた撰びとったりすることの方が常態化していく中で、北宋銭や開元銭の模倣が東アジアで広範囲に受領されるのは不思議なことではなかった。[61]しかし、一七世紀半ば以降の海外貿易制限と前後して、日本における寛永通宝、朝鮮における常平通宝、といった自国銭貨の大量鋳造が開始され、中国銭の東シナ海をまたいだ流通の条件は失われる。一七世紀後半のいわゆる長崎銭(海外向け模倣宋銭）の東南アジア輸出、一部の寛永通宝の銭不足の中国沿岸部への将来という中世とは逆方向の事態は生じるものの、銭貨を補完的に組み合わせた多様な地方的通貨使用慣行が東シナ海を超えて連なる状況は、その主役たる宋銭とともに消え去っていった。なお、ベトナムでは宋銭流通が一八世紀にも残るが、一七四〇年からの自国銭である景泰銭の大量鋳造によりやはりその役目を事実上終えることとなる[62]。

事実上の金本位制度下の補助貨幣となってしまい、実際の地方市場での取引においても藩札などにその主役の座を奪われるようになっていく江戸期の銭貨とは違い、今なお日本のあちらこちらで発見される甕に入れられた様態のそろった中国「古銭」たちは、自らの認知しうる範囲で共有された合意に基づいて、中世の交易に従事する人々が、多様な需要に応じた貨幣をみずから組み合わせ使用していたことを伝えてくれているのである。中国と比べると、寺社や領主といった収租権をもったものたちの影響力の強さは際立つが、広義にとれば、かれらもまた状況に依存して貨幣の組み合わせを変えていく交易従事者の一部をなしていたともいえる。

（1）Leonard Blussé, *Strange Company: Chinese Settlers, Mestizo Women and the Dutch in VOC Batavia*, Foris, 1988, pp. 39, 44.

（2）エチオピア北部では鉄製の鋤の刃をもって富が数えられていたが、必要になるまで埋められるのが常であったことが記録されている。Richard Pankhurst, *Economic History of Ethiopia, 1800–1935*, Haile Sellassie I U. P., 1968. p. 465. 山西の事例そのものは一九世紀末のことを反映している。この為替銀行の信用の高さを示す文脈で述べられているのであって、けっして土塀に隠すことの珍しさを記そうとしたのではない。上海档案館所蔵資料『上海商業貯蓄銀行有関外埠銭荘調査資料』六、一三六頁。

（3）『村松白根遺跡　一　上・下——大強度陽子加速器施設事業に伴う埋蔵文化財調査報告書』（茨城県教育財団文化財調査報告

第二五〇集、二〇〇五年）。同報告書は一枚一枚の銅銭の分布がわかる詳細なものであり、調査関係者に敬意を表したい。

（4）イングランドの一一世紀出土貨幣事例についてPhilip Grierson, *Numismatics*, Oxford U. P., 1975, pp. 133–134.

（5）マリア・テレジア銀貨の事例は二〇世紀にまで及んだ現象であるがゆえに具体像が探りやすく、世界史上に頻繁に現れる「外国」通貨流通の一つの実態を知るのに最適である。日本中世における中国銭貨流通について考えるのにも有益である。Akinobu Kuroda, 'The Maria Theresa Dollar in the Early Twentieth-Century Red Sea Region: A Complementary Interface between Multiple Markets,' *Financial History Review* 14-1, 2007. あるいは黒田明伸『貨幣システムの世界史――〈非対称性〉をよむ』（岩波書店、二〇〇三年）第二章。

（6）一六世紀前半福建省莆田県についての事例。「莆中銭法志」（『天馬山房遺稿』巻四）。

（7）黒田とTorbjörn Engdhalが主宰した第一四回国際経済史学会第六一セッション'Complementary Relationship among Monies in History'（二〇〇六年八月二四日、ヘルシンキ大学にて）は古今東西のそうした事例を集めている。同部会提出論文はhttp://www.helsinki.fi/iehc2006/papers2/で見ることができる。

（8）鈴木公雄『出土銭貨の研究』（東京大学出版会、一九九九年）八〇頁。

（9）三宅俊彦『中国の埋められた銭貨』（同成社、二〇〇五年）。ただし永楽銭出土の多いのは日本独自の特色である。本節でその意味を検討する。

（10）「洪武間用宝鈔与古銭兼行。其後鈔廃雑用累朝通宝并開元銭。嘉靖以来止用開元。滁和六合所行肉好皆有周郭。浦次之。浦古子口又次之。江南則軽少甚矣。雖母権子而行時有壅格之患。今通用万暦制銭於地方甚便」（『江浦県志（崇禎刊）』巻六、銭法）。

（11）「洪武銭民間全不行。予幼時嘗見有之。今復不見一文。蓋銷毀為器矣」（『菽園雑記』巻一〇）。

（12）宮澤知之『宋代中国の国家と経済』（創文社、一九九八年）六一頁。

（13）「山東銀銭雑用。其銭皆用宋年号者。毎二可当新銭之一。而新銭廃不用。然宋銭無鋳者、多従土中掘出之」（『五雑組』巻一

二)。この場合の「新銭」は万暦通宝のことであろう。
(14)『皇明條法事類纂』「内外私鋳新銭販売及行使者通枷号例」成化一七年二月一三日。
(15)『明実録』景泰七年七月甲申。
(16)『客座贅語』巻四「鋳銭」。
(17)『続文献通考』巻一〇、銭幣考四。
(18)『皇明條法事類纂』「挑揀并偽造銅銭枷号例」成化一六年一二月一九日。
(19)前掲注(6)。
(20)『銭通』巻二、「万暦年王万船祖祚疏」。中国の明末の一括出土銭に万暦通宝がほとんど見あたらないというのも示唆的である。三宅前掲書、一一二—一一四頁。
(21)『大学衍義補』巻二七、「銅楮之貨 下」。クリスチャン・ダニエルス氏将来の雲南の土地契約文書の中には、万暦五年四月一五日の日付で海𧵅三〇〇〇索すなわち貝貨三〇〇〇繫ぎで建値したものが含まれる。たしかに雲南が貝貨遣いであったことが確認できる。
(22)脇田晴子「物価より見た日明貿易の性格」(『日本史における国家と社会』思文閣出版、一九九二年)。
(23)『明実録』万暦四六年五月。
(24)『万暦会計録』巻四一、銭法、沿革事例、正統一二年直隷巡按周鑑題称。
(25)同右、巻四一、(万暦七年)団営軍士題。
(26)東野治之『貨幣の日本史』(朝日新聞社、一九九七年)一〇六頁。永楽銭に大銭がないことを海外向け鋳造の傍証の一つとしているが、上海博物館には背に「三銭」と鋳込まれた一二・四グラムの大銭が所蔵されている。上海博物館青銅器研究部編『上海博物館蔵銭幣　元明清銭幣』(上海書画出版社、一九九四年)一一七頁。同書に大銭が収められていないのは宣徳通宝、弘治通宝である。河南省信陽県でほぼ上海博物館所蔵の一つと同じ様態の銭面をした永楽通宝が見つかっているから、少なくとも北京周辺と東南沿岸部以外の内陸部にも流れていたとは言える。ただし永楽・宣徳・弘治各銭の出土数はやはり極めて少ない。鄭仁甲編『信陽駐馬店銭幣発現与研究』(中華書局、二〇〇一年)一四三、一四九頁。

(27) 広東などの布政司に永楽九年に永楽銭の鋳銭を命じているように(注(17))、軍事遠征と辺境派遣軍維持との関連で鋳銭されたとの指摘が妥当な解釈であろう。市古尚三『明代貨幣史考』(鳳書房、一九七七年)一四〇—一四一頁。南シナ海の西沙群島の沈船から発見された一九九五枚の銅銭のうち一二一五枚が永楽銭であったのも同様に解釈すべきであろう。広東省博物館「広東西沙群島第二次文物調査簡報」『文物』一九七六 - 九。同論文は鄭和の艦隊との関連を推測している。

(28) 足立啓二「明代中期における京師の銭法」(『熊本大学文学部論叢』二九、一九八九年)。

(29) 『允澎入唐記』景泰五年四月二六日。なおここに「宣徳分」と付されている。

(30) 同右、六月五日。

(31) 『鹿苑日録』三、『古事類苑 外交部一四』吉川弘文館、一九七八年、所収、九七六頁。弘治通宝を「新銭」といっていた可能性も否定はできないが、当時中国で問題のある「新銭」と称されていたのは宋銭である。

(32) 一方向に流れ還流がみられない永楽銭を「貿易貨幣」とするのも不適当な表現である。三宅前掲書、二〇九頁。

(33) 村松白根遺跡三二号整地面の黒土中からまとまって永楽通宝五枚が見つかっている。前掲『村松白根遺跡 一 下』四一〇—四一二頁。ここでは他の銅銭は含まれていない。たとえば、堺の遺構において、SKT七八七地点二面(一七世紀初)から出土した三八枚のうち一八枚が永楽銭、SKT二〇〇地点五面(一五世紀後半)二四枚のうち一三枚が同じく永楽となっている。嶋谷和彦「中世都市・堺における銭貨の出土状況」第一三回出土銭貨研究会大会報告(二〇〇六年一一月一二日、大阪市立大学)。また伊予湯築城跡において家臣団居住地域の一六世紀後半の地層から、はっきり模鋳とおぼしきものも含めた永楽銭が出土している。一七六枚中四五枚が永楽であり、他の伊予の事例より圧倒的に永楽の比重が高い。柴田圭子「湯築城跡出土銭貨の研究」同右、第一三回出土銭貨研究会大会報告。なお、南シナ海東沙群島で発見された一二〇枚ほどからなる五つの銅銭塊の中で、永楽銭だけが、銭面のはっきりした様態で八枚重なったまま見つかっている。広東省博物館「東沙群島発現的古代銅銭」『文物』一九七六‐九。

（34）　村松白根遺跡出土の永楽銭五枚と枝銭の化学成分分析の結果は極めて示唆的である。まず永楽銭のうちの一枚（資料番号M二六一六）が銅成分九四・九％と、日本産銅銭の特徴である純銅に近い組成を示し、しかもその鉛の同位体比測定が日本産鉛の範囲に入ったことに着目せねばならない。これはこの永楽通宝が日本で鋳造されたことをほぼ証明する。他の四枚は銅などの成分比が中国での明銭とさほど差異がなく、そして鉛の同位体比が日本産鉛のそれからはっきりはずれていることから、中国で鋳造されたか、あるいは中国銭を材料に鋳なおしたものであるといえる。より興味深いのは、枝銭が、銅などの成分比、鉛の同位体比ともに、前者の一枚と後者の四枚の中間に位置していることである。中国銭を主たる素材にして日本産金属を混入した工程の所産であることを示唆している。斎藤努「村松白根遺跡出土枝銭・銅銭の化学分析」『村松白根遺跡　一　下』五七六―五七八頁。白根遺跡そのものは現時点では一五世紀後半と比定されているから、中国産の永楽銭が多数を占めていることは本論と矛盾しない。もしM二六一六の永楽銭と枝銭がこの時期のものであるなら、永楽銭の日本での模倣鋳造は一六世紀後半の流通最盛期よりも前に始まっていたことになる。

（35）『日本経済大典』三九巻（啓明社、一九二九年）八八頁。一五八四年に長浜で秀吉が「新銭」の「鋳造」禁止の朱印状を出していることは、この説を傍証する。本多博之『戦国織豊期の貨幣と石高制』（吉川弘文館、二〇〇六年）一三五―一三六頁。

（36）　これまでも指摘してきたが、一五四四年の朝鮮における漂着福建人の取り調べで「福建乃ち南京なり」と分類されていたことは、少なくとも一六世紀には東シナ海東岸では「なんきん」という言葉は本来の江南ではなく福建と結びつけられて認識されていたことを物語る。『李朝実録』中宗三九年六月壬辰。

（37）　一五世紀鋳造のベトナム銅銭は後に良貨として知られる。Whitmore, J. K. 'Vietnam and the Monetary Flow of Eastern Asia,' in J. F. Richards ed., *Precious Metals in the Later Medieval and Early Modern Worlds*, Carolina Academic Press, 1983.「新銭」の流入がそれら良貨との差別化による混乱をもたらし一四八六年の禁令に結果したのではなかろうか。

（38）『万暦会計録』巻四一、正徳五年。

(39)　本多前掲著、五四頁。
(40)　川戸貴史「中世後期荘園の経済事情と納入年貢の変遷」(『歴史学研究』七八〇、二〇〇三年)。
(41)　注(6)。
(42)　『碧里雑存』「板児」。
(43)　二をもって一に当てるとの慣行が多々記されているが、王朝側も「中銭」一四〇枚が「好銭」七〇枚にあたると認識している。『明実録』嘉靖六年一二月。
(44)　本多前掲書、四五—四七、六一—六八頁。
(45)　『明実録』嘉靖三三年三月。陸深『河汾燕聞録』下。陸深は一四七七年生まれ一五四四年没の上海の人。弘治一八(一五〇五)年に進士となった時に北京で「好銭」が流通しなくなり、「新銭謂之倒好」ばかりとなるのを経験している。正徳年間は「倒三倒四」止まりであったのに、「盗鋳蜂起」して嘉靖年間から「五六至九十」に至り、「裁鉛剪紙之濫極」と回顧している。明代の銀に対する銭の比価の推移は Richard von Glahn, *Fountain of Fortune : Money and Monetary Policy in China 1000–1700*, U. of California Press, 1996, p. 106 を参照。
(46)　本多前掲書、一〇三頁、伊勢大湊振興会文書、永禄三年一二月二一日。『大日本史料』一〇‐二、一九三〇年、二一—四頁。
(47)　黒田前掲書、一二七—一三六頁。
(48)　本多前掲書、三七頁。
(49)　黒田前掲書、一二三—一二六頁。
(50)　黒田明伸『中華帝国の構造と世界経済』(名古屋大学出版会、一九九四年)一四—一五、二一頁。特に二一頁。
(51)　小葉田淳『日本貨幣流通史』(刀江書院、一九六九年)一五二—一五三頁。足立啓二「中国から見た日本貨幣史の二・三の問題」(『新しい歴史学のために』二〇三、一九九一年)。大田由紀夫「十二—十五世紀初頭東アジアにおける銅銭の流布——日本・中国を中心として」(『社会経済史学』六一‐二、一九九五年)。

(52)　同地は清代嘉慶年間においても福建の漁船が多く集まり、少し南の台州府大陳山には福建省人が居を構えていたようである。『宮中檔嘉慶朝奏摺』第二輯(下)両広総督吉慶「奏為欽遵聖訓整頓水師厳拏盗匪先行覆奏摺」嘉慶元年九月一一日、『宮中檔嘉慶朝奏摺』第四輯(下)浙江巡撫玉徳「奏報大陳山匿匪現経査拏浄尽並請封禁事」嘉慶二年四月一八日。豊岡康史氏の教示による。
(53)　「下行価銀並駅程表」『続史籍集覧』二所収(近藤活版所、一八九四年)。
(54)　黒田『中華帝国の構造と世界経済』三七頁、岸本美緒『清代中国の物価と経済変動』(研文出版、一九九七年)三五九頁。
(55)　中島圭一「京都における「銀貨」の成立」(『国立歴史民俗博物館研究報告』一一三、二〇〇四年)。漳州三彩については陳娟英『漳州窑素三彩瓷』(福建美術出版社、二〇〇四年)二―五頁。
(56)　『嘉靖常熟県志』巻四。von Glahn, op. cit. p. 103.
(57)　黒田『中華帝国の構造と世界経済』前編。
(58)　京銭慣行については山本進「清代東銭考」『史学雑誌』一一四-三(二〇〇五年)。計数手段の需要の高さと可能な単位通貨供給とのギャップの大きさが大きいほど、計数単位と実際の単位通貨(銅銭)との差が大きくなる可能性があったといえよう。中国東北部での事例のように。
(59)　一五七二年以降『多聞院日記』で米建て価格表記が現れ、畿内での米遣いの広がりがうかがわれるのだが、同時期の越前での織田政権の検地政策はその動きと対応しているようで興味深い。一五七六年の地下からの指出では年貢額が米・銭が併存しているのに、一五七七年での丈量検地では米石単位への統一的な換算が行われている。越前では、三枚で基準銭一枚に相当する「次銭」が記されはじめるという変化が、一五六〇年代末から現れていた。高木久史「一六世紀後半の畿内における価格表記について――『多聞院日記』から」(『神戸大学史学年報』一八、二〇〇三年)。『越前町織田史(古代・中世編)』(越前町、二〇〇六年)「五章　信長・秀吉の時代の織田」(高木久史)。
(60)　KURODA, Akinobu, "Copper-Coins Chosen and Silver Differentiated: Another Aspect of 'Silver Century' in East Asia,"

Acta Asiatica 88, 2005.

(61) 一一世紀の遼で開元通宝の模倣銭が鋳造されていたのは、他国で経済的に意味のある量の中国「古銭」が模倣された早い事例と見なしてよいであろう。宮澤知之『中国銅銭の世界——銭貨から経済史へ』(思文閣出版、二〇〇七年)二五六頁。

(62) Whitmore, op. cit.

第二章

出土銭貨からみた中世貨幣流通

櫻木晋一

はじめに

日本の中世貨幣史研究はこの十数年で飛躍的な進歩を遂げた。中国史における貨幣研究の進展も契機のひとつとなっているが[1]、その重要な牽引役を担ってきたのが出土銭貨研究であると言っても過言ではあるまい。旧来歴史考古学と総称され、考古学にあっても周辺的存在であった中世考古学や近世考古学が学問的に確立され[2]、これらを構成する一分野として出土銭貨研究も進展してきた。新たな考古資料が提供されることによって歴史解釈が変わり、文献史学の側からもその反論や補強がおこなわれるといった相互発揚がみられ、貨幣史研究はまさに歴史学の進歩にとってあるべき姿を象徴している分野であると思われる。中世日本は中国銭輸入の時代と考えられていたが、堺環濠都市遺跡から無文銭などの鋳型が大量に発掘されたことにより[3]、わが国における銭貨生産の実態が明らかになったことなどはその代表的な事例であろう。

近年における出土銭貨研究の深化は、とりわけ坂詰秀一の問題提起と鈴木公雄の一連の研究に負うところが大きい。坂詰は中世考古学における出土銭貨研究の重要性を指摘し[4]、鈴木はこれを受け、日本史学・経済史学など隣接学問分野を融合させながら学際研究を進めた[5]。鈴木の業績の特色は、近世の出土六道銭研究に始まり、中世の備蓄銭研究、出土古代銭貨のデータ集成へと対象時代・テーマを移行させながら、出土銭貨資料の考古学的考察のみならず経済史学的考察へと研究領域を発展させたことであろう。鈴木は一九九三年に組織した「出土銭貨研究会」の会長として、その機関紙『出土銭貨』を通して出土銭貨に関する情報提供と多くの研究視点を提起し、さらには日本銀行金融研究所を拠点に、貨幣史研究会東日本部会の座長として貨幣の学際研究を推し進めた。

本章の目的は、鈴木の業績である出土銭貨研究を継承するものである。そこでまず、考古資料である出土銭貨に関する用語規定をおこなった上で、問題点を整理しながら、その資料的特性や銭貨生産にかかわる技術的側面を考察し、さらには中世遺跡から出土している具体的な銭貨を使用して、おもに経済史的側面である銭貨の流通問題について検討したい。ただし、現時点では全国規模での出土銭貨データが整備されておらず、断片的な考察にならざるをえない。したがって、おもにその成果が明らかにされている中世都市「博多」について、刊行された報告書に掲載された、層位的に把握できている銭貨を使用して検討を加える。つづいて、堺・一乗谷・大友府内町・草戸千軒町などの中世都市遺跡から出土した銭貨と、中近世移行期の都市「長崎」の出土銭貨についても概観し、今後の研究発展の一助としたい。

一　用語の規定

本章で取り扱う対象時期はほぼ中世に限定しているが、まず出土銭貨研究全般にかかわる用語規定の問題を取り上げる。銭貨という用語は、わが国で使用されてきた円形方孔の貨幣の呼称であり、銭《ぜに》とほぼ同義である。材質は銅・鉛・錫を主要元素とする青銅銭を指すことが一般的であるが、金銭、銀銭、銅・亜鉛合金の真鍮銭や鉄銭といったものも存在し、呼称は形状に由来するものと考えてよく、貨幣という概念より狭く限定されたものである。したがって、西洋の貨幣は銭貨とは呼ばず、江戸期の金貨・銀貨なども銭貨と区別されることが一般的である。

中世の銭貨において、概念的まとまりをもって認識される用語として、経筒埋納銭・六道銭・備蓄銭・埋納銭などが存在する。経筒埋納銭・六道銭については、人間が願いや祈りの気持ちを込めて銭貨を意図的に埋めたものであり、それぞれ経筒や墓の内部に入れられたものと外部に置かれたものでは異なった意味合いをもって埋められた可能性が高い。民俗学や宗教学など人間の形而上学的側面を研究する学問の資料としても重要である。また中世に特徴的に見られる、大量の銭貨が甕や木箱などに納められ出土する備蓄銭あるいは埋納銭と呼ばれている銭貨は、大量であるが故に中世出土銭貨の中ではこれまでもっとも関心をもって取り扱われてきた資料であろう。大量の銭貨を埋めた理由として、再利用目的の経済的な備蓄か、土地の神などへ捧げる再利用を期待しない呪術的意味をもつ埋納かという点は、今日まで結論をみないでいる。そもそも如何なる理由で銭貨が埋められたのかといったことを推測するのは、きわめて難しい問題である。一括大量出土する銭貨が考古資料である以上、銭貨そのものと容器、共伴遺物、出土遺構による年代補正をおこない、さらにはそれが遺跡全体の中でもつ意味合いを把握しなければならないことは当然である。また、館・寺院などその土地の状況については文献史料からも検討しなければならない。それらを総合的に勘案することによって初めて、大量の銭貨が埋められた個々の目的を推定することが可能となる。しかし、一括して大量に出土する銭貨は不時発見の場合も多く、さらにその土地に関する文献史料が得難い場合もしばしばで、埋められた目的の推定が現実問題として難しいことも事実である。

呼称が一定しない考古遺物に対して名称を統一することは研究上必要不可欠である。[6] したがって誤解を生まないための名称として、特定の難しい埋める行為を示す備蓄や埋納などではなく、たんに発掘されたことを示す「出土」という用語を使用することが適切であると考える。一つの遺構から一括して大量に出土することから、「一括出土銭」と呼ぶことを提唱する。[7] 大量出土銭、一括大量出土銭も同様の理由による呼称であるが、大量という用語は人によっ

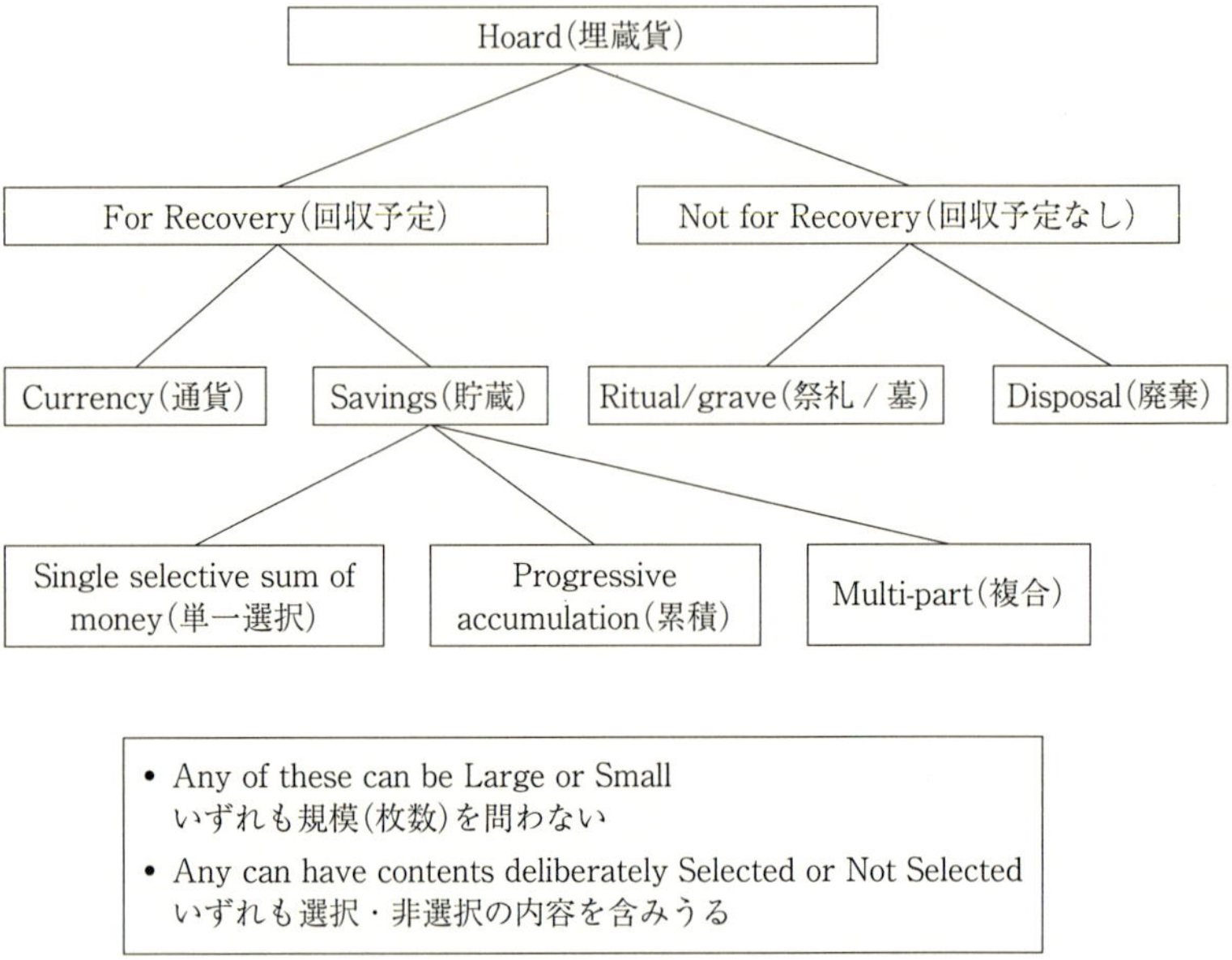

図1　hoardの分類（出土銭貨研究会 2005，27頁より）

て異なったイメージでとらえられる可能性があり、筆者は「一括出土銭」と呼ぶことにする。備蓄銭論者、埋納銭論者双方ともに両目的のものが存在することは認めており、緊急時の備蓄論を主張する三宅俊彦（三宅二〇〇五）や埋納銭論を主張する橋口定志（橋口一九九八）も一括出土銭という用語を使用していることから、双方の合意が得られるものと考える。日本の「一括出土銭」と同様の貨幣資料がヨーロッパにも存在し、これは英語で「hoard」と呼ばれており、マーク・ブラックバーンはこの用語を概念図で示している（図1）。これによると、「hoard」は枚数や回収意図の有無は問わない。そして回収を予定されていないもののなかに祭礼や墓に伴って埋められる貨幣を含んでおり、わが国で備蓄銭および埋納銭と呼ばれている双方を含んでいることがわかる。したがって、「一括出土銭」と「hoard」とはきわめて近い概念であると考えられる。

鈴木は安定的分析結果をえられる数字という意味で、一貫文（一〇〇〇枚）以上の銭貨という条件をつけて備蓄銭としたが、この枚数については検討の余地があると思われる。銭貨の場合、数十枚あるいは一〇〇枚を超える程度の緡銭状態で出土することもしばしばである。鈴木の規定によればこれらを備蓄銭とは言えず、頻出する考古遺物に対して適切な用語を提供できないことになる。銭貨を束ねる単位である一貫文も一定の意味を有するが、筆者は数十枚、数百枚であっても十分に統計処理に耐えうる数値であると考え、これらの資料に対しても「一括出土銭」という用語を用いる。ブラックバーンによると、金貨・銀貨が「hoard」を構成する主体であるヨーロッパにおいても、時期によって貨幣の価値が異なるので、「hoard」の枚数基準についてはさまざまな意見が存在している(8)。したがって、筆者は狭義の「一括出土銭」では鈴木の一貫文という単位を踏襲するものの、広義には数十枚のものであっても緡銭やそれに準ずるものは「一括出土銭」と呼んでもよいと考えている。日本の銭貨の場合は大半が小額貨幣の銅貨であることもあり、どの程度の量をもって貯め込んだと言えるのかについても人によって感覚が異なっており、ヨーロッパ以上に枚数による区分は曖昧にならざるをえない。例えば、金貨なら二枚でも高額と言える場合もあるが、銅貨は金貨のような貴金属貨幣より多くの枚数が必要になる。この「一括出土銭」に対し、単体や数枚程度で出土する銭貨を「個別出土銭」と呼び、筆者は「一括出土銭」と「個別出土銭」に大別して出土銭貨を取り扱っていく。

ヨーロッパ学界における出土貨幣研究では「coin find(発見貨)」という用語があり、これも埋められた目的ではなく出土状況を指す言葉であり、われわれと共通の意識であると考えられる。英語で使用する「find(発見)」と日本語で使用する「出土」という用語の差異は、ヨーロッパでは金属探知機を使用して発見される貨幣が多く、日本では調査によって発掘される銭貨が多いということから生じていると考えられる。日欧間では、拠って立つ基本的な研究環境が異なっていることから、呼称にもニュアンスの差が生じていると考えられる。ヨーロッパ学界において「hoard」に対置される「single-find(個別発見貨)(9)」という用語も、単体で発見されることからその名がある。

二　模鋳銭と無文銭

出土銭貨研究においては、政府が発行する公鋳銭(制銭・本銭)とそれをコピーした私鋳銭・模鋳銭[10]という呼称がしばしば登場し、研究をすすめる上でこれらを識別することが重要な課題となっている。発掘銭を公鋳銭と私鋳銭・模鋳銭に分類することは、調査担当者の判別能力や銭貨の遺存状態の悪さなどから、現実問題としては難しい作業であるが、永井久美男や嶋谷和彦の研究から、一部ではあるが一括出土銭や個別出土銭における模鋳銭の混入比率が明らかにされている(永井二〇〇一、嶋谷二〇〇三)。

大半の一括出土銭については、割れ、欠け、文字が読めないなど、状態の悪い銭貨(悪銭)をほとんど含んでいないことから、流通時に精銭(良質の銭貨)と認識されていたものを埋めたと考えられる。一六世紀第四・四半期に埋められた青森市新城(模鋳銭比率九一・六五%)と、一七世紀第一・四半期に埋められた堺環濠都市遺跡SKT448-3地点(同八一・〇六%)の一括出土銭二例については、例外的に模鋳銭の混入比率がきわめて高いことから、一六世紀末―一七世紀初頭になると銭不足の状況が深刻になり、模鋳銭でさえも精銭として認知されていた可能性がある。一五世紀と考えられる宮崎県高千穂町上原の一括出土銭も、七〇%弱が無文銭と判読不能銭で占められていることから(小畑一九九九)、同様の状況であろうと推測できる。青森県十三湊は一三世紀初めから一五世紀中葉(一四五〇年代には廃絶)までの約二五〇年間にわたって繁栄した湊町である。この十三湊遺跡個別出土銭における一五世紀第一・四半期の模鋳銭の混入比率は、一六世紀後半の同県浪岡城跡・根城跡などに比して低めであるという印象をもたれているが、それでも半数以上が模鋳銭であることから、青森県では一五世紀になると模鋳銭がかなり流通していたことを確認できる。また、後述の無文銭が一五世紀末に向かって混入率を上げていくことが青森県内のデータによって示されている(嶋谷一九九八)。撰銭令に見える悪銭の名称を実際の銭貨に同定する作業や、流通過程から排除された悪銭がいかなるものであったかを特定する作業は、精銭を集めた一括出土銭ではなく個別出土銭による検証が有効な方法であると考えられ、今後もこのような模鋳銭の判別作業は必要となる。

中世後半以降に登場する銭貨の呼称としては、無文銭・リング銭・輪銭・鳩目銭・当間銭なども用いられる。これらはすべて文字を有しておらず、無文銭は約二〇㎜以下のやや小型の円形円孔銭で、円形円孔銭を輪銭やリング銭と呼んでいる。とくに外径が一㎝程度で座金のような輪銭(リング銭)と呼ばれる銭貨まで実際に存在する。沖縄や伊勢地方では伝統的に小型の円形方孔銭を鳩目銭、沖縄では当間銭と呼ぶこともある。本章ではこれらを二つに大別し、円形方孔の無文銭と円形円孔の輪銭という用語を使用することとする。

模鋳銭は何度も踏み返し作業(コピー)をおこなうと、鋳縮みによって小型化し文字が不鮮明になってくる。模鋳銭の行きつく姿とでもいえる無文銭であるが、中世末になるにつれて流通量が多くなる傾向にあり、中世末における銭貨使用の混乱を無文銭の出土量からも確認できる。また、流通銭貨には地域性も存在し、東北や山陰、九州の一部で、この無文銭が一定の流通圏を形成していると推測される(出土銭貨研究会二〇〇四)。東北地方では出土銭貨集成がなされており(東北中世考古学会一九九九)、これを詳細に検討すると、さらに狭い範囲での銭貨流通圏の存在や銭貨の使用方法が示唆される。岩手県の事例を見てみると、無文銭の大半は馬淵川流域を中心とする内陸に偏って出土しており、輪銭は県北に限って出土している。県北になるほど出土銭貨に占める無文銭の割合が高く、その出現は一六世紀であると考えられている。また、銭貨の組み合わせに着目すると、永楽通宝と輪銭の組み合わせはなく、出土状況から無文銭と洪武通宝は密接に関わっており、無文銭だけの緡が存在しないことから、他の銭銘を有する銭貨と一緒に使用されていたと考えられている(阿部二〇〇一)。

中国でも唐代から私鋳銭対策に苦しんでおり、八世紀末には私鋳銭が三分の一を占めているような状況であり、宋代では公鋳銭に私鋳銭の混在する割合は三—四％であったとされる(宮澤一九九八)。中国の私鋳銭と日本の模鋳銭を区別・特定するための方法のひとつとして、わが国に流入以前の銭貨、つまり模鋳銭が含まれない資料を把握・分析することが考えられる。これについては寧波から日本に向かう途中、至治三年(一三二三)に新安沖で沈没した船に積まれていた約八〇〇万枚の銭貨について詳細な調査をすることが突破口となる可能性をもつ。また、第四節にあげる金属組成の分析も有効な方法のひとつであると考えられる。

三　出土銭貨のもつ資料的特性

出土銭貨は、その貨幣が存在していた当時の社会とどのような関係を持っていたのかを示す歴史研究の第一級資料である。つまり、出土銭貨は貨幣のもつ社会経済史的側面や精神世界の一部を明らかにできる資料なのである。貨幣を主に経済的行為の中で使用している現代人が中世など過去の社会を考える場合、貨幣の経済外的な機能、つまり銭貨の呪術性にも十分考慮しておかなければならない。近年はこの分野の研究も進展しており、[1]六道銭や地鎮めのための銭貨を例にとって考えると、出土状況などの正確な記録が考古学調査に求められている。諸学問にとって利用可能な形で情報を発信することは、考古学の責務であると考える。経済的な機能を考察する資料となる出土銭貨ではあるが、民俗学などさまざまな学問にとっても利用可能なものとして、分類・編年などの資料整備をしていく必要がある。

貨幣は製造年代が明らかなものも多く、歴史学の基本的要素である年代決定に利用し易いという特徴を有している。したがって、これまでも遺構などの年代決定のさいに銭貨は利用されてきたが、貨幣は伝世することから、発行年を過信することは危険である。古い銭貨が排除されることなく流通市場に残るという日本の現状を考えると、銭貨による上限年代の確定はできるが、下限年代については確定できないと考えなければならない。共伴遺物などから出土層位あるいは出土遺構の時期が明確な銭貨のみが、当該時期における流通貨幣を検証することができる重要な資料となる。

貨幣の経済的機能を解明するためには、経済活動のなかで使用され、偶然失われた貨幣を資料として用いるのが望ましいことは明らかである。流通銭貨の復元という視点からみると、人為的選択行為の働きやすい一括出土銭を流通銭貨の構成としてそのまま置き換えるには問題がある。この点で、ヨーロッパ学界と同様に小畑弘己も遺失貨研究が重要であることを指摘している(小畑二〇〇二)。

考古資料である貨幣が遺跡から発掘される理由については、研究の原点として改めて考えてみる必要がある。経済活動のなかで使用しているものが遺失されたことによって出土するのか、蓄蔵されたものが何らかの原因で回収されなかったことによって出土するのか、あるいは廃棄されたからこそ出土するのかなどの可能性である。発掘される銭貨は経済活動ではない貨幣使用の結果、つまり呪術的意味を込めて人為的に埋められたものも存在するが、呪術的でないものは前記の遺失・蓄蔵・廃棄されたものが混在していると考えられる。意味をもって埋められたり、捨てられたりしたものなら出土して当然であるが、落としたり失くしてしまったために回収できない銭貨が果たしてどれほどの割合なのであろうか。山口県萩城跡の調査事例をみると、その出土状況と枚数からみて遺失したというにはあまりに多い(山口県二〇〇二・二〇〇四)。また、茨城県村松白根遺跡の事例では床に銭貨が練りこまれていたと考えられているのである(茨城県二〇〇五)。個別出土銭についても地鎮め的な銭貨の祭祀使用だけでなく、意図的に小額の貨幣を埋めて蓄えているという可能性も考えておかねばならない。小額で出土する個別出土銭にも一定の基準で選ばれた流通銭が含まれており、流通銭そのものではないということになる。共伴遺物がない個別出土銭の場合、出土位置が層位的に記録されていないと時期判定は不可能であり、考古学の調査方法いかんによって資料価値が左右されるのである。たとえ時期の特定ができたとしても、銭貨が出土する理由の解釈は難しく、ここに出土銭貨研究の困難さがある。では、呪術的な意味を込めて埋めた銭貨は流通貨幣研究のための資料にはならないのだろうか。鈴木公雄は六道銭も流通銭貨の検証資料として使用した。つまり、いかなる性質をもった資料であっても、その資料に潜在する歴史的情報は取り出せるとしたのである(鈴木一九九八)。六道銭のなかには、吉祥句として祥符銭を選んだ山口市瑠璃光寺跡の例などが例外的に存在し(山口市一九八八)、近世の事例では都市部で鉄銭を意図的に排除したと考えられる事例も存在するが(港区二〇〇四)、大勢としては六道銭も流通銭の実態をある程度反映していると考えられる。流通(普及)している銭貨であるがゆえに選ぶことができるのであり、選ばれたものが流通銭でないとは言えないのである。慎重な資料の取り扱いにより、これらの経済外的機能を期待して使用された銭貨も流通銭貨の研究資料として利用可能となる。これとは逆に、個別出土銭にも落とされた銭貨でないものが含まれている可能性があり、選択がなされた銭貨が出土する可能性を想定しておかなければならない。いずれにしても、出土銭貨は慎重な取り扱いによって初めて研究に使用可能な資料となるのである。

四　製作技術的視点からの考察

銭貨の金属組成を分析することによって、銭貨の鋳造時期・製作地・真贋の判定、原材料の由来、鋳造技術などを明らかにできる可能性があり、金属の組成分析は重要な研究視点のひとつであると考えられる。したがって、ここでは貨幣の生産技術という観点から中世銭貨を見ていくことにする。

京都・鎌倉・博多・堺の諸都市で銭貨の鋳型が出土したことにより、国内における模鋳銭生産の実態が明らかになってきた（出土銭貨研究会一九九七）。また、沖縄県浦添市当山東原遺跡一九九九年度調査でも、洪武通宝の鋳型と考えられる土型が一点出土している（浦添市二〇〇三）。これらの銭貨鋳型は、博多遺跡群第八五次調査一一六三号遺構（ゴミ穴）から出土した石製鋳型の破片一点を除くとすべてが粘土型であり、この石製鋳型は使用した痕跡がなく（福岡市一九九七）、国内での模鋳銭生産が粘土型を使用しておこなわれていたことは明らかである。したがって、中世の銭貨生産は古代から技術的に連続しており[12]、砂型を使用した近世の銭貨鋳造方法とは異なっていた可能性が高い。鋳型の出土層位からみた模鋳銭生産の時期は、京都が一四世紀中葉、鎌倉が一五世紀初頭、博多が一五世紀—一六世紀初頭、堺が一六世紀中頃—後半である。この四箇所のうちもっとも新しい時期のもので大量に出土した堺の鋳型は、銭貨同士が隙間なく配置され厚みも薄く、効率的に作られている。堺環濠都市では、その鋳型から無文銭が多く鋳造されていたこと、当時流通量の多かった北宋銭を中心に模鋳銭の生産がおこなわれていたこと、技術者が商家で出吹き生産をおこなっていたと推測できることなどが報告されている（嶋谷一九九四）。

本来の銭貨は銅・錫・鉛三合金系であるのに対し、中世末にわが国で生産された銭貨には銅が九〇%を越える純銅系銭貨とでも呼べるようなものが登場してくる。中国でも一二世紀中期以降の南宋銭は錫の割合が減少していることを確認できる(華一九九九)。日本では鉱脈の少なさなどから、錫はもっとも調達が難しい金属であると考えられ、新安沖沈没船に錫のインゴットが積まれていたことからもこのことは傍証できる。大量の鋳型とともに出土した堺市の無文銭については、金属組成の計測値も明らかにされている(富沢一九九七)。これによると堺で生産されていた無文銭は純銅系無文銭である。博多遺跡群第八五次調査地点は博多における銅製品や銭貨の生産地に比定されており、ここで出土している無文銭も純銅系であり(福岡市二〇〇二)、一六世紀に国内で生産された無文銭の一定量は純銅系であった可能性が高い。古代末に鉛分の多い銭貨が造られていた事実と、中世末になると模鋳銭中の銅の割合が高くなることは、金属組成から見て取れるわが国における銭貨生産の特色である。中世から近世初期の鉛生産については実態が明らかではなく、島原の乱の主戦場であった原城から出土した鉛のインゴットが国内産でないという指摘は留意しなければならない(赤沼二〇〇二)。したがって、北九州市で出土する中世末から近世初頭の鉛分の多い銭貨が中国製であるとの指摘(黒田一九九八)は、鉛生産が国内でおこなわれていないということが明らかとなれば蓋然性をもつ。また、鉄分をやや多く含むことが知られている模鋳銭の加治木洪武などからもわかるように、銭貨に含まれている鉄・砒素・アンチモンなどの微量元素の量からも銭貨の特徴をつかむことが可能である。しかし、流通銭を鋳潰して再利用すると組成上の変化は読み取れず、この研究方法にも限界は存在する。

分析方法についても、溶液化した試料を霧化し、誘導コイルを捲いた反応管中の酸素・水素混合ガス燃焼炎中に導き、溶液に含有するイオンをプラズマ状態にして発光させ、分光をおこなう誘導結合プラズマ発光分光(ICP-AES)法などの定量分析法、分析試料中の原子核を励起し、そこから放出される放射線を測定して分析する中性子放射化分析法[13]、一次X線束を分析試料表面に照射し、試料から発生する含有元素の特性二次X線を測定する蛍光X線分析などの比較的簡便に利用できる定性分析法など、分析精度や方法にそれぞれ長所と短所がある。いずれの分析法を利用するかについては、適宜判断していかねばならない。

無文銭のなかには、孔や外輪の縁が打ち抜いたように一方向にめくれているものが存在する。これについては製造方法が鋳造ではなく、鍛打・展延したものをタガネで打ち抜いて製造した可能性が指摘されており、また、銅は融点が高く溶融時の流動性が低いため鋳造が難しく、文字が浮かび上がりにくいため無文銭になるという指摘もある（西本二〇〇六）。無文銭の製作技術についても改めて検討する必要がある。主要元素のひとつである鉛同位体比の分析により、国産鉛か輸入鉛かの特定が可能となってきた結果、金属構成比ではなく鉛同位体比研究を銭貨に利用し、銭貨に含まれる鉛の産地特定をおこなう新たな研究も出現している（齋藤一九九八）。銭貨における金属組成の研究は、新たな視野を提供する可能性を秘めている。

五　中世都市「博多」の個別出土銭

古代以来、貿易都市として繁栄した中世都市「博多」は、福岡市教育委員会が「博多遺跡群」と名づけて、現在も継続して発掘調査中であり、一四五次を超える調査次数となっている。また、報告書としては『博多一〇五』（二〇〇五年）まで公刊されている。これらの報告書に記載され、データ化することが可能な出土銭貨の総計は一万六〇四枚である。遺構に伴わず出土する銭貨も多く、砂地で塩分の多い土中に長期間埋まっていたためか遺存状態が悪く、多くのものが判読不能や不明とされている。したがって、銭種を特定することができない銭貨が約半数の五二六一枚を占める。[14]また、近世の層位からは寛永通宝が出土するので、寛永通宝が銭種別順位では第三位(四七四枚)となっている。博多遺跡群個別出土銭の上位二五銭種とそれ以外の銭種、大型銭、近代銭、皇朝銭、判読不能に大別したものが表1である。中世の博多について考察するため、この表から近世の寛永通宝を除いた上位一五種の銭貨銘をあげると、元豊通宝、皇宋通宝、開元通宝、熙寧元宝、元祐通宝、洪武通宝、天聖元宝、政和通宝、永楽通宝、紹聖元宝、祥符元宝、聖宋元宝、天禧通宝、祥符通宝、景徳元宝である。これら上位一五銭種の合計枚数は、銭種が判明するものの七六・八%を占めており、鈴木が全国の一括出土銭を集計した銭種の上位一五位とほぼ同様であると見てよい(表2)。このように博多の個別出土銭と全国の一括出土銭という性格が異なる銭貨で同様の傾向が見られることから、中世の日本で流通していた銭貨はこれらの銭銘をもったものが混じりあっていたと推定できる。ただし、第一位と第二位の

表1　博多遺跡群個別出土貨幣

順 位	銭貨名	枚 数
1	元豊通宝	536
2	皇宋通宝	489
3	寛永通宝	474
4	開元通宝	381
5	熙寧元宝	358
6	元祐通宝	341
7	洪武通宝	243
8	天聖元宝	200
9	政和通宝	197
10	永楽通宝	193
11	紹聖元宝	162
12	祥符元宝	159
13	聖宋元宝	151
14	天禧通宝	117
15	祥符通宝	109
16	景徳元宝	92
17	大観通宝	87
18	治平元宝	79
19	太平通宝	74
20	咸平元宝	72
21	元符通宝	63
22	嘉祐通宝	61
23	景祐元宝	61
24	嘉祐元宝	55
25	至和元宝	50
	その他	466
	大型銭	41
	近代銭	20
	皇朝銭	14
	判読不能	5,259
合 計		10,604

銭種が逆転している点と、博多では開元通宝が熙寧元宝・元祐通宝より上位の第三位にくるという点に注目したい。元豊通宝が第一位である点は中国における窖蔵銭（一括出土銭）の構成と同様であり[15]、博多の銭種構成は中国に近いことを示している。むしろ、一括出土銭三五〇万枚を集計した結果、日本全体では皇宋通宝が元豊通宝より順位を上げていること自体に意味があると考えなければならない。つまり、皇宋通宝が選ばれて輸入されている可能性や、中国内でも流通銭貨に地域性があり、皇宋通宝が多い地域から日本に輸入されている可能性などである。模鋳銭を鋳造するときに皇宋通宝が多く作られていることも考えられる。また、博多では六二一年初鋳の開元通宝が熙寧元宝・元祐通宝より上位に位置する点についても、同様の理由を想定できる。さらに開元通宝については、これが果たして七世紀の銭貨なのかという疑問も湧いてくる。大量の開元通宝が発行されたことに異論はないが、磨耗が少なく遺存状態の良いものも相当数存在することから、北宋銭と同様に後世の私鋳銭や模鋳銭がかなり存在している可能性を想定しておかなければならない。銭貨による時期決定の危うさを、この開元通宝は示していると考えられる。

つぎに銭貨の埋没時期について考察してみる。まず、流通銭貨の姿により近づけるために、経済外的機能を持つであろうと推

表2　博多遺跡群出土銭種順位（15位まで）

順位	博多遺跡群		鈴木備蓄銭データ	
	銭貨名	枚数	銭貨名	枚数
1	元豊通宝	536	皇宋通宝	395,737
2	皇宋通宝	489	元豊通宝	379,386
3	開元通宝	381	熙寧元宝	301,385
4	熙寧元宝	358	元祐通宝	278,779
5	元祐通宝	341	開元通宝	256,178
6	洪武通宝	243	永楽通宝	211,151
7	天聖元宝	200	天聖元宝	157,101
8	政和通宝	197	紹聖元宝	130,663
9	永楽通宝	193	政和通宝	124,189
10	紹聖元宝	162	聖宋元宝	120,635
11	祥符元宝	159	洪武通宝	87,683
12	聖宋元宝	151	祥符元宝	79,760
13	天禧通宝	117	景徳元宝	71,676
14	祥符通宝	109	天禧通宝	70,320
15	景徳元宝	92	嘉祐通宝	65,031

鈴木備蓄銭データは注(5)の文献より作成

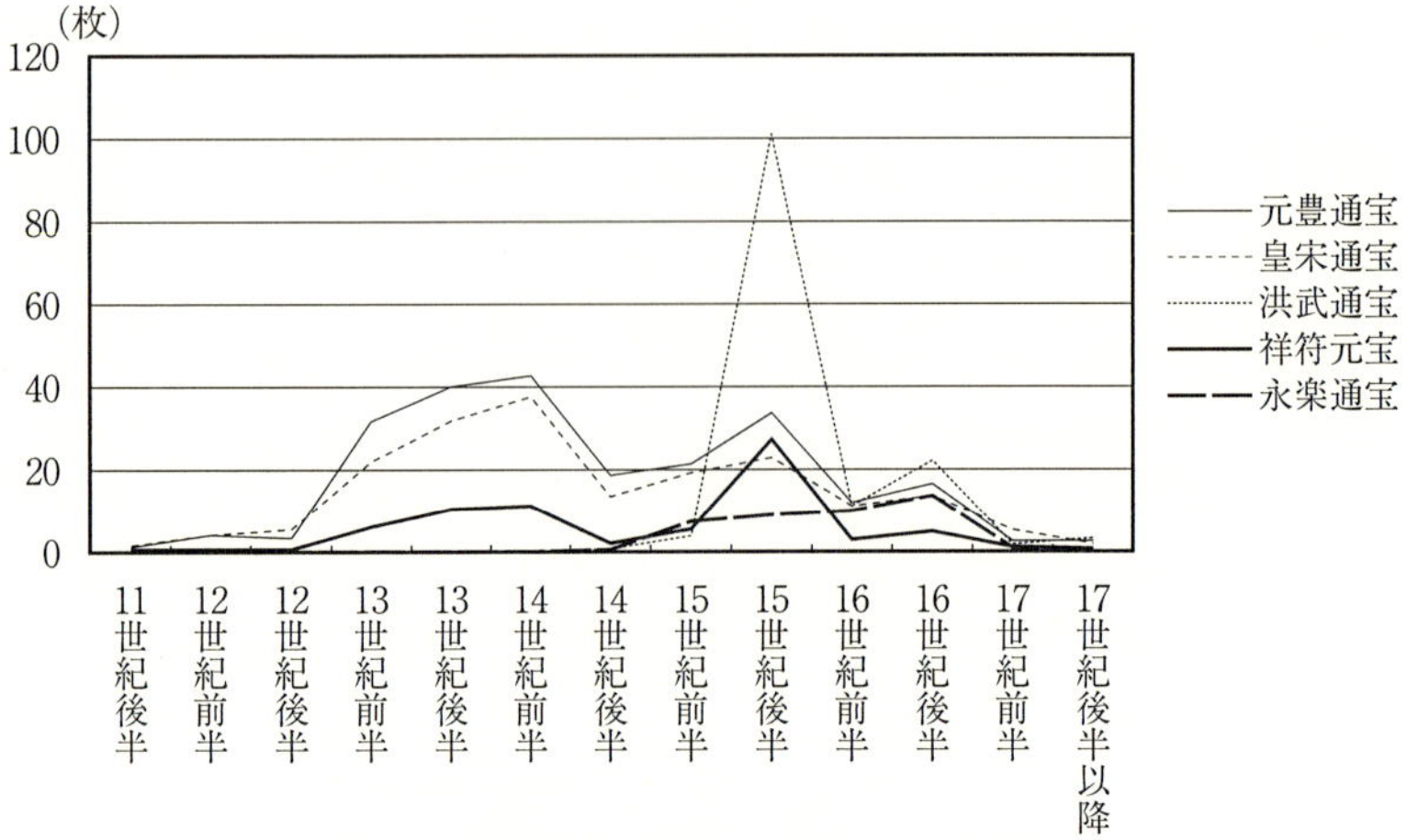

図2　博多遺跡群個別出土銭数(200年以内)

察される銭貨の除外をおこなわなければならない。経済外的機能を持つ銭貨の対象としては、墓、火葬施設、祭祀土壙、地鎮遺構から出土したと記載されている銭貨が挙げられる。そのような経済外的機能を持つと報告書で推定される銭貨は、博多遺跡群においてはわずか三六枚しか存在しない。つぎに、報告書から出土時期を二世紀以内の幅でとらえることができる銭貨を抽出し、さらにその出土時期を五〇年ごとに区切って、それぞれの時期ごとに出土している銭貨数を集計し、代表的な五種類[16]の銭貨について時期別の出土数を折れ線グラフにしたものが図2である。[17]この図から、博多では一一世紀後半には銭貨が出現し、一四世紀前半に向かって出土銭貨数は増えていくが、いったん一四世紀後半に減少する。しかしながら、再び一五世紀後半に向かって出土銭貨数が増加することが読み取れる。これは、貿易や戦乱などこの地域の経済・政治情勢が関係していると考えられる。小畑は、博多遺跡群では一一世紀末―一二世紀初めの早い段階で、銭貨が一定量出土しているという事実の指摘をしているが(小畑一九九七)、この図からもそれは確認できる。博多遺跡群では第七九次調査で出土した皇宋通宝のように、一一世紀末の遺構から確実に銭貨が出土しており、博多は他の地域に先駆けて銭貨

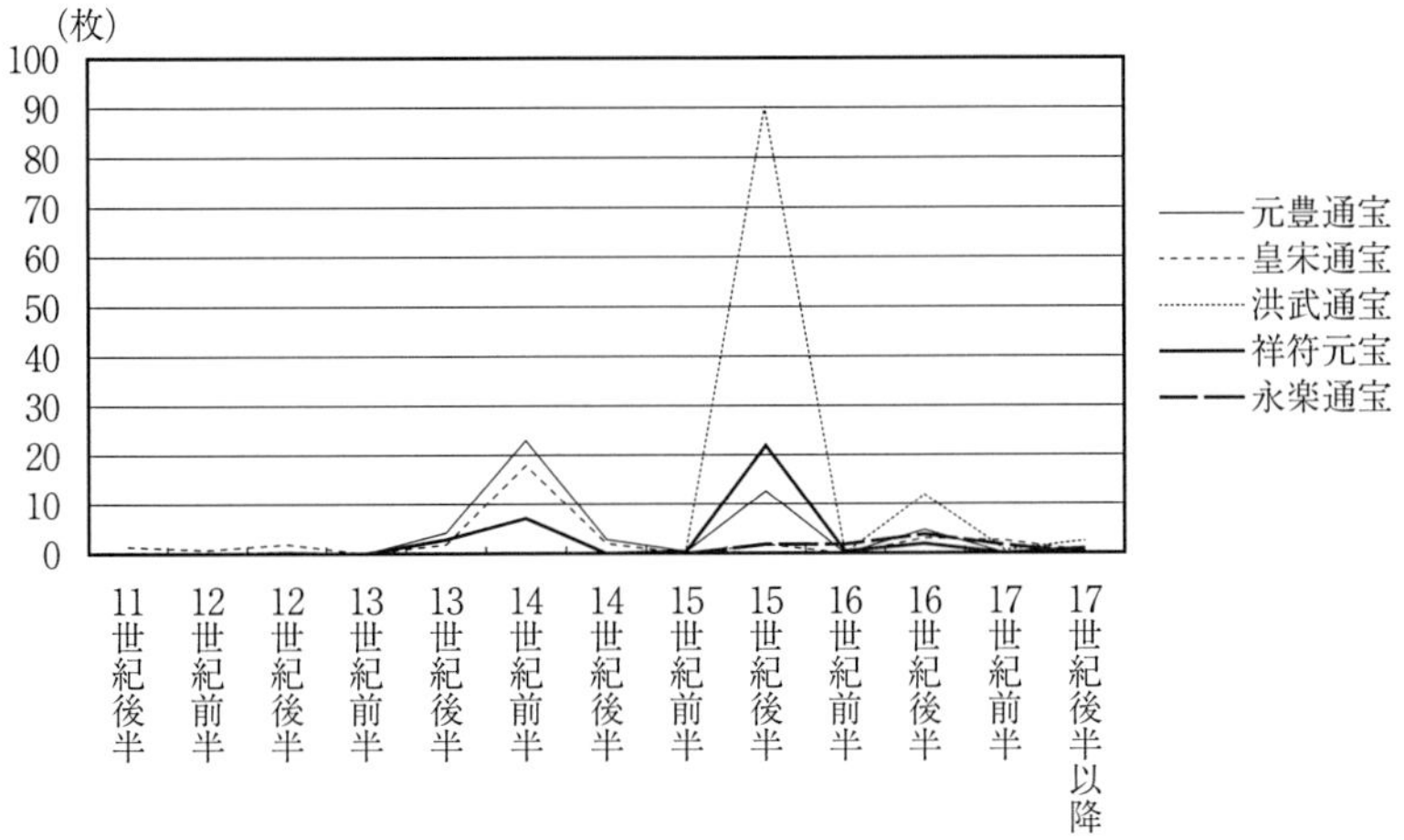

図3　博多遺跡群個別出土銭数(50年以内)

流通がみられた地域であると考えられ、その原因としては中国との交易が関連していると推定できる。図3は、五〇年以内で出土時期をとらえることができる銭貨を、同様の方法で銭種別に折れ線グラフ化したものである。一四世紀前半のピークと一五世紀後半のピークがより鮮明になっており、一六世紀後半にも小さなピークが見て取れる。図2より精度が高いと考えられる図3から銭種ごとの動態を述べるなら、一四世紀前半にピークをもつ北宋銭のうち皇宋通宝はここだけでピークを描くのに対し、元豊通宝は次の一五世紀後半でもやや低いもののピークを描く。祥符元宝にいたっては一五世紀後半のピークの方が高いといった状況である。一五世紀後半にピークをもつ明銭の洪武通宝はさらに一六世紀後半にも小さなピークがやってくる。永楽通宝は出土数が少ないため、ほとんどピークらしいものが確認できない。北宋銭の祥符元宝と祥符通宝・天禧通宝とは同様の傾向を示しており、これらは前節で述べた中世末の鉛分が多いため白色化して出土する銭種と一致しており、中国の一定地域からふたたび流入してきたと考えると納得がいく。九州地域では洪武通宝が多く出土する地域が存在し(櫻木一九九八)、博多においてはこの洪武通宝の増加のピークが一五世紀後半であることを、これ

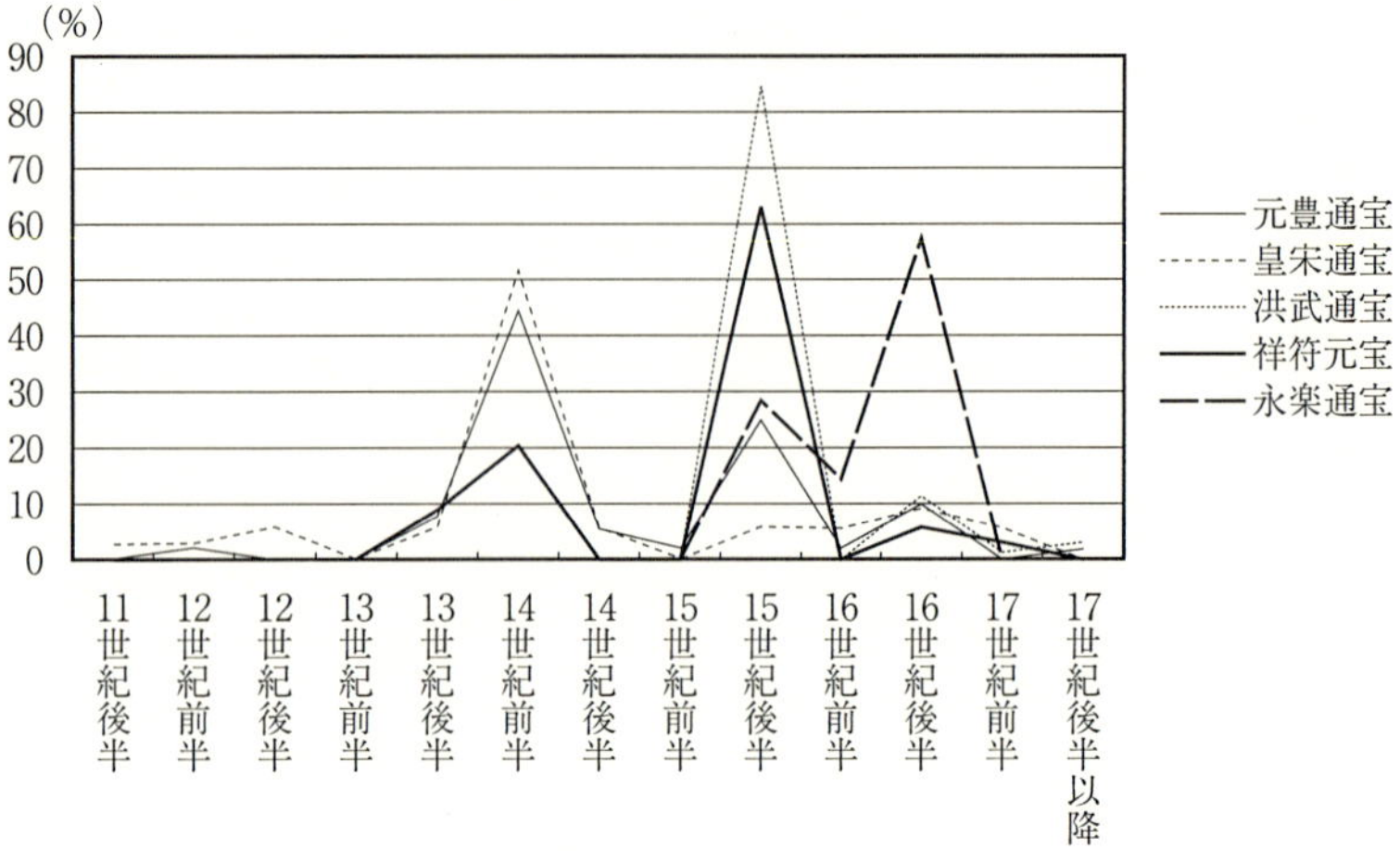

図4　博多遺跡群時期別同一銭種出土頻度(50年以内)

らのグラフから確認することができた。また、五〇年幅で出土時期を把握できるこれら五つの銭種について、同一銭種内での相対的な出土頻度を百分比で示したものが図4である。これによると、一四〇八年初鋳の永楽通宝の出土時期も一六世紀後半に向かって増加傾向にあることが判明する。明銭の洪武通宝と永楽通宝は、銭貨の鋳造時期と出土時期で一世紀あるいは一世紀半の隔たりがあることを示している。長期間使用された結果、埋没年が遅れると理解するのか、流入時期が遅れると理解するのかは今後の検討課題である。いずれにしても、これら北宋銭と明銭の出土状況は銭種によって一様でないことを示している。銭貨の生産、流通、埋没という過程を丹念に追っていく作業が必要となる。

　博多遺跡群の特徴のひとつに、全国的にあまり出土しない大型銭が比較的多く出土していることがある。[18] 報告書で確認できる出土大型銭は四一枚であるが、一万枚を超える出土銭貨の枚数に対してその数は少ない。大型銭とは、唐代以降の中国で発行された外径の大きな銭貨であり、通常の一文銭と異なり、一枚で一文銭の二倍、三倍、五倍、一〇倍など、高額の価値を付与され発行されたものである。二倍通用の場合は折二銭、それ以上のものは当三銭、当五銭、当十銭と呼ばれている。これらの大型銭は一文銭に比べ、実際にその倍数だけの素材価値があるわけではなく、一文銭が約二・四cmを測るのに対し、折二銭は二・七cm、当十銭になると三・五cmほどの外径となる。このような大型銭が発行される背景としては、政府が発行時の利益を目的にしたことや、財政の行き詰まりを切り抜けようとしたことが挙げられる。中国では銅資源の欠乏が著しくなっていくにしたがって、このような大型銭の発行量は増え、北宋以降盛んに流通したが、日本ではまったく流通していなかったと考えられている（東野一九九七）。日本では、一括出土銭に大型銭の周囲を削り磨いて一文銭の大きさにしたものが混入していることもあり、輸入された大型銭を貨幣として使おうとすれば、一文銭のサイズに作り直す必要があったことがわかる。周囲を削るという行為は、緡紐に通すという銭貨の使用形態から、張り出し部分をなくすという意味であると理解できる。このように外輪を削った例は、博多遺跡群の個別出土銭においても確認されている。もし一括出土銭中に原形の大型銭が発見されても、小平銭（一文銭）より若干大きめの折二銭しか含まれないことも事実である。これは小平銭こそが貨幣であるという認識が持たれていたことを示す動かせない事実である。したがって、大型銭は一部日本に持ち込まれたが、国内流通貨幣としてはほとんど機能せず退蔵され埋没してしまったものと考えられる。近年、長崎県対馬の水崎遺跡から一四枚の大型銭が出土したことや（田中二〇〇二）、一四世紀の新安沖沈没船に大型銭が積まれていた事実からも[19]、大型銭が日本に持ち込まれていたことは間違いない。そこで出土時期を前述のように一定幅でとらえることができる二六枚の大型銭を表3で示すと、一三世紀後半にピークがあることが見て取れ[20]、博多において銭貨流通が開始されてから比較的早い時期に埋没したものが多いということがわかる。第八五次調査の崇寧通宝のように、一二世紀前半であることが確実な資料も存在する。新安沖沈没船の資料も一四世紀前半であり、したがって大型銭は中世でも早い段階で日本へ流入したものと推定できる。博多では出土する大型銭が、勘合貿易の拠点港という共通性を有する堺ではほとんど出土していない

表 3　出土時期が判明する大型銭

銭貨名	年代	12 世紀前半	12 世紀後半	13 世紀前半	13 世紀後半	14 世紀前半	14 世紀後半	15 世紀前半	15 世紀後半	16 世紀前半	16 世紀後半	17 世紀前半	報告書
崇寧通宝(当十)	12 世紀前半												『博多 57』　85 次調査
崇寧通宝(当十)	12 世紀～13 世紀												『博多 14』　39 次調査
元豊通宝(折二)	12 世紀後半												『博多 50』　79 次調査
元豊通宝(折二)	12 世紀後半～13 世紀初頭												『博多 37』　65 次調査
大元通宝(当十)	13 世紀												『博多 48』　62 次調査
崇寧重宝(当十)	13 世紀												『博多 48』　62 次調査
崇寧重宝(当十)	13 世紀												『博多 48』　62 次調査
元豊通宝(当十)	13 世紀												『博多 48』　62 次調査
熙寧重宝(折二)	13 世紀												『博多 48』　62 次調査
乾道元宝(折二)	13 世紀代												『博多 60』　1･4･8 次調査
崇寧重宝(当十)	13 世紀後半												『博多 80』　120 次 A 調査
崇寧重宝(当十)	13 世紀後半代												『博多 37』　65 次調査
崇寧重宝(当十)	13 世紀後半代												『博多 37』　65 次調査
元祐通宝(折二)	13 世紀後半～14 世紀初頭												『博多 27』　48 次調査
宣和通宝(折二)	13 世紀後半～14 世紀初頭												『博多 30』　60 次調査
乹元重宝(大銭)	14 世紀前半												『博多 48』　62 次調査
紹熙元宝(折二)	14 世紀前半～中												『博多 80』　120 次 A 調査
判読不能(折二)	14 世紀												『博多 80』　120 次 B 調査
元豊通宝(折二)	14 世紀後半												『博多 49』　87 次調査
判読不能(折二)	14 世紀後半												『博多 80』　102 次調査
元豊通宝(折二)	15 世紀												『博多 80』　102 次調査
聖宋元宝(折二)	15 世紀後半												『博多 30』　60 次調査
嘉定通宝(折二)	16 世紀後半～17 世紀初頭												『博多 27』　48 次調査

という事実も、堺の盛期が一五世紀中期以降ということを考え合わせると、博多での大型銭出現が勘合貿易以前の現象であることの証左となる。博多や大宰府には貿易拠点という理由で多くの中国人が集住していたし、水崎遺跡は貿易・倭寇の拠点であったと考えられている。つまり中国人社会の投影をこれらの地点では見ることができるのであって、これらの地点から大型銭が出土したとしても、日本人社会でこれらが使用されていたということを意味するものではないと筆者は考えている。長崎の出島でオランダ貨幣が出土している事実をあげるまでもなく(高田二〇〇四)、中国商人の間では大型銭が貨幣として認識されていたのは当然のことであり、それらが日本に一部持ち込まれていたのは自然なことである。この時期、日本が中国を中心とした環シナ海貿易圏の内にあり、日本の銭貨使用もその銭貨流通システムに取り込まれていた可能性はあるものの、日本国内に中国人社会あるいはそれとの接点が存在すれば、中国的貨幣使用がおこなわれるのは当然であり、これをもって日本で流通したということにはならない。また、中国でも大型銭は政府が想定していたほど高い価値では流通しておらず、銭を鋳潰し再利用することがあったということと考え合わせると、小平銭より原材料としては効率的な大型銭は、原材料として輸入されたという可能性も考慮する必要があろう。[21] ただし、長崎県壱岐市郡城跡出土の大型銭未製品の出土には注意を要する(壱岐市二〇〇六)。製作過程にあることを示す枝の部分を残す未製品が出土している事実は、当地で生産されていた可能性を残している。関連遺物など今後の調査によって慎重に検討しなければならないが、飾りや呪具の一部として貨幣の経済外的機能をもって大型銭が使用・生産されていた可能性も捨てきれない。

小畑弘己は廃棄・遺棄銭中における博多での無文銭の出現率の低さを指摘したが、近年、博多遺跡群第八五次調査・第一〇四次調査・第一一三次調査などで無文銭の出土例を確認することができるようになった。また、西山絵里子は博多遺跡群の出土銭貨四三二九枚を実見し、報告書では無文銭と報告されていないにもかかわらず六九枚の無文

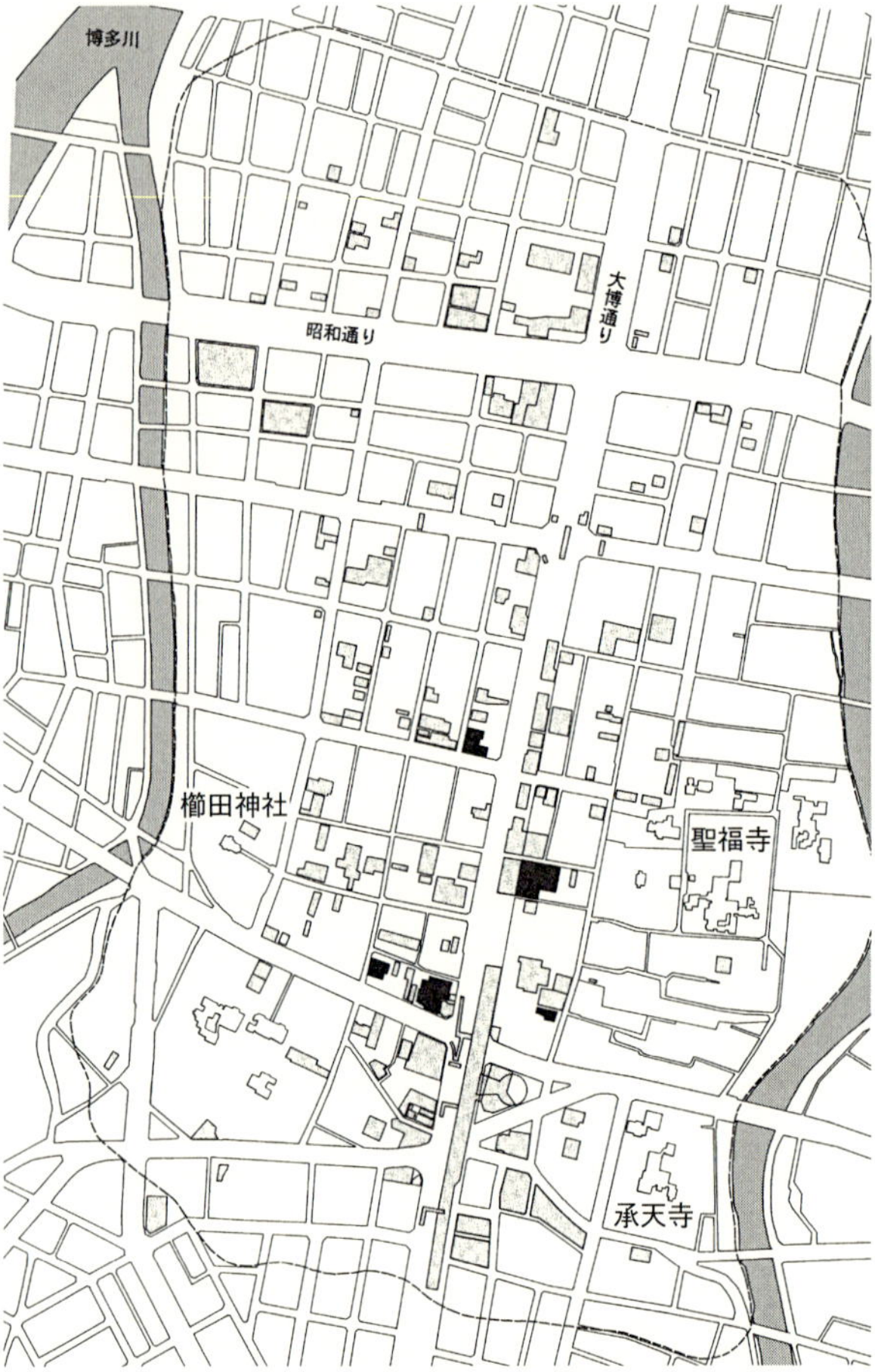

図5 博多13世紀

銭が存在していたと報告している(西山二〇〇六)。文字を有しない無文銭は遺存状態の悪い出土銭では判定がしづらく、報告書作成段階では認識されていないものも多い。都市部では潤沢な銭貨量が存在したと考えるのが自然だが、無文銭も一部流通していたと思われる。西山の調査から、無文銭の判別のためには現物のチェックが必要であることを再認識させられる。

わが国が中国の貨幣制度のすべてを受容したわけではないという点と関連して、中世における鉄銭流通問題も考えておかねばならない。博多から内陸部へ約三〇㎞の距離にある福岡県朝倉市真奈板遺跡の一括出土銭は、建炎通宝(一一二七年初鋳)を最新銭とするもので、時期的にもっとも古い一括出土銭のひとつであると考えられ、この中には確実に鉄銭が含まれている（福岡県一九九三）。鉄銭は中国では唐代以前から存在していたが、わが国では鉄銭が一括出土銭に含まれていないことなどから、中世には流通していなかったと考えられている。しかし、この資料が示すのは、鉄銭が銅銭と同じ緡に綴じられていたことから一二世紀には国内にもたらされていたということである。一三世紀以降一括出土銭が一般的になる時期においては、鉄銭を確認できないことも事実である。鉄銭は腐食しやすく検出が難しいので、今後も個別出土銭としては発見できない可能性も高いが、わずかながら存在していた可能性を否定できないのである。

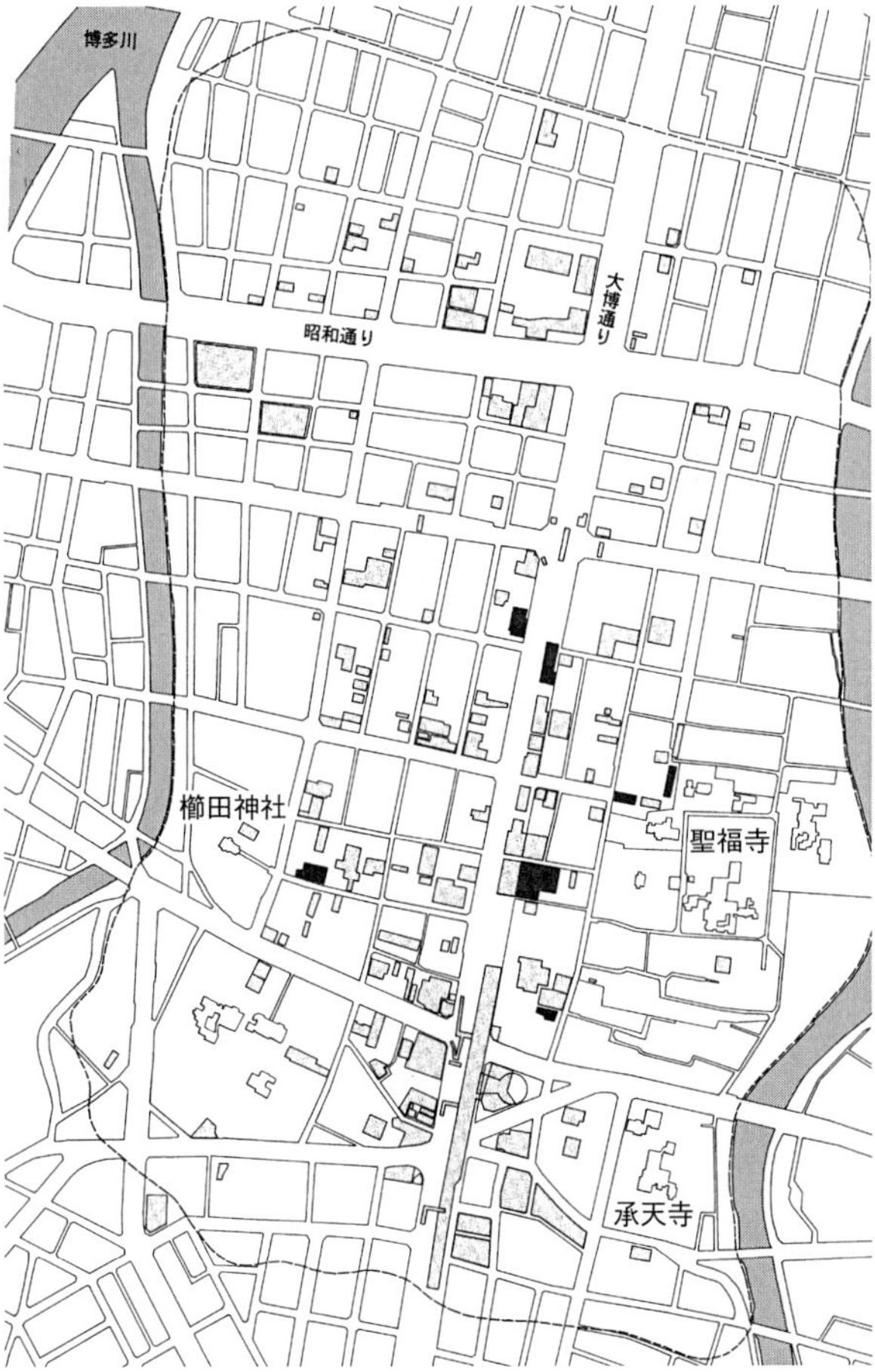

図6　博多14世紀

最後に博多遺跡群から出土した銭貨の数量を使用して、中世博多の貨幣使用の中心地とその変遷について考察していく。これについては、すでに第八五次調査までの資料を使用した大庭康時の研

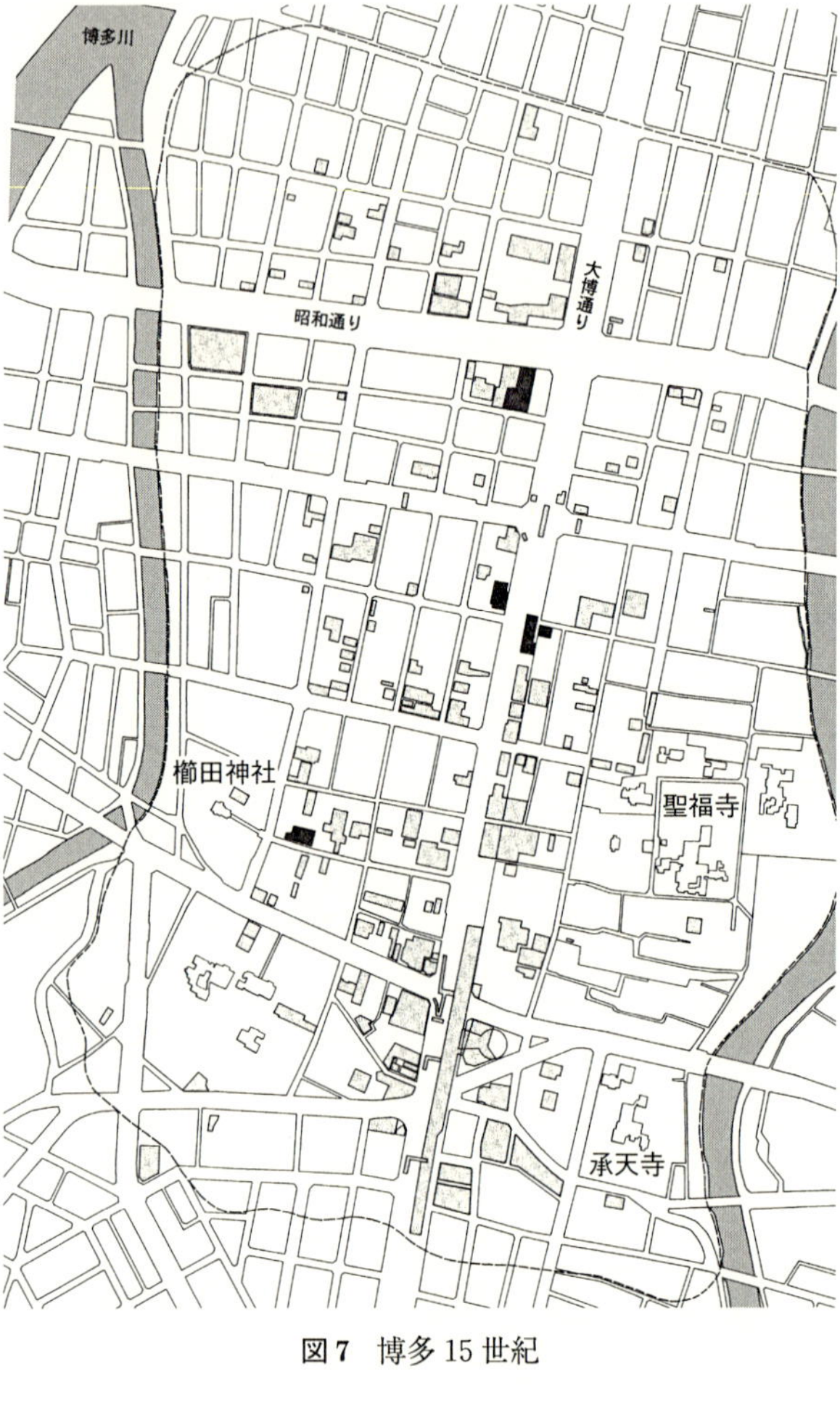

図7　博多15世紀

究が存在する（大庭一九九七）。具体的な方法は、博多遺跡群における各調査区の出土銭貨数を調査面積で割った値、つまり一定面積あたりの貨幣出土数を算出することによって、その多寡から通貨使用量を復元しようとするものである。最新のデータを使用し、一㎡あたりの出土銭貨頻度を算出して、各調査区を二段階に分類し、一三世紀から一六世紀までの様子を一世紀ごとに図化したものが図5—図8である。図5は一三世紀、図6は一四世紀、図7は一五世紀、図8は一六世紀の地図である[22]。

これらの地図から、一三世紀から一四世紀にかけて、博多の南側、地図上では聖福寺、櫛田神社、承天寺周辺において、銭貨が集中的に出土している様子を見て取れる。この地域は、平安時代から鎌倉時代にかけて多数の宋商人たちで繁栄した町場であり、博多浜と仮称されている。出土銭貨からもこの時期、博多浜が商業活動の活発な場所であったことが裏付けられる。一五世紀になると、銭貨が出土する地域は広がりをもち始め、博多浜の南側地域のみに集中しなくなってくる。つまり、博多浜の北側からの出土事例が相対的に増加する傾向が読み取れる。ここは中世博多においては息の浜と呼ばれる町場であり、鎌倉時代後半以降になってその名前が記録に現れてくる。一四世紀前半から一六世紀後半にかけて、一定量の銭貨が息の浜より出土している。したがって、中世前半は博多浜において経済活動が盛んにおこなわれており、中世中盤になって息の浜における銭貨流通が盛んになり、後半までその状態が続いていたことが確認できる。大庭論文によれば、一三世紀後半以降息の浜には元寇対策のため石塁が築かれ、その内側

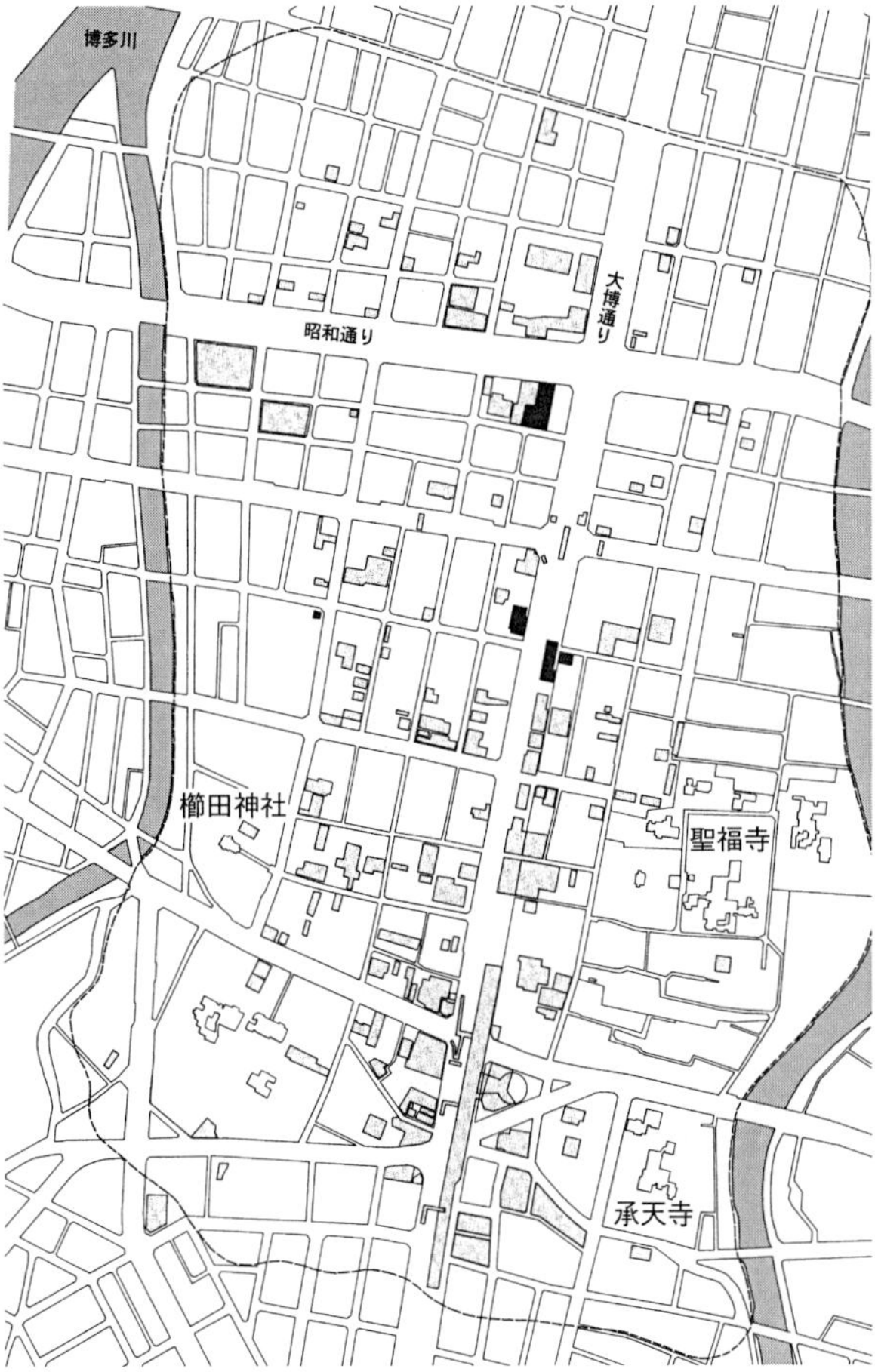

図 8　博多 16 世紀

で都市化が進んでいるとされる。出土銭貨からもそのような都市の様相を復元することができるのである。

六　各地の中世都市個別出土銭(23)

博多と並ぶ勘合貿易都市として知られている堺でも、堺環濠都市遺跡（ＳＫＴ）と名づけられ継続的に調査がすすめられている。堺は一五世紀後半から勘合貿易港として機能し、一七世紀初期までの約一世紀半にわたって繁栄した町である。嶋谷による遺構の時期別出土銭貨集成によると、一五世紀後半に出土枚数のピークがきた後、一六世紀前半に一旦減少し、一七世紀初頭に向かって再び増加している。出土銭貨数は、町の繁栄との相関関係を示していると考えられる。ここでは皇宋通宝の出土枚数が第一位、元豊通宝が第二位である（表４）。また、鋳型も大量に出土している無文銭は一六世紀後半に向かって増加しているが、全体から見ると量的には少なく、博多と同様に都市部での無文銭の流通量は少なかったと考えられる。

朝倉の居館があったことで知られている越前一乗谷も、一五世紀後半から天正元年（一五七三）に朝倉が滅びるまで栄えていた町で、継続的に遺跡の調査がなされており、良好な資料を提供してくれる。水野和雄が集成した第六〇次調査までで出土した二万八九三四枚の銭貨から二つの一括出土銭を除くと、表４のように元豊通宝が第一位、皇宋通宝が第二位であるが、一括出土銭になると逆転している。また、一乗谷の繁栄時期は明銭の存在時期であるにもかかわらず、一括出土銭に含まれる明銭の洪武通宝・永楽通宝はともに第一五位以内に入っていない。個別出土銭とは異なった様相を示しており、明銭の出土状況には注目しなければならない。

表4　各地の出土銭種順位(15位まで)

順位	堺		一乗谷個別出土銭		一乗谷一括出土銭		大友府内町	
	銭貨名	枚数	銭貨名	枚数	銭貨名	枚数	銭貨名	枚数
1	皇宋通宝	160	元豊通宝	858	皇宋通宝	2,184	元豊通宝	184
2	元豊通宝	135	皇宋通宝	847	元豊通宝	2,107	皇宋通宝	143
3	元祐通宝	101	熙寧元宝	750	開元通宝	2,061	熙寧元宝	129
4	開元通宝	99	元祐通宝	593	熙寧元宝	1,796	元祐通宝	129
5	熙寧元宝	92	開元通宝	515	元祐通宝	1,514	天聖元宝	67
6	洪武通宝	66	天聖元宝	398	天聖元宝	932	洪武通宝	63
7	天聖元宝	57	祥符元宝	261	政和通宝	894	開元通宝	58
8	紹聖元宝	54	聖宋元宝	256	祥符元宝	873	紹聖元宝	55
9	聖宋元宝	48	政和通宝	241	聖宋元宝	702	祥符元宝	40
10	永楽通宝	48	紹聖元宝	232	紹聖元宝	691	景徳元宝	36
11	政和通宝	46	天禧通宝	222	天禧通宝	643	聖宋元宝	36
12	祥符元宝	35	洪武通宝	221	祥符通宝	641	永楽通宝	35
13	天禧通宝	32	景徳元宝	210	景徳元宝	488	治平元宝	33
14	無文銭	30	永楽通宝	204	咸平元宝	424	元符通宝	31
15	景徳元宝	23	祥符通宝	166	嘉祐通宝	408	天禧通宝	29

注(23)の文献より作成

大友府内町の発掘調査は本格化して一〇年足らずであるが、その成果は着実にあがってきている。畔津宏幸の集成によると、府内では一六世紀中頃から後半に向かって出土銭貨が増加しており、文献で確認できる町の盛期と一致していることが、出土銭貨からも示されている。元豊通宝が第一位、皇宋通宝が第二位であることは博多と同様である。検出数はわずかだが、無文銭が一五世紀後半から出現することも、流通銭貨不足の結果であると考えられる。

草戸千軒町遺跡は平安時代前半頃(九一一〇世紀)の遺構が存在するものの、主体は一三世紀後半から一六世紀初頭までの遺跡であり、寛文一三年(一六七三)の洪水で壊滅したとの記録が残っている。高田倫子は草戸千軒町遺跡第四三次調査までで出土した個別発見貨を、一三世紀後半―一四世紀前半（一四五枚）、一四世紀後半―一五世紀前半（五〇七枚）、一五世紀後半―一六世紀前半（一五一枚）と報告しており(24)、このデータは、一四世紀後半から一五世紀前半をピークとする町の盛衰を示していると考えられる。

以上、中世都市遺跡から出土した銭貨によって、その都市としての盛衰を知ることができた。貨幣使用は人間生活の重要な営みのひとつであり、今後各地で同様の作業をおこなうことによって、貨幣動態から都市の動向を確認していくことが重要な課題となる。

最後に、近世鎖国下の日本で、公式な唯一の玄関口となっていた都市「長崎」を取り上げる。長崎の開港は元亀元年（一五七〇）であり、中世末から貿易都市として開発された。したがって、中世から近世への移行期における貨幣事情を示すことが可能な場所であると同時に、近世に唯一残される国際貿易港という性格を有するため、オランダとの接触を出土貨幣からも確認できるなど、対外交渉という観点からも最良の場所である。また、ここには特徴的な火災層が存在することから、時期判定も容易である。例えば、Ⅰ期が町建てから慶長六年（一六〇一）の火災まで、これ以降一六一〇年代までをⅡ期と区分されている（川口二〇〇三）。これ以降も寛永の火災層などで区分されており、さらに細かい時期区分が可能である。特殊な地層の存在が有効な時期判定指標を提供できる代表例として、関東における宝永四年（一七〇七）の富士山の噴火層をあげることができるが、遺物の出土位置と火災層や噴火層との上下関係によって、埋没時期の判断ができるのである。

長崎では市や県による発掘調査報告がなされており、一〇冊以上の報告書がその成果として刊行されている。築町遺跡では、合計二七〇枚の銭貨が出土しており、そのうち遺構や層位を把握できるものは八六枚である。渡来銭の模鋳銭も出土している。Ⅲ層が寛文三年（一六六三）の火災層、Ⅵ層がそれ以前の火災層と比定されており、年代決定の上でも重要である。慶長通宝二枚・叶手元祐通宝四枚・加治木洪武通宝一枚・元通通宝二枚・天下手祥符通宝一枚・

加刀ビタ銭一枚など、寛永通宝鋳造開始前後に国内で鋳造したと考えられる銭貨群が出土しており、無文銭・雁首銭・清銭も出土している(長崎市一九九七)。町の乙名であった八尾の屋敷跡である興善町遺跡では、一枚のオランダ貨幣(1/2Stiver)の出土が特筆される(長崎市一九九八)。栄町遺跡では、渡来銭・模鋳銭四八枚、古寛永通宝三八二枚、文銭・新寛永通宝一三六枚、雁首銭二枚、近代銭一枚、判読不能銭一九枚の合計五八八枚が出土しており、Ⅶ層(一六世紀末)から慶長通宝一枚が出土している。Ⅵ層(一七世紀前半)から加治木洪武通宝二枚、叶手元祐通宝一枚が出土している。叶手元祐通宝はⅣ・Ⅴ層からも各一枚出土している(長崎県二〇〇二)。Ⅴ層焼土(一六六三年)の叶手元祐通宝と加治木洪武通宝は、原城跡でも共伴して出土しており(長崎県南有馬町一九九六)、これらが一六三七年時点ではすでに存在していたことを確認できる。この両模鋳銭は一連の出土状況からみて、併行使用されていた可能性が高い。

以上、長崎では寛永通宝鋳造開始前後に国内で鋳造したと考えられる銭貨群(慶長通宝・叶手元祐通宝・加治木洪武通宝・元通通宝・天下手祥符通宝)が出土しており、これらについて鋳造時期・場所を特定できる可能性がある。また、肥前鍋島家の銭貨鋳造に関する文献記録が残っており、これには年号が記されていないものの、勝茂の花押から判断して慶長九年(一六〇四)—慶長一五年(一六一〇)のものと考えられている(古賀一九七三)。この史料からは二〇〇〇貫文を鋳造して新銭を領内の古銭とおき換えたことがうかがえ、鍋島鋳造の銭貨は相当量流通していたと考えられる。したがって、この地域の出土銭貨からこの銭貨を特定できるのではないかと考えられる。長崎におけるオランダ貨幣や清銭、ベトナムの日本町ホイアンでの長崎貿易銭の出土例(昭和女子大一九九七)からも明らかなように、出土銭貨はその地理的な特徴を必ず示している。文献史料だけでは明らかにできない史実を、出土銭貨から推測できる可能性をもつのである。

おわりに

銭貨は中国を中心とする東アジア社会で広く鋳造・使用されており、さまざまな現象が共時性を持つと同時に、銭種による「すみわけ」が存在するなどの地域性を有している。少なくとも、中国・モンゴル・朝鮮・ベトナムは銭貨が広範に流通していた地域であり、日本との交流という側面を勘案しながら、銭貨の問題について考えていかねばならない。中国銭貨が日本で使用されていた中世から、近世になると今度は逆に日本の銭貨が中国や東南アジアへ流れていく。この点では、日本国内における銭貨の地域流通圏とあわせて、アジア間各地における銭貨流通問題を解明しなければならず、東アジア全体の中で日本を位置づけるという研究視角が必要になる。わが国の出土銭貨にはベトナム、琉球などの公鋳銭・私鋳銭も混入しており、今後の研究にはこれらの地域まで含めた巨視的な視角が必要となる。さらには、貨幣の生産技術研究や金属原材料の供給に関する研究も広域的な視角で研究することが重要課題であり、日本だけを対象としたのでは考察できない内容を含んでいる。黒田明伸の「貨幣の非対称性」をキーワードとした貨幣理解も、今後の重要な研究視角である(黒田二〇〇三)。

以上述べてきたように、出土銭貨を経済史など社会科学の資料として活用する研究は近年かなり深化したと思われるが、出土銭貨は考古学者による正確な調査・報告がなされなければ、他の学問の研究資料として活用できない。これまで重要視されてきたとは言い難い出土銭貨を、今後いかに利用可能な資料としていくかということが考古学に課せられた最大の課題である。中世社会の解明のために出土銭貨が果たす役割は大きく、考古学のなかに「貨幣考古学」という一分野を確立することが急務であると考える。

(1)　日本における撰銭令の契機を、中国の内部貨幣圏に組み込まれていたとする足立啓二と、それを否定する大田由紀夫の論争をあげることができる。
(2)　中・近世考古学は一九六〇年代に中川成夫・加藤晋平によって提唱され、一九八〇年に『考古学ジャーナル』一八二号で特集が組まれて以来、認知度が高まってきた。平成一五年度から文部科学省特定領域研究で採択された「中世考古学の総合的研究」(領域代表 前川要)は、この分野の確立を物語っている。
(3)　発掘を担当した嶋谷和彦が多くの論考を発表しており、本章文献欄を参照。
(4)　坂詰秀一は『考古学ジャーナル』一八七号(一九八一年)、二四九号(一九八五年)で問題を提起し、『出土渡来銭』(ニュー・サイエンス社、一九八六年)にまとめた。
(5)　鈴木公雄は一連の中・近世出土銭貨研究を『出土銭貨の研究』(東京大学出版会、一九九九年)にまとめ、この研究で博士(史学)の学位を取得した。
(6)　坂詰秀一は「銭貨の考古学」(『季刊考古学』第七八号、二〇〇二年)一六頁で、名称論を看過すべきでないと主張している。
(7)　『考古学ジャーナル』五二六号(二〇〇五年)で筆者は同様の主張をしたが、この時点では一括出土銭と一括大量出土銭とを併記している。一括という用語を「考古学的にまとまった単位」という意味で使用し、本章では「一括出土銭」に統一する。
(8)　ブラックバーンとは二〇〇一年以来、この用語問題について幾度となく議論をおこなってきた。二〇〇六年九月二七日ケンブリッジでの話し合いでは、過去の用法にとらわれることなく、新しい概念を持たせた専門用語として規定していくしかないということで合意した。英語の「hoard」がもつ本来の意味は貯蔵するということだが、現在の学術用語としては呪術的なものも含んでいるとのことであった。したがって、鈴木公雄の主張に近い内容である。ブラックバーンによると、一〇枚以上を「hoard」と呼ぶ意見もあれば、二枚以上でもよいとの主張もあり、明確な枚数では区分できないとのことであった。

（9）森本芳樹がブラックバーンの業績などヨーロッパ学界の研究動向を紹介し、この訳語を使用している（「個別発見貨の意味——イギリス中世古銭学による問題提起と所領明細帳研究への波及」『久留米大学比較文化研究』第二一輯、一九九八年など）。

（10）各国政府が発行する銭貨を公鋳銭、公鋳銭が存在する国でコピーがおこなわれたものを私鋳銭、中世のわが国のように公鋳銭が存在しない場合は模鋳銭と呼ぶ。

（11）『出土銭貨』第二〇号（二〇〇四年）の特集「銭貨の呪力」を参照。

（12）富本銭が出土した飛鳥池遺跡の鋳造関連遺物、長門で出土した和同開珎の鋳型、細工谷遺跡出土の和同開珎枝銭などによって、古代の銭貨生産の実態は判明している。

（13）鉛については定量分析ができないという欠点がある。

（14）報告書に記載されている銭種についてはさまざまな表記がなされており、若干の調整をおこなわなければならない。例えば、判読不能や不明という異なった表記、読める文字だけは一文字だけでも正確に表記してあとは欠字にしてあるものなどさまざまであるが、銭種を確定できないものはすべて判読不能ということで統一した。また、大型銭に二枚の判読不能が含まれているため、五二六一枚となっている。

（15）三宅俊彦は中国で見られる一括出土銭に対して、中国で使用されている窖蔵銭という用語を原語のまま使用している（三宅二〇〇五）。

（16）皇宋通宝と同じパターンを描くものは、熙寧元宝・元祐通宝・天聖元宝・開元通宝であり、祥符元宝は天禧通宝・祥符通宝と同じパターンである。政和通宝、永楽通宝、紹聖元宝、聖宋元宝、景徳元宝については変化が小さく、大きな特徴がない。表現上の制約があり、一五の銭種を五種類に大別して示した。

（17）この作業には若干の人為的操作が必要になる。まず時期決定であるが、報告書には初頭、前期、前半、中葉、後期、末など時期を示すためのさまざまな表現があり、一世紀を前後の五〇年に振り分けて配置するために、以下の操作をおこなった。例えば、一二世紀—一三世紀とあれば、二〇〇年間の存在可能性を想定し四等分する。中葉や中期は一世紀を三等分していると考え、前半と後半に二分割した。年代の区分を一世紀ではなく、半世紀にすることにより、より詳細な銭貨の動態を見ていこうとするものである。ただし、中世という表記や年代の幅が三世紀以上にわたる銭貨については、時期的に幅が広すぎ、データの信憑性に疑義をもたらす可能性があるためこの操作はおこなわず、改定年代作成のための資料からは排除するものとした。

(18)　大型銭の問題については、筆者が「博多遺跡群の出土銭貨(一)」(『法哈噠』第一号、一九九二年)と「博多遺跡群の出土銭貨(二)」(『法哈噠』第二号、一九九三年)で指摘し、小畑がこれを発展させ、嶋谷和彦が「中世日本における大銭の出土状況」『前近代の東アジア海域における唐物と南蛮物の交易とその意義』(科研費成果報告書：課題番号 14201044、研究代表者 小野正敏)でまとめている。

(19)　大銭と記載された複数の木簡が出土していることや、博物館に展示してある大型銭からその存在は確実である。本稿では大型銭という名称で統一しておく。

(20)　当十銭はすべて一三世紀後半まででおさまる。

(21)　これには、中国で大型銭が額面価値を維持できていなかったという前提が必要となる。

(22)　表現上の制約があり、二区分とした。黒い部分が網かけ部分より出土頻度が高いことを示している。

(23)　この節のデータは、草戸千軒町遺跡を除き第13回出土銭貨研究会大会報告要旨『歴史空間における銭貨の出土状況』(二〇〇六年)に掲載されている。

(24)　高田倫子「中世から近世移行期の銭貨流通」(二〇〇六年九月一四日、関西大学における社会経済史学会発表資料)。高田は個別発見貨という用語を使用している。

文　献

赤沼英男二〇〇二「中世出土銭貨の自然科学的調査結果に基づく分類」『九州・沖縄における中世貨幣の生産と流通』(科研費成

果報告書：課題番号 11630083、研究代表者 櫻木晋一）
阿部勝則二〇〇一 「岩手県北の模鋳銭」『中世の出土模鋳銭』高志書院
壱岐市教育委員会二〇〇六 壱岐市文化財調査報告書第八集『都城跡 車出遺跡』
茨城県教育財団二〇〇五 茨城県教育財団文化財調査報告書第二五〇集『村松白根遺跡 1』
浦添市教育委員会二〇〇三 『当山東原遺跡——市道号線道路改良事業に伴う埋蔵文化財発掘調査』
大庭康時一九九七 「博多遺跡群における中世考古資料の分布論的検討メモ——将来の「場」の研究に向けて」『法哈嗟』第五号
小畑弘己一九九七 「出土銭貨にみる中世九州・沖縄の銭貨流通」『文学部論叢』第五七号
小畑弘己一九九九 「九州の中世後期の銭貨流通」『日本中世・近世における生産力表示の系統的把握のための基礎的研究』（科研費成果報告書：課題番号 09410094、研究代表者 工藤敬一）
小畑弘己二〇〇二 「九州・沖縄地方」『季刊考古学』第七八号
華覚明一九九九 『中国古代金属技術』中華人民共和国、大象出版
川口洋平二〇〇三 「港市長崎の成立過程」『戦国時代の考古学』高志書院
黒田明伸一九九八 「16・17世紀環シナ海経済と銭貨流通」『歴史学研究』七一一号
黒田明伸二〇〇三 『貨幣システムの世界史——〈非対称性〉をよむ』岩波書店
古賀俊郎一九七三 「鍋島鋳銭についての一考察」『ボナンザ』一一月号
齋藤努・高橋照彦・西川裕一一九九八 「中世～近世初期の模鋳銭に関する理化学的研究」『金融研究』第一七巻第三号
櫻木晋一一九九八 「洪武通宝の出土と成分組成」『季刊考古学』第六二号
嶋谷和彦一九九四 「中世の模鋳銭生産」『考古学ジャーナル』三七二号
嶋谷和彦一九九八 「十三湊遺跡の出土銭貨」市浦村埋蔵文化財調査報告書第九集『十三湊遺跡——第七七次発掘調査報告書』
嶋谷和彦二〇〇三 「模鋳銭の生産と普及」『戦国時代の考古学』高志書院

出土銭貨研究会一九九七　出土銭貨研究会第4回大会報告要旨『わが国における銭貨生産』
出土銭貨研究会二〇〇四　第11回出土銭貨研究会資料『中近世移行期の無文銭』
出土銭貨研究会二〇〇五　第12回出土銭貨研究会大会報告要旨『貨幣に見るダイナミズム』
昭和女子大学国際文化研究所紀要一九九七　『ベトナムの日本町　ホイアンの考古学調査』第四巻
鈴木公雄一九九八　「出土銭貨からみた中・近世移行期の銭貨動態」『歴史学研究』七一一号
高田美由紀二〇〇四　「出島阿蘭商館跡出土のオランダ東インド会社関連資料」『出土銭貨』第二〇号
田中淳也二〇〇一　「長崎県対馬・水崎遺跡出土の銭貨について」『出土銭貨』第一六号
東野治之一九九七　『貨幣の日本史』朝日選書五七四
東北中世考古学会一九九九　東北中世考古学会第5回研究集会資料集『東北地方の中世出土貨幣』
富沢威・横山哲也・米沢仲四朗・薬袋佳孝・嶋谷和彦一九九七　「中世銭貨の化学組成」『堺市文化財調査概要報告　第六一冊』
堺市教育委員会
永井久美男二〇〇一　「模鋳銭の全国的様相」『中世の出土模鋳銭』高志書院
長崎県教育委員会二〇〇一　『栄町遺跡』
長崎県南有馬町教育委員会一九九六　『原城跡』
長崎市教育委員会一九九七　『築町遺跡』
長崎市教育委員会一九九八　『興善町遺跡』
西本右子・目次謙一・佐々木稔二〇〇六　「島根県出土極薄輪銭の化学組成と材質」『出土銭貨』第二四号
西山絵里子二〇〇六　「博多遺跡群における銭貨の出土状況」、第13回出土銭貨研究会大会『歴史空間における銭貨の出土状況』
橋口定志一九九八　「銭を埋めること」『歴史学研究』七一一号
福岡県教育委員会一九九三　福岡県文化財調査報告書第一〇五集『真奈板遺跡』

福岡市教育委員会一九九七　福岡市埋蔵文化財調査報告書第五二二集『博多』
福岡市教育委員会二〇〇二　福岡市埋蔵文化財調査報告書第七〇六集『博多』
港区教育委員会事務局ほか二〇〇四　港区内近世都市江戸関連遺跡発掘調査報告書二九‐四『乗泉寺跡・大法寺跡遺跡　円福寺跡遺跡発掘調査報告書――銭貨・人骨編』
三宅俊彦二〇〇五『中国の埋められた銭貨』同成社
宮澤知之一九九八『宋代中国の国家と経済』創文社
山口市教育委員会一九八八　山口市埋蔵文化財調査報告書第二八集『瑠璃光寺跡遺跡』
山口県埋蔵文化財センター二〇〇二　第二七集『萩城跡(外堀地区)Ⅰ』
山口県埋蔵文化財センター二〇〇四　第四六集『萩城跡(外堀地区)Ⅱ』

第三章

貨幣流通からみた一六世紀の京都

田中浩司

はじめに

一九九〇年代以降、出土銭の発掘事例の増加をうけつつ、中世貨幣史研究は、考古学・文献史学の両面から大きく進展してきた[1]。最近では、一六世紀を中心とした貨幣史研究の整理と問題提起が相次いでなされている[2]。すでに拙稿において整理しておいたが、一五世紀後期から一六世紀の貨幣動向の特色は、つぎの三点にあろう[3]。第一に、撰銭令にみられるような、渡来銭を中心とした銭貨流通の動揺。第二に、それにともなう米の貨幣としての復権。第三に、貨幣としての金・銀の普及である。こうした動向が、いつ、どこから、どのようにして生じ、そして江戸時代に向けてどのように収束してゆくのか。それらを京都という地域に即して解明することが、本稿に与えられた課題となろう。

撰銭令の研究は、大正から昭和初期に展開した、柴謙太郎[4]、渡邉世祐[5]、奥野高廣[6]による撰銭令にみえる永楽銭などへのグレシャムの法則の適否をめぐる論争を端緒とする[7]。これと併行して、小葉田淳『日本貨幣流通史』[8]、藤田五郎の研究が出され[9]、これらをうけた滝沢武雄によって、撰銭令の解釈の骨格が確定されてきた[10]。

撰銭令の評価については、柴が貨幣政策と物価統制策であると指摘し[11]、滝沢は貨幣政策よりも室町将軍の代替わり儀礼としての意義を重視し[12]、中島圭一は当時の貨幣流通状況を追認したものとする[13]。近年、高木久史[14]や黒田基樹など[15]は食料需給との関係を強調し、撰銭令発令の主因もそこに求めている[16]。

撰銭令の背景と貨幣流通の地域性については、藤木久志が大内氏の撰銭令などから収取や在地の貨幣流通の階層性や地域性を指摘し[17]、近年では川戸貴史が、同様の視点から在京の領主経済に対する影響も明らかにしている[18]。貨幣流通の地域性という点については、永楽銭に注目した永原慶二[19]や中島圭一をはじめ[20]、伊勢では千枝大志[21]、大内・毛利領国では本多博之[22]、九州の洪武銭に関しては櫻木晋一らの論考がある[23]。

つぎに金・銀と米についてみてゆくと、小葉田が、一六世紀半ばに金・銀の画期的な普及をみるとする説を提起し、これが長らく定説となってきた(小葉田A書、第二章第一節など)。これに対して、永原が一六世紀初頭の金の貨幣としての使用の可能性を指摘し[24]、拙稿Aでも一六世紀前期の金の京都への流入や領主経済で金が価値蓄蔵手段として選好されたことを明らかにした。銀については、一六世紀中期以降、石見銀山の発見や灰吹法の普及により、産銀や銀輸出が拡大したとされる[25]。中島は、京都での銀の普及時期を一五六〇年代末とし[26]、拙稿では、大徳寺関係史料での銀の初見が元亀三年(一五七二)であることを指摘し、同時期の銭使用の衰退、米の支払手段としての定着、金・銀の支払手段としての普及や流通コストの問題などを明らかにした[27]。浦長瀬隆は、土地売券などの支払手段に注目し、京都では元亀二年に銭から米に完全に変化し、天正一一年(一五八三)以降に米優位で銭と併用され、一五九〇年代以降、銀も併用されると指摘した[28]。これに対して高木は、史料の表記と実際の支払手段の相違を指摘し、浦長瀬の手法に疑問を提起している[29]。盛本昌広は、一五九〇年代に金・銀が全国的に支払・両替が可能な程度に浸透していたとした[30]。

このほか、中国史研究者の足立啓二[31]、大田由紀夫[32]、黒田明伸らが[33]、中国史の側から日本との関係を論じている。小葉田A書以降、文献史では中島や桜井英治[34]が、出土銭貨の分析では鈴木公雄[35]が、それぞれの視点から中世貨幣史の枠組みに関わる議論を展開している[36]。

ここまで主要な先行研究を概観してきた。それぞれの論点は多岐にわたるが、小葉田A書以降、浦長瀬、本多などいくつかの労作があるものの、川戸も指摘したように[37]、一五世紀後期から一六世紀の通時的な貨幣動態に関する歴史的事象の発掘とデータの蓄積は、京都に限定してみると格段に進展したとはいいがたい。その小葉田A書では、豊富な事例が提示されているが、参看・引用史料の配列から、時期的・地域的な偏差や変化が明確ではない憾みがある。拙稿では、京都の大徳寺・真珠庵関係史料の通時的な分析を行なった。(38) 拙稿のような実態に即した研究の積み重ねこそが、撰銭令の評価や背景、そして一六世紀の貨幣流通の実態的な解明を可能にするものと、私は考える。

そこで本章では、京都という地域を中心に、撰銭令の基本的な意義、悪銭の価値変化、銭の使用の衰退と金・銀・米の本格的な普及時期などについて、それらにともなうさまざまな具体的影響を裏付ける事象の発掘やデータ蓄積によって、撰銭令の影響の検証と貨幣流通の実態解明をめざすものである。

上記のように、貨幣流通の地域性に関する研究は深められてきたが、京都という地域を意識的に対象とした研究は私見の限りではない。京都は、奈良などとともに畿内として同一視されることも多いように思われるが、貨幣流通における京都は、奈良などと同じではない。

以上のような視点から、本章は、一五世紀後期から一六世紀について、京都の地域性を意識しながら、貨幣流通の動向を考察するものである。なお、本章でいう前期・中期・後期とは、一〇〇年を三期に分けたものであり、前半・後半の呼称は、一世紀を二分したものである。これらの点をあらかじめおことわりしておく。

一　一五世紀後期から一六世紀前期における撰銭

小葉田があげた悪銭などの銭の質や種類に関する史料は、鎌倉期で二、三例、南北朝期とあわせても京都・畿内の事例は一〇例程度となろう（小葉田A書、七〇―七五頁）。ところが、一五世紀に入った応永年間の一四〇五年―一四二一年では、小葉田A書（七四―七六頁所載の『教言卿記』などの三例）および私見に入った事例[39]をあわせると四例あり、前後の時期と比べて、この時期の京都・畿内での悪銭などの出現率は高いといえる。一五世紀初頭は、日明貿易がきわめて盛んな時期であり、田中健夫などは、日明貿易では明制銭のみならず、唐・宋・元代の銭や私鋳銭が大量に輸入されたことを指摘しており[40]、供給側からの銭の多様化という要因も看過できないことを示す。

小葉田によれば、応仁の乱以降、徐々にではあるが悪銭の所見が増加するとされる（A書、七七―七八頁など）。文明一七年（一四八五）四月の大内氏令は撰銭令の初見であり、中世貨幣流通史上の一つの転換点といえる。そこで本節では、この大内氏令から一六世紀前期の室町幕府撰銭令と、その背景にあった収取・領主経済における撰銭の問題について考察する。

(1)　一五世紀後期の守護大名などの撰銭令

一五世紀後期、守護（戦国）大名層の撰銭令・貨幣関係史料（撰銭令は撰銭禁令でもあるが、本章では撰銭令で統一する）は、私見では、①文明一七年（一四八五）四月「大内氏掟書」第六一―六三条、②延徳四年（一四九二）三月「大内氏掟書」第一四四条、③明応二年（一四九三）成立カ「相良氏法度」第五条、④明応五年カ「大内氏掟書」第一五七―一五九条などがある（これらの出典は、すべて佐藤進一ほか編『中世法制史料集 第三巻』岩波書店、によるものであり、箇条番号や成立年代も同書によった。以下ではこの史料集を『中法三』のように表記する）。

①は、著名な大内氏の文明一七年の撰銭令である。その内容を整理すると、第一条は、段銭収納の際の、(1)悪銭の排除と、(2)一〇〇文に永楽銭・宣徳銭二〇文の混用の二つの規定。第二条は、利銭・売買銭における、(3)さかひ銭・

洪武銭〈縄切り〉・打平の排除、(4)永楽銭・宣徳銭の排除禁止、(5)一〇〇文に永楽銭・宣徳銭の三〇文の混用、という三つの規定からなる。第三条は、米売買に関する規定で興味深いが、銭との関係が薄いので、ここでは省略する。

悪銭の排除は当然であろうが、市中での永楽銭・宣徳銭の排除を禁止し、段銭収納などにこれらの一定度の混用を定めたことは、これらが市中で忌避されていたことを示唆する。すなわち、当時の大内氏領国では、問題なく通用する銭、市中では忌避されつつも大名権力が流通を促す永楽銭・宣徳銭、そして排除すべき銭、この三つのカテゴリーの銭が存在したといえる。なお本章では、この問題なく通用する銭を精銭とよぶ。

②令は、豊後での段銭への悪銭混入を禁止するもので、④令は、①令の遵行であり、いずれも①文明一七年令が機能していないことを示す。

③の「相良氏法度」第五条は、低価値の「字大鳥」や「黒銭」での買地の際における精銭との交換レートを規定したものである。それによれば、字大鳥一に対して精銭は二・五倍、黒銭一に対して精銭は二倍の価値であったことがわかる。

これら①—④の事例から、一四八〇年代半ばから一四九〇年代半ばの約一〇年間、西国(ここでは周防・豊前・肥後)での悪銭流布は共通の現象であったことがわかる。大内氏領国では、悪銭の排除とともに、永楽銭・宣徳銭などの混用を必要としていたのであり、「相良氏法度」における低価値銭と精銭との交換レートの規定は、領主権力による貨幣流通の調整が必要となっていた状況を示す。

すでに中島の指摘があるが、[41]こうしたローカルな粗悪銭が流通するのが「地域」であり、多様な「地域」を内包する領国は、そうしたローカル・ルールを調整する機能が、守護・戦国大名に求められてきたことを意味するものといえる。

藤木は、上述の①文明一七年の大内令の背景に、「大名側の精銭要求と「地下」側の悪銭混入要求との対立の伏在すること」を指摘し、地下レベルでは低品位の銭、大名・給人レベルでは精銭、という銭貨流通の階層性を看破した。(42)本多は、大内の精銭要求について、領国外との隔地間交易や海外との貿易によるものであったとした。(43)

本多などの指摘にもあるが、(44)①の大内氏の文明一七年令などの背景には、粗悪銭を主体とした在地レベルと、精銭を中心とした大名レベルの銭貨流通という、領国内に混在した階層的な貨幣流通を整理すると同時に、大名側は、畿内の経済にアクセスするために精銭を確保する必要があったという、当該期の大名層の財政・領国経済上の事情が交錯したものといえよう。

(2) 貢納収取をめぐる撰銭状況と京都の領主経済

一五世紀後期の悪銭の増加状況は、在地と在京の領主経済・収取においても影響を及ぼし始めていた。ここでは、賀茂別雷神社領能登国土田荘をとりあげる。この事例は、すでに川戸貴史によって考察がなされているが、興味深い内容をもっており、見解を異にするところもあるのであらためて検討する。(45)

須磨千頴によれば、一五世紀末から一六世紀のかなりの期間、京都の土倉野洲井が賀茂社から土田荘の経営を請け負い、在地に下向して年貢収納に努力していた。また、賀茂社は野洲井からの借銭がかさんでいたとされる。(46)

賀茂別雷神社文書の土田荘関係史料には、多くの年貢算用状などが含まれており、その算用状類に悪銭が見え始めるのは、長享二年(一四八八)のことである。すなわち、①長享二年の賀茂別雷神社領能登国土田荘・金津荘公用銭算用状(『加能史料 戦国Ⅱ』三九七頁)に、「同五月十九日」に到来した土田庄公用銭一〇貫文について、「拾貫文内　壱貫文悪銭、但五百十一文本銭ニ成候」とあるのが初見である。これは、同年五月一九日に賀茂社に届いた公用銭一〇貫文に一貫文の悪銭が混入しており、その悪銭一貫文は、「本銭」(=精銭)で五一一文に換算されたことを示す。

このほか、②長享三年六月一九日　職中算用状(『加能史料 戦国Ⅲ』一五八頁)にみえる、三月一一日に去年の土田庄からの年貢として受け取った二貫文に関する「此内五十五文、悪銭不足引之」という記事。③延徳四年(一四九二)九月五日　土田荘公用銭算用状(『加能史料 戦国Ⅳ』二四頁)の「六貫文　『あく銭遣之、[内四百六十七文]』伊豆守口入借銭方へ」といった記事。④明応四年(一四九五)一〇月晦日　土田荘公用銭算用状(同前書一九七頁)の「合拾五貫文之内　八百十一文あくせんふそく在之」といった記事などがみられる。

こうしたことから、土田荘のあった能登国では、すでに多くの悪銭が流通しており、そのために京都の賀茂社への公用に悪銭が混入したものと考えられる。

〔史料 一〕

(前欠)

承候間渡申候、御心得肝要候、

一、悪銭於京都安洲井方渡申候由蒙仰候、言語道断次第候、於国者ゑらミ候て渡候間、堅被仰候て可有御請取候、

(中略)

五月十日　統朝(花押)

賀茂社務殿 尊報

この〔史料一〕は、典拠とした『加能史料 戦国Ⅳ』では、明応六年(一四九七)と推定されている隠岐統朝書状(同書三四〇頁、傍線は筆者による)である。この史料は、須磨が言及し、川戸も検討している。守護請下、土田荘の収納担当の能登守護畠山被官の隠岐統朝と、賀茂社および同荘の経営を請け負っていた代官の土倉「安洲井」(＝野洲井宣助)が登場人物となる。

この傍線部を解釈すると、賀茂社は、私(隠岐)に、年貢銭にまつわる悪銭を、京都で野洲井に渡したように仰ったが、これは言語道断のことである。私のほうで、すでに国(能登国)において撰銭(悪銭を排除)してあるのだから(悪銭はないはずであるから)、賀茂社は野洲井にしっかり命じて、受け取ってもらいたい。このようになろう。

これによれば、須磨や川戸の指摘のように、国方(領国内)の隠岐氏の許で、悪銭を排除する撰銭が行なわれていたことは明らかであり、京都においても野洲井らが納入される年貢銭を点検していたことはまちがいない。しかも、国方と京都での撰銭の基準がかならずしも同一ではなく、国方よりもおそらく京都での撰銭の基準の方が厳密であったために、隠岐氏は「言語道断」と不満を述べた可能性が高い。

これらの①―④の事例から悪銭の混入率をみると、①では一〇貫文中に一貫文の悪銭で一〇%、②の事例では三%弱、③の事例では、六貫文に対して悪銭四六七文で約八%、④の事例では一五貫文に悪銭八一一文で約五%であり、それぞれの時節、一度に到来した公用銭全体の約三―一〇%となる。

川戸は、前述の貢納への悪銭混入の時期が、請負代官が野洲井ではなく、近江の大黒屋久安であった時期と重なることから、収納に不慣れな大黒屋が賀茂社の意図(悪銭に対する認識)を理解せずに、収納のみを優先した結果、悪銭が混入したのではないかと述べた。

悪銭混入の事実からして、大黒屋は野洲井より悪銭のチェックが甘かったといえる。しかしながら、野洲井が貢納銭の悪銭排除を入念に行なった理由は、賀茂社が野洲井から借銭をしており、土田荘の貢納銭が、そのまま返弁分として野洲井に還流するという事情があったからと考える方が自然であろう。とすれば、大黒屋の悪銭排除基準が、当時として一般的なものであり、上記の三―一〇%程度の悪銭の混入も、かならずしも過大なものではなかった可能性が高い。

一五世紀後期、能登では、市中・在地を問わず、悪銭がかなり一般的に流通しており、そこには、悪銭を通用銭とする流通(圏)があった可能性も高い。(47) 守護請下、荘園貢納は、在地からの収納担当の守護被官層によって悪銭排除が行なわれ、京都に向けては請負代官(土倉)によってより厳密なチェックがなされるという、二重のフィルターがかけられて、京都の領主(賀茂社)の許に届けられていた。この時期、国方でも京都でも、かなり日常的に撰銭(悪銭排除)が行なわれており、京都への悪銭流入を水際で阻止していたのは、実は京都の土倉であったといえる。しかしながら、京都への悪銭の流入は不可避なものであり、そうした状況が、室町幕府による撰銭令の発令につながったといえるだろう。

(3)　室町幕府等の撰銭令とその時期区分

室町幕府および京都を制圧した勢力が発令した撰銭令などの概略は、拙稿Cにおいて、水藤眞の研究を紹介しつつ整理した。(48) それはつぎのようなものである。

A　室町幕府の明応九年(一五〇〇)令―永正九、一〇年(一五一二、一三)令。
B　室町幕府の天文一一年(一五四二)令。
C　細川昭元の永禄九年(一五六六)令。

D　織田信長の永禄一二、一三年令。

今回、拙稿Cの一部を改訂したが、この時期区分は、発令者とその時期からみて、おおむね妥当なものであろう。B期以下のものは、あとの節において論じることとし、ここではA期の撰銭令を検討する。

A期の撰銭令は、①明応九年（一五〇〇）一〇月（室町幕府法追加法三二〇条）、②永正二年（一五〇五）一〇月一〇日（同追加法三三四条）、③永正三年三月二日（洛中洛外諸酒屋土倉中宛、同追加法三三五条）、④永正三年七月一一日（同追加法三三六―三四三条）、⑤永正三年七月二二日（同追加法三四四条）、⑥永正五年八月七日（同追加法三四五―三四六条）、⑦永正五年八月七日（大山崎名主沙汰人中宛ほか八箇所に同文で発給、A―⑥の施行、同追加法三四七条）、⑧永正五年八月七日（A―⑥の施行、同追加法三四八条）、⑨永正六年閏八月七日（同追加法三六〇―三六二条）、⑩永正七年三月二六日（大山崎惣庄中宛、A―⑨の施行、参考資料二三四条）、⑪永正七年一二月一七日（同追加法三七二―三七四条）、⑫永正八年一二月一四日（東寺雑掌宛、A―⑩の施行カ、参考資料二三七条）、⑬永正九年八月三〇日（同追加法三八五―三八九条）、⑭永正一〇年九月三日（東寺雑掌宛、A―⑬の施行カ、参考資料二三八条）がある（出典は、すべて『中法二』によるもので、カッコ内には宛所、同書での分類、箇条番号、備考などを記した。なお以下では、各令の記述は、A―①令のように表記する）。

発令範囲は、宛所の記載があるA―⑦令では、山城守護、同国大山崎、青蓮院門跡、摂津、和泉堺北荘、近江の山門使節、大和奈良の興福寺衆徒など、畿内プラス近江となっており、この時期の幕府の勢力範囲からして、これ以外の地域への発令の可能性は少ないと思われる。

これらは、一五〇〇年から一五一〇年代前半の約一五年間に集中しており、A―⑭以降、B期の天文一一年（一五四二）まで所見がないので、一五世紀最末期に生じた貨幣流通に関する問題は、撰銭令発令によって一五一〇年代前半までにさしあたり鎮静化したとみられる。
これらのうち、施行ではなく、銭種などの具体的な内容がわかる、A—①・②・⑤・⑥・⑨・⑬を中心にみてゆく。なお、これらの解釈は多くの先行研究でなされているが、ここでは滝沢などによる通説的な理解に、私見を加えることとする。(49)

幕府の撰銭令の初見であるA—①令は、日本新鋳料足の排除と根本渡唐銭(永楽・洪武・宣徳)の通用を命じたものである。A—②令では、京銭と打平のみの排除がみえるので、A—①の「日本新鋳料足」は、この二種といえる。また、A—②令では悪銭売買の禁止規定が登場する。

A—⑤令では、京銭と打平の排除は変わらないが、根本渡唐銭とわれ銭は、一〇〇文あたり三二文を混用せよという規定がはじめて登場する。A—⑨令は、A—⑤令の内容に、悪銭売買の禁止と、撰銭を理由とする取引拒否や価格のつり上げの禁止条項が加わり、違反者に対する罰則が規定されたことも特徴である。A—⑬令は、「百文の内、口さしの分、ふるせに十文、洪武二文、宣徳二文、永楽六文、巳上廿文なり」とする規定など、独自な内容を持つ。のちのB期の撰銭令は、A—⑨令を踏襲したものであり、その点からすれば、A—⑨令が幕府の撰銭令の典型といえる。

これまでのところを整理すると、室町幕府が排除を意図した日本新鋳料足とは、具体的には京銭と打平である。A—①令で無条件通用とした渡唐銭(永楽・洪武・宣徳)は、A—⑤令以降ではおおむね一〇〇文あたりで三二文の混用と規定しており、市中で忌避傾向にあった渡唐銭の価値のつり上げ政策を幕府が後退させたことがわかる。

こうした点から、大内氏の文明一七年令と同様に、排除対象(日本新鋳料足)と、強制混用の根本渡唐銭、そして問題なく流通した銭という、三つのカテゴリーの銭が見出せる。

拙稿Cで指摘したように、一五〇〇年代初頭、京都の大徳寺・真珠庵関係の史料に、「精銭」「洪武銭」「えりせん」

（撰銭）などの表記が登場しており、永正七年（一五一〇）の一休宗純三十三回忌納下帳では、約一五〇貫文の支出のうち八貫八〇〇文の悪銭が含まれていた（混入率は約五％）。このほか、永正一〇年一一月一九日の鹿王院領地子代官職補任状（鹿王院文書研究会編『鹿王院文書の研究』五〇七号、思文閣出版、二〇〇〇年）にも「以精銭可有院納」とあり、大徳寺以外でも、京都およびその近郊では、この時期に少しずつ悪銭の混入や銭種に対する意識が高まってきたことは明らかである。

小葉田Ａ書（二四八頁）には、一六世紀前期の悪銭の事例を六例載せている。また、川戸は、当該期に東寺領の備中新見荘・播磨矢野荘などからの貢納銭に悪銭が混入していたことを指摘しており、悪銭の流布はかなり広範囲にわたりつつあったといえる(50)。

いっぽう奈良に目を移すと、興福寺大乗院門跡尋尊の日記『大乗院寺社雑事記』永正四年（一五〇七）五月一九日条には、「長谷寺到来百四十五貫文算用成就院進之、泰弘悪銭三貫二百文上之、珍重無為者也」とある。ここには、悪銭に対する忌避感は看取できず、奈良は悪銭に寛容であった可能性が高いことがわかるのである。

二　天文期の貨幣流通

(1)　多様な撰銭基準の登場

上述のＢ期の天文一一年（一五四二）令とその施行は、つぎのようなものである。

Ｂ—①天文一一年四月八日（室町幕府法追加法四六八—四八八条）、②天文一一年四月二〇日（Ｂ—①の施行、追加

法四八九条)、③天文一一年四月二一日(諸土倉酒屋中宛、B—①の施行を含む。追加法四九〇条)となる(出典はいずれも『中法二』による)。

B—①令の第一条は、京銭・打平・われ銭の排除と、渡唐銭(永楽・洪武・宣徳・嘉定・かけ銭)以下は、少しきずがあっても一〇〇文に三二文の混用を命じる規定。第二条は悪銭売買の禁止。第三条では撰銭を理由とする取引停止などの禁止規定である。

さきにみた幕府のA—⑨令と比べると、排除対象にわれ銭が追加され、混用すべき銭に嘉定通宝(南宋銭)とかけ銭が加わった点が大きな変化といえる。

この一五四〇年代になると寺社が発令した撰銭令が登場する。多くの先行研究で言及されている事例であるが[51]、京都という地域に着目して東福寺常楽庵の撰銭令を検討する。

〔史料　二〕

本寺出銭貢銭并常楽祠堂銭可撰条々

一、永楽一枚仁十銭可取之、於麁永楽可撰

一、新銭、磨、恵明、洪武、宣徳、破缺等、可撰之、

一、古銭、可納之、但、別而於悪物者、可撰事、

天文十四乙巳年十二月十三日　　西堂光璞(花押)

住持東興(花押)○以下、三名省略ス

〔史料二〕は、東福寺撰銭定書(『中法六』寺社法一八五号)である。第一条は、一〇〇文あたりで永楽銭一〇文は受け取ること。ただし、粗製の永楽銭は排除する。第二条は、「新銭、磨、恵明、洪武、宣徳、破缺」は排除すること。第三条は、「古銭」は受け取ること。ただし、古銭のうちでとくに状態の悪いものは排除する、という内容である。

上記B―②の幕府令で排除とされた「京銭、うちひらめ、われ銭」のうち、「京銭、うちひらめ」は、ここでの「新銭」に、「われ銭」はこの第二条の「破缺」に対応するものと思われる。すなわち、この東福寺令での永楽銭の混用率は一割であり、洪武・宣徳が新銭・破缺などと同じ排除対象とされた点、B―①の幕府令よりもきびしく、洪武・宣徳銭の排除は、後述する永禄九年(一五六六)の細川昭元のC―①令の先蹤といえる。古銭とは宋銭と考えられるが、問題があるモノを排除していることから宋銭の貶質化を示唆する。

中島圭一は、この東福寺令について、祠堂銭であるがゆえに、厳密な規定がなされたのではないかとした[52]。本多は、幕府法に対して、この東福寺令での銭種の拡大傾向を指摘した[53]。上述のように、これがのちのC―①令の先蹤となる内容を持つことから、私は幕府のB―①令よりきびしいこの東福寺令こそが、当時の市中の情勢を採り入れたものと考えたい。そして、この事例は、地域というよりも、市中の動向を反映した領主ごとでの基準が存在したことを示すものといえる。

〔史料三〕
一掟旨条々
定 用途精撰分斉事
一新銭、破銭之外、悉精撰不可叶事、

一於百文別、永楽、古銭執合五十銭、相残五十銭者、可為金銭《ママ》事、
一悪銭売買停止之事、

この〔史料三〕は、天文一一年(一五四二)八月一六日のものとされる大和奈良の興福寺撰精銭定書案である(「学侶引付之写」、前掲『中法六』寺社法一八二号)。高木久史は、この史料について、「興福寺内部における決裁待ちの草案といえようか」と、史料の性格を推定している(54)。興福寺は、中世を通じて実質的な大和守護であり、錯綜した権限関係をはらむこの時期の奈良においても一定の影響力を持ったと考えられる。

第一条は、新銭と破銭以外の排除禁止(すなわち新銭と破銭の排除)規定。第二条は、一〇〇文あたりで永楽銭と古銭を合わせて五〇文、残り五〇文は「金銭」を使えという混用比率の規定。第三条は悪銭売買の禁止条項である。

この史料では、一〇〇文の組成は、五〇文(永楽銭+古銭)+五〇文(金銭)となり、奈良では、単独で五割を占める金銭が量的に潤沢で、しかもある程度の価値が認められた銭であった可能性が高い。滝沢は、この「金銭」=新銭とする説を提示したが(55)、小葉田は、この「金銭」を日本新鋳料足という範疇で、幕府令で排除対象の銭と同等のものとする(A書、九七—九八頁)。幕府が排除対象とした京銭と、この史料の「金銭」が同じものだとすれば、京都で排除されたものが、奈良では使用が命じられたことになる。また、永楽銭と古銭が同じカテゴリーにあるということは、この両者の価値がほぼ同じであると認識されていたことがわかる。

ここまでみてきた天文期の室町幕府令、京都東福寺令、奈良興福寺令を、永楽銭の混用率をもとに比較すると、東福寺令が最も低く、ついで幕府令、そして最も寛容なのが興福寺令となる。永楽銭混用率が最もきびしい東福寺令では、古銭を原則的に通用としていることからすれば、幕府令に姿のみえない、問題なく通用する銭とは、古銭(=宋

銭）であった可能性が高い。

ここで提示した史料上の表記で同じモノ、もしくはほぼ同じモノを、上述のように同じ銭であると考えるならば、京都と奈良、領主権力・地域によってまったく異なる撰銭の基準があったことがわかる。前節で指摘した悪銭に対する忌避感の有無といった京都と奈良の違いも、これによって理解される。

こうした差異によって、史料にみえないところで、京都で排除された京銭や忌避感の強い永楽銭が奈良へと流れ、奈良は京都よりも低位な銭の流通圏となっていった可能性が生まれる。

このように、畿内といっても京都と奈良では差異があり、こうした相違は、脇田晴子の提起した「首都市場圏」なるもの[56]が、銭貨の価値設定や撰銭基準という点において共通な基盤を持っていなかったことを示すものといえるのである。

(2) 悪銭の増加傾向と金融への影響

拙稿Cで対象とした大徳寺・真珠庵関係史料には、A期からB期までの一五二〇・三〇年代には悪銭増加などの所見はなかったが、この間にA期の状況が少しずつ深刻化していたのではないかと述べた。この点について、B期撰銭令の前後の時期に、小葉田（A書、八四頁）や滝沢[57]などが言及したものを含めて、つぎのような事例を見出せた。

(a)『言継卿記』天文元年（一五三二）二月一二日条（『言継卿記』第一、一七五頁）

○長橋へ可参之由候間、朝飯以後参、来四月御懺法講之御用夏之御直衣被織候了、様体上中下之分、折紙相調候て持参、中之分可申付之由候了、則井上召寄申付候了、御たけ七丈七尺、御文三重菱百七十文きれ也、御手付三百疋被出候□、先二貫七百文渡候了、悪銭之間請取候ましき由申候、又長橋にはかへられ候ましき由候間、

種々問答候、やうやう百疋えらせ候了、

(b)『言継卿記』天文四年二月八日条（『言継卿記』第一、三五〇頁）

八日己亥天晴○柳筥二出来候、作料卅遣了、○御冠出来持来、三十疋遣候、以上九十疋渡候了、見参一盞勧了、○御絹三疋半、四貫二百にて召寄候了、○悪銭百疋有之、不足等此内也、

(c)『鹿苑日録』天文七年五月三日条（『鹿苑日録』第一巻、三四五頁）

三日、自寿福院二十緡之外不足分二緡来、富春江印首座副日記相残分悪銭壱貫二百五十、精銭壱貫百四十文遣之、

(d)『鹿苑日録』天文九年九月一三日条（『鹿苑日録』第二巻、九四頁）

十三日、（中略）和仲来而、円覚・景徳・臨川之帖三通請取之、礼銭三貫持来、有悪物云々、只請取之、

(e)天文九年九月　大富七郎左衛門尉有善申状（「別本賦引付」四、桑山浩然校訂『室町幕府引付史料集成 上』五一二頁）

(f)『鹿苑日録』天文一三年一二月一一日条（『鹿苑日録』第二巻、一八八頁）

十一日、鹿苑来臨、策彦来、南禅｜《セン》前老来入、公文銭事、四屋より代三貫文持来、エラミテ二貫四百廿七文請取也、

(a)は、山科言継が、長橋局（朝廷）から預かった銭三貫文のうち、二貫七〇〇文を井上氏に渡したが、悪銭があるとして受け取りを拒否され、言継が交渉のすえに一貫文排除させたというのである。ここでの悪銭の混入率は三―四割となる。

(b)は、「御絹三疋半」を四貫二〇〇文で取り寄せたが、そこに悪銭一〇〇疋（一貫文）が含まれ、支払に不足が生じた、といった意味であろう。この悪銭混入率は約二割である。

(c)は、寿福院から計二貫二〇〇文の銭が到来し、富春軒へ印首座は日記にそえて残る分の悪銭一貫二五〇文と精銭

一貫一四〇文を遣わしたというもの。数値に齟齬があるが、前段の二貫二〇〇文に対して一貫二五〇文の悪銭となれば、五割超の悪銭混入となる。

(d)は、和仲等淳が、鹿苑僧録の許に持参した(円覚寺などの三通の公帖の礼銭)三貫文には悪銭が多数含まれていたが、とりあえず受け取ったというのである。

(e)については、のちに詳述する。

(f)は、公文銭三貫文について、悪銭を排除して、二貫四二七文を受け取ったというのである。排除した五七三文を悪銭とすれば、これは約二割となる。

このように、天文期に入ると、悪銭の混入率は、二—五割にもなっていたことがわかる。こうしたことが、幕府によるB期撰銭令発令の背景にあったと考えられる。

前掲のB—③令は、諸土倉酒屋中宛に出されたもので、「撰銭事、今度被定御法、被打高札之訖、於向後者、守彼札可致商売候、但至質物者、借主約諾次第、可取渡之由、諸土倉酒屋中へ、可被成御下知候、」という内容である(傍線は筆者による。以下同)。B—③令について滝沢は、B—①令の施行であるB—②令では、それが質物の請出しにも適用され、土倉が損失を被る事態が生じる、そこで土倉酒屋は、そのリスクを除くために、礼銭を支払ってB—③令の傍線部の文言を記させたとする[58]。

天文期の悪銭増加は、金融界にも影響を与えていた。それを示すのが(e)の事例である。

〔史料 四〕

一　松対
大富七郎左衛門尉有善申状　天文九　九　廿　河民
右、越前糸三ねち質物に給置候、然を去月廿日、本利四百卅五文をもつて請ニ来候、悪銭九十文余えらひ出候処、使之女両人候つるその一人申事にハ、あくせんハすなハち替へく候、我来らすハ、此小女にしち物渡候へと申候間、心得候之由、合点仕候、とかくして悪銭のかハり分ニ、又へちの糸を一ねち質物ニ持来候間、ふたを書あたへ、如約諾、糸をハ小女ニ相渡候、其以後しちぬし御小人亀若来候て、（以下略）

この史料によれば、大富有善は、御小人亀若に質物（「越前糸三ねち」）をとって銭を貸していた。去月（天文九年八月）二〇日、本利銭四三五文を持って請け出しに来たので、大富氏は、その本利銭四三五文の内から悪銭九〇文を選び出したところ、使いの女が、そのあとで悪銭分として別の糸一ねちを質物として持って来たので、質札を書き与えて、もとの越前糸三ねちを渡した。このように解釈される。この史料は申状であり、下略の部分には別の顛末があるが、引用部分はこの時期の実態を反映した一つのエピソードと考えられる。

すなわち、貸主の土倉は、返済の銭を逐一チェックして、悪銭の分は未済とし、その分は別の質物がなければ請け出しを認めなかったことを示している。このことは、悪銭の増加が、当時の金融界に大きな混乱と悪銭排除の手間をもたらしたことを示す。そして、この本利銭四三五文に対して、悪銭九〇文とは約二割に相当する。この時期、この四三五文程度の銭を借りる層の手許には、二割程度の悪銭があったといえよう。

川戸が提示した一六世紀前期の東寺領荘園の貢納における悪銭混入率は、大きく上下しているが、平均するとおおむね一五％程度となろう。[59] 前節でみた一五世紀後期の能登土田荘などの事例は一割程度であった。前述のように、小葉田A書（一四八頁）にある一六世紀前期の事例では、かなり高い悪銭の混入率を示すものもある。ここであげた(a)—

(f)の悪銭混入率は二―五割程度で、天文期に向けて市中各層における悪銭混入率が上昇した可能性を示唆するものといえよう。すなわち、宋銭の貶質化の進行といった問題を抱えつつ、誰もが問題はないと認める銭の流通量は減少していったのではなかろうか。

三　弘治・永禄年間――一五五〇・六〇年代

(1) 東国の様相

一五五〇年を過ぎた弘治・永禄年間になると、京都・畿内はもとより、東国でも大きな変化があらわれてくる。弘治二年(一五五六)の制定とされる関東下総の「結城新法度」第八三条では、悪銭を排除することは当然であるが、永楽銭だけを使うのも不都合なので、悪銭以外の銭も使うようにとする規定が登場する(『中法三』所収)。

関東の戦国大名後北条氏の貨幣政策は、佐脇栄智の研究に詳しい[60]。それによれば、永禄元年(一五五八)五月一一日の北条氏撰銭定書において、新銭、古銭、大かけ、大ひびき、打平、地悪銭などの排除を命じており(井田文書、『中法五』四八〇号)、永禄三年(一五六〇)から永禄一〇年(一五六七)までに、納法にかかわる銭の選別や金での納入に関する規定が十数例あり、悪銭の流布や金の普及が知られる(『中法五』五〇〇・五〇三・五〇八・五八八・五九五・六〇一号など)。藤木によれば、後北条氏領国では永禄・元亀年間に貢納に代銭納から現物納への回帰がみられるとされる[61]。

甲斐武田氏領国では、永禄二年(一五五九)卯月一四日に撰銭法度が出され、富士参詣者による悪銭の持ち込みを禁止しており(小山田信有悪銭新銭定書写、『中法五』四九二号)、悪銭が問題化していたことが明らかとなる。近江では、永

禄九年九月一日　浅井長政料足掟書案料足掟条々（菅浦文書、『中法五』六二八号）があり、「ワれ、うちひらめ、文字のなき」銭以外の排除禁止、他国商人による本国への精銭の持ち出し禁止などを規定している。

このように、東国を含めてかなり全国的に貨幣流通に関する問題が生じていたことがわかる。そうした全国的な撰銭状況の深まりのなかで、京都の撰銭令では金・銀・米が登場してくるのである。

(2)　永禄期の京都・畿内の撰銭令

永禄年間の上述のＣ期の京都・畿内に関する撰銭令には、Ｃ―①永禄九年（一五六六）三月一七日　細川昭元撰銭定書案、②永禄九年一二月二九日　細川昭元撰銭定書案がある（出典はいずれも『兼右卿記』永禄一〇年正月一八日条、『中法五』六一五・六三六号）。

これらのＣ令は、今谷明によれば、三好政権に推戴された細川昭元の発令にかかるものとされ、その実効性には疑問があるが、便宜的にとりあげる[62]。

Ｃ―①令の要点を整理すると、第一条では、排除すべき銭として、「せんとく（宣徳銭）、しんせん（新銭）、こうふ（洪武銭）、ゑみやう（恵明）、われ銭、かけ銭」（引用の（　）内の注記は筆者による。以下同）の六種類を規定し、それ以外の排除を禁止している。Ｂ―①令にみえた「京銭・打平・われ銭」はこれに吸収されるとしても、以前の幕府令で混用強制とされた明銭の宣徳銭・洪武銭などが含まれ、排除銭種が増加していることが大きな変化である。

第二条は、旧借や質物について、これ以前の借銭はその時の銭で返弁し、利平においてはこの撰銭令に定められた銭によるとする。すなわち、借主がこの撰銭令の適用をうけた銭で利平の支払を求められた点、Ｂ―①令とは異なり貸主の利益を優先したものといえる。

第三条は、悪銭を理由とした取引停止の禁止条項で、これ以前とも共通する。

これにつぐ、C—②令第一条は、冒頭のC—①令の施行文言に続いて、「所詮、旧借并質物之儀も、はつと(法度)の料足をもてとりかハすへし、若違背のやからあらハ、拾貫文過銭たるへし、被定置六銭外、ゑりいたし(撰出し)たる料足を替遣輩も同罪として、過銭同前たるへき事」とある。

「所詮」以下の最初の傍線部は、C—①と比べて貸主を優先とした内容は姿を消している。また後段の傍線部では、規定の六銭以外の銭を抜き出して、それを両替する者がいたら過銭というのである。この背景には、精銭よりも低価値の銭(増歩が必要な銭)の流通が一般的であったことを示すものといえる。

D期の信長の撰銭令と関連法令については、D—①永禄一二年(一五六九)二月二八日 撰銭定書案(京中宛カ、『中法五』六八五号)、②永禄一二年三月一日 撰銭定書案(摂津天王寺宛、『中法五』六八六号)、③永禄一二年三月一六日 精撰追加条書(京都上京宛、『中法五』六八七号)、④永禄一二年三月一六日 精撰追加条書案(京都下京宛、『中法五』補註三五五頁)、⑤永禄一二年三月一六日 精撰追加条書(山城八幡惣郷宛、『中法五』補註三五六頁)、⑥永禄一二年三月二三日(奈良宛、『中法五』補註三五六頁)、⑦永禄一三年三月一六日 精撰追加条書写(尾張熱田宛、『中法五』七一一号)がある。

このうち、D—①・②令はほぼ同内容である。D—③・④・⑤令もほぼ同内容で、D—⑦令はD—③令等を踏襲したものである。D—⑥令は、奈良に信長の撰銭令が発令されたことを示すもので、その内容は、それ以前のD—①令とD—③令に類似したものと考えられる。

D—①令は八箇条からなる。主要な内容を整理すると、第一条から第三条目では、「ころ・宣徳銭・やけ銭・古銭」を精銭の二倍の枚数(半分の価値)での通用とし、「恵明、大かけ、割れ、磨り銭」を五倍での通用、「打平、南京」を一〇倍での通用と規定し、これ以外の撰銭は禁止する。第四条は、段銭、地子銭などの収納、金銀、唐物、絹布、質物、五穀以下の取引は、これまでどおりに、時の相場を適用して、取り決めの代価で取引するように。精銭であるか否かを理由にして、価格を引き上げてはならない。第五条は、諸事の取引は精銭と増銭と半分ずつで行ない、これ以外はたがいの相談によること。第六条は、精銭か否かが問題になっているところに押し入り、狼藉をする者がいたら、現場の人がおしとどめて注進し、もし見逃した者がいたらこれも同罪とする。こうした規定である。

約半月後に京都上京に出されたD—③令などは、米と金・銀にその重点がおかれている。第一条は、米を交換媒体・支払手段として使用することの禁止。第二条は、糸・薬では一〇斤以上、段子(緞子)一〇端以上などの取引は、金銀で行なうこと。ただし、金銀がない場合は、規定の善銭によること。それ以外の唐物も準ずること。これら以外については、取り決めの代価によること。しかし、取引者の双方が違犯を隠して、金銀で売買をしたならば、重科とする。付帯条項として、金子一〇両は精銭で一五貫文、銀子は一〇両で二貫文とする。第三条、祠堂銭や質物銭などの借入は、規定の代物で返済すること。ただし、金銀を借用した場合は、金銀で返済すること。付帯条項として、金銀がない場合は、定めの「善代物」によること。第四条では、店の商品を、この撰銭令をうけて少しでも撤去する者があれば、信長の分国中での商売を永久に禁止する。付帯条項として、商取引において金銀貨を重量で交換することを禁止する。また売り手側から金銀での支払を求めてはならないと規定する。第五条以下は、罰則規定等なので省略する。

本多は、D—①令とほぼ同内容のD—②令について、精銭基準から、銭貨間の価格差を認め、公定する形で「排除されていた銭貨を市場に呼び戻し」、銭貨取引の回復をめざしたと指摘した[63]。それまで排除とされた銭種の増歩付きの使用の公認からは、精銭の明らかな不足状況を読み取ることができる。

いっぽう、D—③令などによれば、一部の高価なものには金銀での支払を認め、金・銀と精銭の交換レートを公定している。この点、高木は、信長が占領地域から金の拠出を求めたとしており、[64] 拙稿Bでも大徳寺が信長に徳政免除の礼銀を贈っていることにふれたように、信長にまつわるこうした事例は多い。とすれば、精銭の不足、銭の価値の動揺という状況下、信長は市中では銭の使用を励行し、金・銀の使用を制限しつつ、手許にある金・銀を安定したレートで精銭に両替する方途を必要としたのではなかろうか。米を取引手段とすることを禁止したのは、上述の精銭不足によって銭離れが拡がり、中世社会の底流につねにあった米での支払の慣習が広範に復活して、[65] 京都などで米の不足・高騰を引き起こすのを危惧したからであると解釈しておきたい。

四　長期的変動

(1) 京都における金と銀の普及時期

前述のように、金・銀については、小葉田淳が、天文・弘治年間(一五三二―一五五八)を普及の画期とし(小葉田A書、第二章第一節など)、これに対して永原慶二[66]や拙稿Aなどは、一六世紀前期の金の貨幣としての使用や京都への金の流入を指摘した。一五世紀最末期から一六世紀前期については、小葉田A書(三一六、三三九―三四一頁など)も、『実隆公記』など金に関する比較的に豊富な史料を載せており、また一六世紀前期における駿河国の富士金山・安倍金山の存在を指摘している。[67]『実隆公記』や拙稿Aの事例も、駿河などの金生産が、永正年間以前にさかのぼる可能性を示す。また、有名な甲州金についても、今村啓爾などは、一六世紀前半を甲州黒川金山の最盛期とし、それ以前の金生産は確実となってきている。[68] 甲州金の京都への流入は、伊東多三郎があげた、[69] 天文一三年の開山国師真前奉物子母帳(国文学研究資料館史料館所蔵「臨川寺文書」八号)の「甲州運上黄金代納下帳」によっても裏付けられる。[70]

このようにみると、一六世紀前期、駿河、伊豆、甲斐などで産金量が増大し、その金が同時期から一六世紀半ばにかけて、京都にもたらされつつあったといえる。ただし、この時期の金の京都への流入は、小葉田の指摘のように(A書、三一八頁など)、『実隆公記』や拙稿Aの真珠庵の史料からすれば、その多くは、産金地周辺(の送り手)の今川氏などから個別的に関係を持っていた公家・寺社などへの贈与・奉加、貢納といった形で「直送」されたものであることを念頭におく必要があろう。

大徳寺・真珠庵関係史料においては、金は、拙稿Aでみた天文四年の真珠庵祠堂銭納下帳以降、拙稿Bで分析した元亀三年(一五七二)の大徳寺并諸塔頭金銀米銭出米納下帳(『大日本古文書　大徳寺文書』八、二五三三号。以下同書は『大』八－二五三三号のように略す)までみえない。いっぽう、同史料群での銀の初見は、この後者の史料である。

ところで、小葉田A書(三八四―三八六頁)に、天文期から天正期の金銀の価格表がある。この表は『天文日記』(大坂)と『多聞院日記』(奈良)を主たる典拠としたものであり、全部で五七例を収める。そのうち、京都は七例で、その内訳は天文期が二例、永禄期二例、天正期三例となる。この表が行論中のすべての事例ではないし、京都に好適な史料がなかったという制約もある。しかしながら、小葉田があげた当該期の事例からは、京都において、天文―弘治期に、金・銀の画期的な普及をみたとはいえないように思われる。

拙稿Aでは、小葉田の一六世紀半ば画期説を前提に、京都では金・銀が一六世紀前期から普及すると述べた。ところが、実際天文―弘治期に多くの事例は見出せず、[71]拙稿Aで指摘したように、金が価値蓄蔵手段として選好されて、市中に出回りにくかったという点を考慮しても、小葉田説には疑義がある。

そこで、あらためて金・銀の普及時期をみてゆくと、高木が、『信長公記』にみえる金・銀の使用状況を分析している(72)。それをみると、天正期の金・銀の使用の急増は明らかであるが、それに先立つ永禄・元亀年間は、金の使用は永禄七年の一例、金銀は永禄一二年と元亀元年のわずか二例で、事例が多いとはいいがたい。

そこで、『兼見卿記』(史料纂集本)をみると、これは元亀元年六月からの記事しかなく、永禄年間のことを知り得ないが、元亀年間の記事では『信長公記』より豊かな内容を持つ。

金では、①元亀元年(一五七〇)一二月一二日条(兼見、馬を金子一両を以て引替)、②元亀三年一月二五日条(礼として金子三分余到来)、③元亀三年四月三日条(兼見、信長より金子一枚を直に賜る)、④元亀四年四月一日条(兼見、信長より金子一枚を賜る)、⑤元亀四年五月三日条(兼見、大工に金子三両を下行)と五例がある。

銀では、①元亀三年二月二九日条(祈念鎮札の礼として、銀子一枚到来)、②元亀四年三月二三日条(兼見、社壇造営?、銀子一枚を下行)、③元亀四年三月二九日条(兼見、信長に銀子一枚を持参)、④元亀四年四月九日条(兼見、足利義昭を訪ね、松田監物へ銀子半枚などを贈る)と四例がみられる。

この『兼見卿記』の信長関係の贈答の事例は、高木の『信長公記』の表にはみえておらず、これによって信長をめぐる活発な贈答関係が明らかとなる。ここでは、金・銀ともに、その多くは献上と下賜であるが、馬と金の交換、大工や造営関連もみられ、贈与品としてだけでなく、支払手段として定着しつつあった状況をうかがわせる。贈与は、一枚・半枚など枚単位が多いのに対して、馬との交換や大工への下行は両単位であった。

元亀四年(一五七三)四月の就錯乱方々調入目帳〈同銀下行方〉(国文学研究資料館史料館所蔵「臨川寺文書」一四号)は、信長による足利義昭攻撃という混乱状況下の京都で、臨川寺(もしくは天龍寺)が各所との折衝費用を記したものと推定される。これによれば、手許の分と塔頭からの拠出分を、礼物(礼物の購入)などの用途に応じて、金・銀・米・銭に両替して、支出していることがわかる。また、同じ元亀四年、阿諏訪青美は、東寺供僧が銀を借り入れたことを指摘しており、銀の使用の拡大が知られる。[73] 小葉田は、同年における京都下京からの銀による納税を指摘している（A書、四五〇頁）。

古川元也が分析した、[74] 天正四年（一五七六）の京都の日蓮宗寺院の洛中勧進の記録である天正四年の諸寺勧進帳（『頂妙寺文書・京都十六本山会合書類』四、1―4号、大塚巧藝社、一九八九年）などによれば、奉加されたモノは、銭が圧倒的に多いが、金・銀も若干みられる。金・銀の奉加者には、名字や屋号を持つ富裕な町人層と思われる者が多い。古川が、この勧進の支出・用途を示すとした天正四、五年の諸寺勧進之内遣方（同上『頂妙寺文書・京都十六本山会合書類』四、6号）によれば、指摘のとおりすべて銀建てである。古川は、この勧進が信長らへ献物を贈るためのものであった可能性を指摘している。[75] 高木は、信長が占領地に対して、金の徴発を行なったとしており、[76] 拙稿Bの大徳寺の事例や上述の元亀四年の臨川寺の史料も、信長などへの礼物などにかかわるものであった。こうした元亀三年から天正四、五年の史料によれば、信長などとのさまざまな折衝のなかで、京都の寺院や公家、あるいは有力な町人層の手許に潜在していた金・銀が史料上に浮き上がってきた可能性もある。しかしながらそのことは、潜在という形でそれだけ普及しつつあったことを示す。

前述のように、一六世紀前期までの京都の金の事例が一部の史料に偏り、しかも「直送」が多かったのに対して、ここであげた金・銀の史料は、産地との関係は稀薄になり、信長、公家、寺院、有力町人など京都の各層の手許や周囲の比較的身近なところに金・銀が存在し、それが用途に応じて使用されているといった状況が看取できる。

こうした状況を金・銀の普及とするならば、ここでみてきた事例からして、京都での金・銀の普及は、永禄末年・元亀年間―天正初期（一五六〇年代末―一五七〇年代半ば）あたりに措定すべきであろう。浦長瀬によれば、大徳寺関係史料の土地売券では天正七年（一五七九）に金が、天正一一、一二年には銀が登場する。[77] この結論は、上記の小葉田説よりはやや遅れ、浦長瀬のデータよりも早いというものになった。

拙稿Bでは、元亀三年段階の金・銀の品質・形状・重量の不統一、それによる流通コストの問題を指摘した。こうした事例は、金では前掲の元亀四年の就錯乱方々調入目帳にある「六拾七文但以銀子壱文目六分下行之、黄金壱枚吹賃」という記述によっても裏付けられる。これは、黄金一枚の吹賃が銭六七文で、それを銀（一匁六分）で支払ったことを示すものであり、ここでは、銀一匁は銭で約四二文となっている。これは、贈答用の金、計算用の銭、支払用の銀、という当時の貨幣の使い分けが垣間見える点で興味深い事例である。

拙稿Cでも述べたように、このものちも多様な金・銀が流通していたのである。

(2) 番匠作料の変化

遠藤元男は、中世の職人の給与について、「近畿地方では一人一日一〇〇文が標準的なものとなつていたようである」と述べている[78]。中世を通じて番匠の作料が銭一〇〇文内外で、時期的な変動が少なかったということは、中世史研究者の間ではほぼ共通の認識であると思われる。しかしながら、上述のような一五世紀後期から一六世紀における貨幣流通の大きな変動のなかで、当該期の寺社の大工・番匠作料に変化はなかったのかをみてゆくことにする。

京都の臨川寺の番匠（大工）の作料は、明応五年（一四九六）の臨川寺仏殿并衣鉢閣造営帳（国文学研究資料館史料館所蔵「臨川寺文書」一号）では一〇〇文であったが、明応七年（一四九八）臨川寺山門再興造営之帳（同上、二号）と永正三年（一五〇六）臨川寺造営帳（同上、三号）では一〇〇文ないし一〇五文となり、永正一四年臨川寺造営帳（同上、四号）では一〇五文となる。その後の大永元年（一五二一）臨川寺造営方納下帳（同上、六号）では一一〇文に上昇し（一部に一〇五文を含む）、大永五年臨川寺造営方納下帳（同上、七号）、天文一七年（一五四八）雲居庵昭堂造営納下帳（同上、九号）ともに一一〇文となっている。

京都の大徳寺関係史料では、大徳寺の番匠（大工）作料は、明応七年（一四九八）の大徳寺山門造営方納下帳（『大日本古文書　大徳寺文書別集　真珠庵文書』六、九〇三号。以下同書は『真』六‐九〇三号のように略す）では一〇〇文であったが、大永五年、六年（一五二五、一五二六）の大徳寺山門造営方納下帳（『真』六‐八三五・八三六号）では、一一五文へと上昇する。

大徳寺塔頭の如意庵では、天文一四年（一五四五）の如意庵方丈上葺銭納下帳（『大』五‐一九六七号）では、檜皮師や大工作料は「一人別八十文充」とある。永井規男は、この八〇文という他の寺社より低い作料を米で補塡するのが、大徳寺の慣行であったとした[79]。そこで、銭以外での支払として米のみに注目すれば、一人別で一升三合となり、永井の指摘を裏付ける。

永禄九年（一五六六）の如意庵庫司屋根葺小日記（『大』五‐一九七〇号）では、大工作料は銭八〇文＋飯米一升二合、永禄一一年（一五六八）の如意庵上葺下行小日記（『大』五‐一九七一号）では、檜膚（檜皮）大工の作料は、銭八〇―八一文＋米一升五合となっている。銭の作料は八〇文で変化はないが、米での支払分が、永禄一一年に向けて一升二合・三合から一升五合へと、二割ほど増加していることがわかる。

天正一五年（一五八七）の如意庵本坊屋根修補小日記（『大』一〇‐二六二四号）では、大工作料は、米一斗＋αで、米への一元化への流れが看取できる。天正二〇年の如意庵庫司屋根修補小日記（『大』一〇‐二六二五号）では、大工作料六一文＋飯米五〇文と、銭への揺り戻しがあるが、その支払額は一人別で一一一文となる。文禄三年（一五九四）の智徳院某葬礼入用目録（『真』五‐五〇三号）では、大工作料は米八升五合＋飯米とみえ、慶長五年（一六〇〇）六月の大野郷樋普請用途算用帳（『大』九‐二五八八号）にいたり、銀八分（大工一人一日）となり、これ以降、銀に一元化する。

これらのことから、臨川寺と大徳寺では、一五世紀末から一五二〇年代という二〇―三〇年程度の間に、番匠(大工)の作料が一〇〇文から一一〇文ないし一一五文へと、一〇―一五％上昇したことが判明した。また、大徳寺関係の例では、一六世紀半ばをまたいで、銭八〇文＋飯米一升二合・三合から一升五合へと増加しており、飯米ベースで二〇％程度の上昇となり、いずれにおいても上昇傾向が確認された。天正一五年には米への一元化への流れがみられ、銭にもどった天正二〇年では銭一一一文と増加しており、文禄三年(一五九四)には米のみとなり、慶長五年(一六〇〇)以降、銀に一元化する。

桜井は、当該期における大工職撤廃への流れを指摘しており、この時期の賃銭決定のイニシアティヴをどうみるかが一つの問題となる[80]。それまでの賃銭の不変性からすれば、この一割以上の上昇は異常ともいえるものであり、この主因を寺院と職人の力関係だけではなく、銭の信用低下といった経済動向に求めることは十分可能であると考える。

(3) 悪銭の混入率・価値の変化と銭の変動

前述の一五世紀末期の能登土田荘の事例(四例)では、悪銭混入率は約三―一〇％で、そのうちの交換レートがわかる一例では、精銭(＝注記のない銭)は悪銭の二倍の価値であった[81]。また拙稿Cでみた永正七年(一五一〇)の一休宗純三十三回忌納下帳では、奉加銭への悪銭混入率は五―六％で、悪銭一に対して精銭はやはり約二倍の価値である。

上述の天文年間の『言継卿記』などの事例では、悪銭の混入率は二〇―五〇％であった。拙稿Cの真珠庵文書の事例では、永禄八年(一五六五)に越前―京都で悪銭は三文立てで売るとあり、精銭は悪銭の三倍の価値である。同じく拙稿Cでみた永禄一一年の大徳寺如意庵・真珠庵関係史料では、地子銭・奉加銭に悪銭が混入し、上銭・中銭・悪銭の存在が確認された。そこでは、悪銭一に対して精銭は約一・五倍となり、いっぽうで悪銭一に対して、中銭が一・六、上銭が三倍というレートが見出せた。

D期の永禄一二年の信長の撰銭令では、増歩をつけて通用とした銭は、精銭の半分から一〇分の一の価値とされたが、その具体的な銭種は大徳寺関係史料にはみえない。

前述の元亀四年(一五七三)の就錯乱方々調入目帳では、精銭は悪銭一の四倍のレート(二例)となっている。

天正四―七年(一五七六―七九)の京都長福寺塔頭の慈済院納下帳(石井進編『長福寺文書の研究』一一九三号、山川出版社、一九九二年)には、銀での物品購入がみられるとともに、悪銭、上銭などが登場する。そこでは、悪銭一に対して注記のない銭は七・一倍、これに対して上銭は五倍で、悪銭・注記のない銭・上銭の価値は、一対七・一対三五となる。

このほか前述の天正四年の諸寺勧進帳、天正四、五年の諸寺勧進之内遣方(前掲『頂妙寺文書・京都十六本山会合書類』四)には、能銭、ヒタ、上銭と注記のない銭がみえており、この能銭(御下知銭)とは、注記のない銭の七倍程度の超高価値銭である。これらの諸寺勧進帳、諸寺勧進之内遣方などによれば、銀一匁あたり、精銭もひた銭も二五〇―三〇三文で推移しており、しかも精銭がひた銭の価格を下回る例もみられるのである。

こうした京都の動向を整理すると、一五世紀末から一六世紀前期、悪銭の混入率は一割程度、悪銭は精銭の半分程度の価値だったものが、天文年間、悪銭の混入率は二―五割と増加する。永禄年間になると、悪銭の価値は精銭の三割程度と低下し、それと併行して、悪銭と中銭・上銭など、多様な価値の銭が登場する。元亀年間以降、悪銭の価値は精銭の四分の一以下と一層低落する。天正四―七年には、精銭の五―七倍以上の超高価値銭が登場するいっぽうで、精銭とひた銭とは、ほぼ同価値となってきており、両者の同価値化が進行していたものといえる。

おわりに

ここでは、いくつかの説の検証を通じて、一六世紀末までの流れを整理する。

中島は、「日本新鋳料足」や堺での無文銭鋳造の例をあげて、これを独自の通貨を創出する動きと評価し、これをうけた桜井は、精銭の稀少化により、低価値の私鋳銭本位の流通体系を構築しようとする動きがあったと指摘した[82]。浦長瀬は、京都では土地売券などの支払手段などにより、元亀二年(一五七一)に銭から米に変化し、天正一一年以降、米優位で銭と併用されるという説を提示した[83]。

この銭から米への変化の要因については、黒田明伸が中国からの銭貨輸入の途絶を指摘し[84]、浦長瀬は、排除銭種以外の善銭並み通用、悪銭の増歩付き使用の強制など撰銭令がきびしくなり、市中での取引を停滞させ、銭から米への支払に移行したとした[85]。

本稿では、大内令やA期幕府令などから、発令者の銭貨に対するカテゴリー分けとして、排除対象(日本新鋳料足)、強制混用の根本渡唐銭、そして問題なく流通した銭という、三つであると指摘してきた。ところが、上述のように、市中では、受け取りを拒否される無価値の悪銭のほかに、増歩付きで流通していた悪銭があった。一六世紀を通じて、こうした悪銭の価値は下落傾向を示すが、これは撰銭令の排除銭種以外で、市中で増歩付きで流通していた「悪銭」(他との区別のために「悪銭」と記す)を示すものと考えられる。A・B期の幕府令、たとえば前述のA―⑨令は、日本新鋳料足の排除と渡唐銭の混用の規定、第二条に悪銭売買禁止規定、第三条目は悪銭ならば商買しないという者などがいたらそれを制止するというものである。桜井は、悪銭売買禁止規定に注目したが、この第三条からすれば、上記の「悪銭」での取引は容認されていたとみるべきであろう[86]。

ところが、前掲のC—②令第一条の「被定置六銭外、ゑりいたし(撰出し)たる料足を替遣輩も同罪として、過銭同前たるへき事」の部分では、規定の六銭以外の銭(「悪銭」)を抜き出して精銭に替えることを禁止しており、「悪銭」の取引に一定の制限がかかったことがわかる。前述の信長のD—①令では、それ以前からの排除銭種は増歩付きで復活することになったが、それ以外の撰銭は禁止しており、「悪銭」は精銭並み通用か、あるいは排除されたことになろう。

浦長瀬の指摘のように、こうしたことは当時の銭貨流通を一層混乱させ、市中での銭離れを加速し[87]、そうした流れのなかで、上述のように、「悪銭」の価値は下落傾向の一途をたどったものと考えられる。そして、この「悪銭」価値の下落は、「悪銭」の流通も崩壊させたと推測される。支払手段の銭から米への変化については、銀のストックはまだ十分ではなく、そのために米が選好されたのではないかと推定しておきたい。

上記のように、天正四—七年(一五七六—一五七九)、京都では、超高価値銭の登場と、ヒタと精銭の価値の同一化という現象がみられた。超高価値銭の登場は、[88]中島や鈴木が指摘した[89]、東国における永楽銭の高価値化と類似した現象といえる。しかしながら、京都では超高価値銭が基準銭となることはなく、その機能を銀に譲り、推移したものと考えたい。毛利一憲は、奈良の事例から天正末年に向けてのビタ銭価格の上昇を明らかにした[90]。京都では奈良よりもそうした状況が急速に進み、桜井の指摘のように[91]、ひたなどの低価値銭へと統合してゆく過程があったものと考えられる。

京都の事例に限定して、『15～17世紀における物価変動の研究』(読史会、一九六二年。以下、同書を『物価変動』と略記する）から、銭の価格（購買力）をみると、金一両は一六世紀前期の永正から天文年間ではおおむね銭三貫文程度であるが、天正一一年（一五八三）七月には六貫五〇〇文に、米一石でも天正一一年に銭二貫五〇〇文と最高水準となっていることがわかる。

同書にみえる京都での銀のレートは、天正一一年七月が銀一匁で銭一五一文（妙心寺文書）、天正一二年六月には四六・五文（総見院文書）、それ以外では、前述の元亀四年（一五七三）の就錯乱方々入目調帳で約四二文、同じく天正四年の諸寺勧進帳などでは銭（ひた）二五〇―三〇三文、能銭で約四七文となっている。そこで、元亀四年と天正四年、天正一一年と一二年という、一一―三年間程度での大きな変化・隔たりをどうみるかということが問題となる。私は、その点について、銀と交換した銭が超高価値銭であった可能性、あるいは、前述した精銭の低価値化が早く進んだケースと、それが進まずに比較的高い価値の精銭が残存したケースがあり、それが領主やその取引相手レベルで違いがあったということなどを想定している。すなわち、おおむね同一史料群のデータからみて、天正一一年に向けて、金・銀・米すべてに対して銭価が下落する動向があったものと、推測しておきたい。

そこで天正一一年前後で、注目すべき事象を検索すると、天正一〇年、奈良筒井氏の撰銭令はあるが[92]、この時期の最大の出来事は、本能寺の変から秀吉政権への移行という政治状況の変化であろう。戦乱の激化で金・銀・米の需要が急速に高まり、信用が動揺していた銭の需要は衰退し、銭の価値の一層の低下が生じた可能性が高い。このことは、前述したひた銭と精銭の価値の同一化をはじめ、市中におけるすべての銭を低価値で安定して取引に使用する方向に導き、上記の天正一一年の銭価下落にいたったのではなかろうか。

天正一一年以降一六世紀末に向けて、僅少なデータながら、京都では金一両は銭六貫文程度、米についてみても、銭の価格はやや持ち直しているようにみえる（『物価変動』）。浦長瀬は、天正一一年以降、京都では米優位で銭と併用されると指摘し、その銭の使用を米の作況との連動でとらえている[93]。私見では、ここでみた銭の信用の若干の持ち直しという点を指摘しておきたい。

一六世紀の京都の特色は、やはり精銭ストックの豊富さ、すなわち精銭を基準とした銭貨流通の体系の維持ということになろう。奈良は、永正年間には悪銭を受容しており、天文期の「金銭」や永楽銭などでも、京都よりもゆるい基準になっていたのと対照的である。奈良の金・銀の普及時期を一六世紀前半にみる説があるが[94]、京都はこれよりも遅れる。これも、精銭ストックの豊富さに起因するものであろう。しかしながら、永禄年間以降、精銭体制が崩壊し、「悪銭」が通用銭とされ、金・銀が普及すると、取引の便宜から銭貨の低価値への統合が加速した。一六世紀末の京都では、さきにみた番匠作料や拙稿Cでも指摘したように銀主体へと向かう。その銀は、多様な品質・形態のものであったのである。こうした流れが、一六世紀の京都の貨幣流通史といえよう。

（1）　主要なものとして、考古学では、永井久美男編著『中世の出土銭』、同補遺Ⅰ（兵庫埋蔵銭調査会、一九九四・一九九六年）、鈴木公雄『出土銭貨の研究』（東京大学出版会、一九九九年）など。文献史では、滝沢武雄『日本の貨幣の歴史』（吉川弘文館、一九九六年）、歴史学研究会編『越境する貨幣』（青木書店、一九九九年）、池享編著『銭貨』（青木書店、二〇〇一年）、浦長瀬隆『中近世日本貨幣流通史』（勁草書房、二〇〇一年）、本多博之『戦国織豊期の貨幣と石高制』（吉川弘文館、二〇〇六年）などがある。

（2）　高木久史「日本中世銭貨史研究の現在――一六世紀を中心に」（『歴史評論』六六七号、二〇〇五年）、川戸貴史「中近世移行期日本の貨幣流通史研究を振り返って」（『歴史学研究』八一二号、二〇〇六年）。

（3）　拙稿「十六世紀前期の京都真珠庵の帳簿史料からみた金の流通と機能」（峰岸純夫編『日本中世史の再発見』吉川弘文館、

二〇〇三年。以下、本稿では拙稿Aと略記する)三〇三頁など。

(4) 柴「室町時代の撰銭及びその禁制に関する考察」第一・二回(『史学雑誌』三四‐三・四号、一九二三年)、同「撰銭禁制の解釈再論」(一)―(四)(『史学雑誌』四二‐九―一二号、四三‐二号、一九三一・三二年)。

(5) 渡邉「室町時代に於ける撰銭とグレシャム法」(同『国史論叢』文雅堂書店、一九五六年)。初出は一九二二年。

(6) 奥野「室町時代の撰銭令とグレシャムの法則」(一)(二)(『史学雑誌』四二‐二・三号、一九三一年)、同「再び室町時代の撰銭令とグレシャムの法則に就いて」(『史学雑誌』四三‐五号、一九三二年)。

(7) この論争の概要は、中島圭一「文献から見た貨幣――中世史学の動向」(『出土銭貨』創刊号、一九九四年)に紹介されている。

(8) 小葉田の同書は、刀江書院、一九三〇年。改訂増補版、一九四三年。一九六九年に原題で再刊。本稿では一九六九年刊のものを使用し、以下では、小葉田A書と略し、その引用・参看の頁数等を記す。

(9) 藤田『封建社会の展開過程』(有斐閣、一九五二年)第二章第三節など。

(10) 滝沢「撰銭令についての一考察」(同『日本貨幣史の研究』校倉書房、一九六六年)。初出は一九五九・六〇年。

(11) 柴前掲「室町時代の撰銭及びその禁制に関する考察」第一回。

(12) 滝沢前掲「撰銭令についての一考察」七八頁。

(13) 中島「西と東の永楽銭」(石井進編『中世の村と流通』吉川弘文館、一九九二年)。

(14) 高木「撰銭令の再検討――食糧需給の視点から」(『ヒストリア』一七九号、二〇〇二年)など。

(15) 黒田(基)「戦国大名の撰銭対策とその背景」(同『中近世移行期の大名権力と村落』校倉書房、二〇〇三年)など。

(16) 高木・黒田(基)説に対しては、中島による批判(「撰銭再考」。小野正敏ほか編『モノとココロの資料学』高志書院、二〇〇五年)があり、私も基本的にはこの中島説を支持する。

(17) 藤木「撰銭令と在地の動向」(同『戦国社会史論』東京大学出版会、一九七四年)各論Ⅱ第三章。初出は一九六九年。

(18)　川戸「中世後期荘園の経済事情と納入年貢の変遷」(『歴史学研究』七八〇号、二〇〇三年)など。
(19)　永原「伊勢商人と永楽銭基準通貨圏」(同『戦国期の政治経済構造』岩波書店、一九九七年)第Ⅱ部第二論文。初出は一九九三年。
(20)　中島前掲「西と東の永楽銭」。このほかにも「中世貨幣の普遍性と地域性」(網野善彦ほか編『中世日本列島の地域性』名著出版、一九九七年)などがある。
(21)　千枝「中・近世移行期における貨幣流通構造——特に南伊勢地域を事例として」(『皇學館論叢』三二-五号、一九九九年)、同「伊勢神宮周辺部における流通様相——中近世移行期の「商業地域」に着目して」(『Mie history』vol. 18、二〇〇六年)など。
(22)　本多前掲書。
(23)　櫻木ほか「洪武通宝の金属組成と九州における流通問題」(『九州帝京短期大学紀要』七号、一九九五年)など。
(24)　永原「伊達京上使の経費報告——「頤神軒存奭算用状」について」(同『室町戦国の社会』吉川弘文館、一九九二年)。初出は一九七二年。同「中世貨幣史における金の問題」(『戦国史研究』三五号、一九九八年)。
(25)　石見銀山の世界史的な意義については、たとえば、村井章介『海から見た戦国日本』(ちくま新書、一九九七年)、黒田明伸『貨幣システムの世界史』(岩波書店、二〇〇三年)、脇田晴子「石見銀山と大航海時代」(石見銀山歴史文献調査団編『石見銀山　研究論文編』思文閣出版、二〇〇二年)など。
(26)　中島「京都における「銀貨」の成立」(『国立歴史民俗博物館研究報告』一一三集、二〇〇四年)。
(27)　拙稿「一六世紀後期の京都大徳寺の帳簿史料からみた金・銀・米・銭の流通と機能」(『国立歴史民俗博物館研究報告』一一三集、二〇〇四年。以下、本稿では拙稿Bと略記する)。
(28)　浦長瀬前掲書。
(29)　高木「一六世紀後半における貨幣史的転換について——浦長瀬隆の所論を中心に」(『ヒストリア』一九五号、二〇〇五年)。
(30)　盛本「豊臣期における金銀遣いの浸透過程」(『国立歴史民俗博物館研究報告』八三集、二〇〇〇年)。

(31) 足立「専制国家と財政・貨幣」(中国史研究会編『中国専制国家と社会統合――中国史像の再構成Ⅱ』文理閣、一九九〇年)、同「東アジアにおける銭貨の流通」(荒野泰典ほか編『アジアのなかの日本史Ⅲ 海上の道』東京大学出版会、一九九二年)など。

(32) 大田「12―15世紀初頭東アジアにおける銅銭の流布――日本・中国を中心として」(『社会経済史学』六一‐二号、一九九五年)、同「一五・一六世紀東アジアにおける銭貨流通――日本・中国を中心として」(鹿児島大学法文学部『人文学科論集』四八号、一九九八年)など。

(33) 黒田明伸前掲書。

(34) 中島「日本の中世貨幣と国家」(前掲注(1)『越境する貨幣』)など。

(35) 桜井「日本中世における貨幣と信用について」(『歴史学研究』七〇三号、一九九七年)、同「中世の貨幣・信用」(中西聡と共編著『流通経済史』山川出版社、二〇〇二年)など。

(36) 鈴木前掲書。

(37) 川戸前掲「中近世移行期日本の貨幣流通史研究を振り返って」。

(38) 拙稿「十六世紀の京都大徳寺をめぐる貨幣について」(『禅とその周辺学の研究』永田文昌堂、二〇〇五年。以下、本稿ではこれを拙稿Cと略記する)。

(39) 応永二五年(一四一八)正月八日 後七日御修法御供料支配状(醍醐寺文書、『大日本史料』第七編之二十九、四一四頁)に、「四文 悪銭不定 ヲコニ渡之」とある。

(40) 田中健夫『倭寇と勘合貿易』(至文堂、一九六一年)五五頁など。

(41) 中島前掲「中世貨幣の普遍性と地域性」。

(42) 藤木前掲論文、二六二頁。

(43) 本多前掲書、第一章「銭貨をめぐる諸権力と地域社会」など。

(44) 本多前掲書、三一、三二頁。
(45) 川戸「撰銭現象の再検討——収取の現場を中心に」(『人民の歴史学』一六六号、二〇〇五年)。以下、本節での川戸の説は、すべて同論文によるので、注記を略す。
(46) 須磨「土倉による荘園年貢収納の請負について」(同『荘園の在地構造と経営』吉川弘文館、二〇〇五年)。初出一九七一年。以下、本節での須磨の説は、すべて同論文によるので、注記を略す。
(47) 収納の基準銭と在地の流通銭については、本多前掲書(第一編第二章)が、一六世紀前半の大内領国の筑前・豊前で「清料」「当料」として存在したことを明らかにしている。
(48) 水藤「撰銭令について」(『お金の玉手箱』国立歴史民俗博物館、一九九七年)。
(49) たとえば、滝沢前掲『日本の貨幣の歴史』第二—三「撰銭と撰銭令」など。
(50) 川戸前掲「中世後期荘園の経済事情と納入年貢の変遷」。
(51) たとえば、小葉田A書、一一六—一一七頁、滝沢前掲『日本の貨幣の歴史』第二—三「撰銭と撰銭令」など。
(52) 中島前掲「西と東の永楽銭」一五一頁。
(53) 本多前掲書、二一〇—二一一頁。
(54) 高木「春日大社文書「掟旨」について」(『出土銭貨』二一号、二〇〇四年)八六頁。
(55) 滝沢前掲『日本の貨幣の歴史』九九頁。
(56) 脇田『日本中世商業発達史の研究』(御茶の水書房、一九六九年)。
(57) 滝沢前掲『日本の貨幣の歴史』五一—五二頁。
(58) 滝沢前掲「撰銭令についての一考察」七四—七六頁。
(59) 川戸前掲「中世後期荘園の経済事情と納入年貢の変遷」一六頁。
(60) 佐脇「後北条氏の貨幣政策について」(同『後北条氏の基礎研究』吉川弘文館、一九七六年)。初出は一九七一年。

(61) 藤木前掲書、二九二頁。
(62) 今谷『室町幕府解体過程の研究』(岩波書店、一九八五年)四六八―四八九頁。
(63) 本多前掲書、二一五頁。
(64) 高木「信長期の金銀使用について」(『福井県文書館研究紀要』第二号、二〇〇五年)。
(65) この点、たとえば、『近江大原観音寺文書』第一〈史料纂集古文書編〉続群書類従完成会、二〇〇〇年)の一四世紀以降の田地等売券の代価は、ほとんどが米で支払われており、米や麦の貸借は、天文一五年「徳政賦引付」の鹿谷庄并龍口村地下人借主各申状など(桑山校訂『室町幕府引付史料集成』三二二頁以下、近藤出版社、一九八〇年)にみえる。
(66) 永原前掲注(24)の両論文。
(67) 小葉田『鉱山の歴史』(至文堂、一九五六年)七二頁。
(68) 今村『戦国金山伝説を掘る』(平凡社、一九九七年)、黒川金山遺跡研究会編『甲州黒川金山』(塩山市・塩山市教育委員会、一九九七年)など。
(69) 伊東「近世初期の貨幣問題管見」(同編『国民生活史研究2 生活と社会経済』吉川弘文館、一九五九年)。
(70) 当該史料群については、拙稿「(史料紹介)国文学研究資料館史料館所蔵臨川寺文書について」(『古文書研究』三五号、一九九一年)参照。以下、同史料群からの参看は、この拙稿での史料名・史料番号等を使用する。なお、同文書は、『史料館所蔵史料目録 第六十三集 山城国諸家文書目録(その一)』(史料館、一九九六年)に公式な目録がある。
(71) 小葉田説の時期をカバーする著名な記録『言継卿記』で、天文一九年と弘治二年を検索したが、金の事例は一件もみえなかった。もちろん、前述の『実隆公記』の記主の三条西実隆と山科言継との政治的な立場の違いなど考慮の余地はある。
(72) 高木前掲「信長期の金銀使用について」。
(73) 阿諏訪『中世庶民信仰経済の研究』(校倉書房、二〇〇四年)二二六頁の表1のNo.210の事例。史料としては、元亀四年の僧弘照等連署銀子借用状(赤松俊秀編『教王護国寺文書』十、二八〇九号)など。

(74) 古川「天正四年の洛中勧進」(『古文書研究』三六号、一九九二年)。
(75) 古川前掲論文、二七頁。
(76) 高木前掲「信長期の金銀使用について」。
(77) 浦長瀬前掲書、四二頁。
(78) 遠藤『職人の歴史』(至文堂、一九五六年)四三頁。
(79) 永井(規)「実隆公記に現われた貴族住宅の作事」(『日本建築学会論文報告集』一三六号、一九六七年)四三、四四、四七頁。
(80) 桜井「中世職人の経営独占とその解体」(同『日本中世の経済構造』岩波書店、一九九六年)。初出は一九八七年。
(81) 土田荘の事例は、荘園収取レベルでの混入率であるという指摘もあろうが、それが在京の領主経済に直結しているので、これを当時の悪銭混入率とみなすことにした。
(82) 中島前掲「中世貨幣の普遍性と地域性」「日本の中世貨幣と国家」一二三頁など、桜井前掲「中世の貨幣・信用」五一頁など。
(83) 浦長瀬前掲書、四八頁など。ただし、上述の天正四年「諸寺勧進帳」などから、京都市中での銭の使用は続いていたことは明らかであり、その点に注意が必要である。
(84) 黒田明伸前掲書、一三一―一三四頁。
(85) 浦長瀬前掲書、第七章など。
(86) 中島が例示した「日本新鋳料足」は排除対象なので、私はこれを「悪銭」には含めない。また、私は「悪銭」がすべて私鋳銭であったとは考えていないので、その点で上記の中島・桜井説とは異なるが、両人の説と同様の視点にたつ。
(87) 浦長瀬前掲書、第七章など。
(88) 中島前掲「西と東の永楽銭」。
(89) 鈴木前掲書、第三部第二章など。

(90) 毛利「ビタ銭の価格変動に関する研究」(上・下)(『日本歴史』三一〇・三一一号、一九七四年)。
(91) 桜井前掲「中世の貨幣・信用」五三頁。
(92) 興福寺金銀等売買定書『中世法制史料集 第六巻』寺社法一七〇号。
(93) 浦長瀬前掲書、一六五頁。
(94) 高木前掲「春日大社文書の「掟旨」について」。

第四章

一五世紀末から一七世紀初頭における貨幣の地域性

——伊勢神宮周辺地域を事例に——

千枝大志

はじめに

近年、日本の中世貨幣に関する研究は急速に発展し、いまや中世日本流通経済史の重要な一分野を占めている。[1] この動向で、特に筆者が注目するのは文献史学的手法を用いた中近世移行期における貨幣流通研究の展開である。この進展は、戦前の中世撰銭令の解釈をめぐる文献史学上の論争を経て、全国的で且つ体系的な中世日本貨幣流通史の業績が生み出された後、停滞の道を歩んでいた状況を克服するものとして評価できる。[2]

ここで、中近世移行期を取り扱った貨幣流通史について急速に研究成果が深化した範囲を大まかに分類すると、①撰銭令発布の背景やその影響、さらに撰銭現象の発生時期、②各地での米の代替貨幣化の時期、さらに米の価値尺度化と石高制の問題、③地域ごとの金銀の浸透過程、④銭貨流通の地域性、⑤貨幣と信用(特に為替手形類)との問題、⑥中世における公権力と貨幣流通との関係、⑦東アジア的規模における貨幣流通変動と中世の日本国内の貨幣流通との関係、⑧貨幣史上における中世と近世の連続性・非連続性、の八つとなろう。[3]

近年では、④の貨幣の地域性という視点が特に重視され、実証的な研究が日本列島の各地で行なわれはじめているが、[4] まだまだ研究蓄積が不十分な地域も多い。

研究蓄積の少ない地域としては、伊勢国も該当する。先行研究により、伊勢国、特に度会郡内の宮川以東に位置する伊勢神宮周辺の地域[5]における通貨体系は、永楽銭(永楽通宝)と金を基準的貨幣とした東国的なものであって、伊勢国は、全国的にみれば、それら東国で尊重された貨幣を基準通貨的に使用する地域の西限であることが判明している。[6]

さらに、伊勢国や神宮地域のそのような東国的通貨体系の維持には、太平洋海運に関連する伊勢神宮外港の大湊が重視され、伊勢地域の御師(=師職)や商人などの遠隔地取引業者との深い因果関係も指摘されている。(7) また、最近では特に伊勢の御師が発行する為替に関する研究が進展し、(8) さらに御師発行の中世の為替と、近世初頭において全国に先駆けて当地で発行された地域紙幣的私札である羽書との関連性を見出す視点も出現している。(9) しかし、そのような伊勢国の貨幣流通動向が概ね把握された後は、それほど研究が進んでいない。

よって、本章では、そのような問題関心のもと、現在も研究が手薄な神宮地域の貨幣流通について、とりわけ、一五世紀代から一七世紀代の同地における貨幣流通の実態を明らかにしていく。その際、当該地域の貨幣流通を通史的に叙述することを心がける。この作業によって、時間軸をもって当地における貨幣流通の実態を理解することができるが、特に当該地域での貨幣の地域性の指標となり得る存在については極力検出することに努めた。さらに、そのような指標となる貨幣が確認された場合、地域的・時期的な視点からその存在意義を指摘することで、ひいては貨幣から当地の地域性を評価するきっかけを得てみたい。

一　一五世紀中葉からみえる悪銭・撰銭と「悪銭指」の「法」

まずは、表1を用いて神宮地域において撰銭行為や悪銭の使用がいつ頃から始まったかなどを考察する。この表は、当該地域における金銭記載のある史料のうち、銭貨に特別な記載があるものを管見の限りで年代順にあつめたものである。但し、集計した下限年は便宜上、弘治四年(一五五八)、すなわち永禄元年とした。これは、神宮地域においては永禄年間(一五五八—一五七〇)以降から「永楽銭」の注記が頻出し、永楽銭の尊重傾向が顕著になり、その前後では当該地域の銭貨流通の実態が異なっているのではないかと想定できるため、一応便宜的に時期区分を設定したものである。[10] そのため、永禄年間以降の貨幣流通実態については第三節で述べることにしたい。

なお、典拠になる史料が異なるものの、同一の銭貨を示していると判断できる場合(年月日・金額・銭貨への注記状況・宛先・差出・使用状況等が一致する事例)は、原則として表1には、一例のみを掲載している。

さて、表1によると、管見の限りでは銭貨自体に注記が見られる初見年は№1の永享二年(一四三〇)であり、その銭には「ゑり銭」とある。この事例は、伊勢神宮外宮の同宮物忌の斎館である外宮子良館[11]に所属する母良(童女の大物物忌職である子良の介助役)が同宮長官等に渡した銭貨が撰銭であったことを示している。この場合、両者はどちらも神宮地域の居住であるため、この頃既に当該地域において撰銭行為を受けた銭貨が流通していたと評価できる。また撰銭行為とは、使用銭貨を品質の良し悪しなどで選別する行為であるため、撰銭が流通しているということは、同時に品質が悪い銭貨、すなわち悪銭の流通を想定できるが、永享八年の一般的な借銭事例といえる№2では、使用される銭三貫文に、「あくせん十五文さし」であると注記されている。この「あくせん」は悪銭を示し、一六〇三年(慶長八)成立の『日葡辞書』[12]には「Acuxen(悪銭)悪い銭、すなわち、ある種の粗悪な銅貨」とあり、一六〇八年成立の日本語辞典であるロドリゲス原著『日本大文典』[13]にも、「Acuxen(悪銭)。不良な、又は、偽の銭」とあるため、品質の粗悪な銭貨・偽造の銭貨を意味している。よって、永享二年の例から流通を想定した悪銭はその六年後に流通を確認し得たのである。

つまり、神宮地域の史料では、一四三〇年代頃、年号的には永享年間(一四二九—一四四一)からそれらの銭貨注記が見られ、その存在自体が当地における貨幣流通の変化を示している。そのため、当地では、永享年間、西暦では一

表1　弘治年間以前の銭貨の特殊注記一覧

No.	年月日等	西暦	金額等	銭貨の注記等	差出等→宛先等	内容および備考	典拠
1	永享2・1・20	1430	50文と50文	ゑり銭	外宮子良館(母良)→両方(時之長官等)	「八升白め米くよう舛同ゑり銭五十文，八升白め米同ゑり銭五十文」進上.	旧記(神宮関係古文書　外宮子良館)
2	永享8・2・21	1436	3000文	あくせん15文さし	山田八日市おやのまこ太郎	利銭借用．無沙汰の時大塩屋御薗向浜先の塩屋を質入.	太田家古文書　①
3	文安1	1444	5000文(6000文)	利分悪銭相共	(荒木田氏経ヵ)→(祭主大中臣清忠ヵ)	道後政所職任料．「於京都五貫文進上，此分借用，利分悪銭相共六貫文沙汰之」.	道後政所職事　①
4	寛正3・1・6	1462	30000文	エリセニ	クホクラ→作所ヵ	式年遷宮の際の下行料.	応永仮殿頭工等注進状　附寛正二年下行日記(荒木田氏命の筆写本)
5	寛正3・1・6	1462	30000文	40サシ	作所ヵ→？	式年遷宮の際の下行料.	応永仮殿頭工等注進状　附寛正二年下行日記(荒木田氏命の筆写本)
6	寛正3・1・8	1462	30000文	エリセニ	作所ヵ→？	式年遷宮の際の下行料.	応永仮殿頭工等注進状　附寛正二年下行日記(荒木田氏命の筆写本)
7	寛正3・1・8	1462	10000文	エリセニ	作所ヵ→？	式年遷宮の際の下行料.	応永仮殿頭工等注進状　附寛正二年下行日記(荒木田氏命の筆写本)
8	寛正3・1・8	1462	30000文	40サシ	作所ヵ→？	式年遷宮の際の下行料．「百貫ノ請□遣[　]」.	応永仮殿頭工等注進状　附寛正二年

							下行日記(荒木田氏命の筆写本)
9	寛正3・1・8	1462	60000文	40サシ	作所ヵ→？	式年遷宮の際の下行料.「六十貫四十サシコレマテエリセン百貫之勘定」.	応永仮殿頭工等注進状　附寛正二年下行日記(荒木田氏命の筆写本)
10	寛正3・2・14	1462	30000文	10文サシ	作所→？	式年遷宮の際の下行料. 借渡し分.	応永仮殿頭工等注進状　附寛正二年下行日記(荒木田氏命の筆写本)
11	寛正3・2・29	1462	5000文	悪銭 10文さし	作所→二頭(大夫)？	式年遷宮の際の下行料. 借渡し分「庄水かねあき人ニ借」.	応永仮殿頭工等注進状　附寛正二年下行日記(荒木田氏命の筆写本)
12	寛正3・12・21	1462	6000文宛	悪銭30指	作所→頭工頭代忌鍛治2人	内宮式年遷宮の際の下行料.「自作所下行悪銭卅指」.『旧2』にも「以前ハ卅指六貫宛被下行」と関連記事あり.	寛正三年造内宮記　②
13	寛正3・12・21	1462	5000文	悪銭30指	作所→子良館	内宮式年遷宮の際の下行料.「自作所下行悪銭卅指」.	寛正三年造内宮記　②
14	寛正3・12・21	1462	5000文	悪銭30指	作所→公文所	内宮式年遷宮の際の下行料.「自作所下行悪銭卅指」.	寛正三年造内宮記　②
15	寛正3・12・21	1462	1000文	悪銭30指	作所→有尓長	内宮式年遷宮の際の下行料.「自作所下行悪銭卅指」.『旧2』にも「卅さし拾貫可給之由雖申在子細一貫下行」と関連記事あり.	寛正三年造内宮記　②
16	寛正3・12・21	1462	100文	30指	作所→(有尓土器)作手	内宮式年遷宮の際の下行料.「自作所下行悪銭卅指」.『旧2』にも「作手五百文卅指」と関連記事あり.	寛正三年造内宮記　②

17	寛正3・12・？	1462	8000文宛	悪銭30指	作所→忌鍛冶内人2人	内宮式年遷宮の際の下行料.「然於作所如法悪銭ヲ指」.	寛正三年造内宮記 ②
18	寛正3・12・？	1462	6000文	30指	作所→子良館	内宮式年遷宮の際の下行料.「然於作所如法悪銭ヲ指」.	寛正三年造内宮記 ②
19	寛正3・12・？	1462	9000文	30指	作所→公文所	内宮式年遷宮の際の下行料.「然於作所如法悪銭ヲ指」.	寛正三年造内宮記 ②
20	寛正3・12・？	1462	–	悪銭指	作所→小作所	内宮式年遷宮の際の下行料.「件小作所方ノ下行ハ自作所悪銭ヲ指」.	寛正三年造内宮記 ②
21	（寛正3・12・？）	1462	–	悪銭・撰銭・15文指	作所→工方・鍛冶・外宮一頭同二頭	内宮式年遷宮の際の下行料.「工方下行悉撰銭也鍛冶ニ限テ被加悪銭乎由歎申」「於京都給之美濃山等々替之鍛冶ハ於当所食料何可為撰銭是代々之為法之由下地仍外宮一頭近持同二頭依口入自其十五文指下行」と記載.	旧記(内宮遷宮日記 松木貴彦自写本) ※『旧2』と略記
22	寛正5・12・29	1464	8000文宛	（悪銭）30指	作所→子良館・公文所	内宮式年遷宮の際の下行料.「但子良館公文エハ卅指宛作所ヨリ下行」.『旧2』にも「子良館机拾貫任法悪銭卅指八貫之下行(中略)是代々作所法也」と関連記事あり.	氏経神事記 ③
23	寛正5・12・29	1464	5000文	30指	(作所)→(玉串大内人)	内宮式年遷宮の際の下行料.「是色々祭物雑具悉皆ノ代也」.『旧2』にも「玉串大内人ニ官下忌物并料足五貫文下行卅指」と関連記事あり.	氏経神事記 ③
24	寛正5・12・29	1464	8000文宛	15指・悪銭	(作所)→忌鍛冶内人2人	内宮式年遷宮の際の下行料.『旧2』にも「鍛冶内人二人之饗料十五文指八貫宛下行」「忌鍛冶方下行等事任時法指悪銭下行代々法也」等と関連記事あり.	氏経神事記 ③

25	寛正 5・12・29	1464	200 文宛	30 指	(作所)→山向内人	内宮式年遷宮の際の下行料.「大麻御塩湯山向内人膝突布代」.『旧2』にも「二百文卅さし大麻内人御拝賀之時」と関連記事あり.	氏経神事記　③
26	寛正 5・12・29	1464	10000 文	30 指・悪銭	(作所)→小作所	内宮式年遷宮の際の下行料.「小作所エ百貫，前々ハ闕物拾貫卅指」.『旧 2』にも「任時之法加悪銭拾貫作所闕物ヲ引九十貫下行代々作所法也」と関連記事あり.	氏経神事記　③
27	寛正 5・12・29	1464	100000 文	撰銭 100 貫文	(作所)→小作所	内宮式年遷宮の際の下行料.「小作所エ百貫，前々ハ闕物拾貫卅指，下行，雖然今度致取替沙汰間，撰銭百貫下行」.『旧 2』にも「撰銭百貫文下行」と関連記事あり.	氏経神事記　③
28	(寛正 5・12・？)	1464	7420 文	30 指	(作所)→？	内宮式年遷宮の際の下行料.「七貫四百廿文卅指畳十八畳夫賃マテ」と記載.	旧記(内宮遷宮日記　松木貴彦自写本) ※『旧 2』と略記
29	(寛正 5・12・？)	1464	165020 文	撰銭	作所方→？	内宮式年遷宮の際の下行料.「今度作所方御下行百六十五貫廿文撰銭請取」と記載.	旧記(内宮遷宮日記　松木貴彦自写本)
30	応仁 2・9・17	1468	1300 文	40 指	一禰宜荒木田氏経→御笥作内人	神嘗祭の御笥作内人下行料.	氏経神事記　③
31	応仁 2・10・28	1468	500 文	40 指	一禰宜荒木田氏経→有尓長等	閏月宮祭の下行料.	氏経神事記　③
32	応仁 3・4・14	1469	50 文と30 文	皆撰銭	一禰宜荒木田氏経→笠縫内人	御笠神事．佐伊田よりの菅下行料の代わり.	氏経神事記　③
33	文明 2・2・1	1470	3500 文	スタせん(撰銭ヵ)	一禰宜荒木田氏経→和泉堺柚河姪久貞	三万度御祓料.「神事以後御祓申沙汰和泉堺柚河姪久貞三万度料三貫六百文送」.	氏経神事記　③

34	文明2・5・18？	1470	13000文	20サシ	城的屋美作守→(一禰宜荒木田氏経)	一之木善性所有の関東船の積載物(浴布1駄，米1駄)の代．「廿サシ十三貫ニ代成ト申，撰銭九貫弐百文」．	氏経神事記　③
35	文明2・6・15	1470	120文	時法様120文	一禰宜荒木田氏経→湯涌祝	贄海神事．「湯涌祝悉皆分ニ時法様百廿文下行之處，撰銭ヲ可取之由申不請取之間，湯涌祝ヲ令用意」．	氏経神事記　③
36	文明2・6・22？	1470	9000文	20サシ	城的屋美作守→(一禰宜荒木田氏経)	一之木善性所有の関東船の積載物の神宮側取り分の一部の米4石の代．	氏経神事記　③
37	文明2・6・27	1470	3600文	ゑりせん	九祢宜(松木ヵ)是彦→なかせこの三ろう太郎との丶内二ろう	屋敷売買．	河崎家居住屋敷古證文写
38	文明3・5・22	1471	20000文	清銭	岩淵米屋兵衛五郎→軽物座之福市太郎	道者売買．山城国一円．	猪熊文書　⑤
39	文明3・閏8・21	1471	3500文	ゑりせん	？→宮かさ(大中臣)氏長	借銭「毎月貫別四十文つ丶」の利分．	輯古帖　①
40	文明3・12・2	1471	10000文	ゑりせん	山田大路御炊大夫元世→こふしやう寺のさ衛門太郎	上分米8石売却．「此内五石ハ玉垣取沙汰，かんへ殿内左藤殿参石ハ加納，飯尾大和守殿之内中尾殿取沙汰」．	文明年中内宮宮司引付　①
41	文明4・6・1	1472	1000文	ゑりせん	？→宮かさ(大中臣)氏長	借銭「百文へちに四文つ丶」の利分．	輯古帖　①
42	文明8・2・29	1476	10000文	ゑりせん	くすへかい甚→薗田十祢き守誠神主	田地売買．	徴古文府　①
43	文明3－文明8ヵ	1471-1476	300文	72文銭	(内宮一禰宜)→(内宮)子良館	正月1日の樽代(下行銭)(氏経筆部分)．『おり』にも同文の記載あり．	古本下行物記(永禄6年頃の筆写本)

44	文明3-文明8ヵ	1471-1476	1000文	時正銭	(一禰宜ヵ)→官首	田宮寺の2月18日の神事料.「時正銭一貫官首ニ上」.	(神宮徴古館蔵)内宮年中神役下行記 ③
45	文明3-文明8ヵ	1471-1476	8000文	72文銭	(内宮一禰宜ヵ)→?	5月の御神田耕作の際の下行料.「毎年八貫文下行　但前々も加増之時在之」「七十二文銭」.	内宮諸祭下行神戸御贄記(=内宮年中神役下行記) ③
46	文明3-文明8ヵ	1471-1476	(100文ヵ)	72文	(内宮一禰宜)→ゆはかしほうり	6月15日の贄海神事の湯涌祝への下行料「七十二文近年わたす」「ゆわかしほうり」(氏経筆部分).『おり』にも「七十二文近年わたる」「ゆはかしのほうり」と同様の記載あり.	古本下行物記(永禄6年頃の筆写本)
47	文明3-文明8ヵ	1471-1476	500文宛	悪銭 32文さし	(一禰宜荒木田氏経ヵ)→地祭物忌父兄部	6月15日の贄海神事の下行料.「当代六九十二月毎度五百文宛下行　悪銭卅二文さし」.	(神宮徴古館蔵)内宮年中神役下行記 ③
48	文明3-文明8ヵ	1471-1476	200文	本銭・72文	(一禰宜荒木田氏経ヵ)→地祭物忌父兄部	「地祭物忌父兄部ニ五百文下行　三祭同　悪銭三十文サシ　二文サシ」の「五百文」に「今ハ百」と「七十二文」,「三祭」に「六月十二月百　九月本銭二百文七十二文」,「悪銭三十サシ」に「二文サシ」(三十文指と二文指を合わせて三十二文指と表現)と追記.	日記(=内宮年中神役下行記)
49	文明3-文明8ヵ	1471-1476	200文	72文銭	(内宮一禰宜ヵ)→政所	6月15日の贄海神事の「屋形料三百文下行」.300文の所に「二百近年七十二文銭」.	(神宮徴古館蔵)内宮年中神役下行記 ③
50	文明3-文明8ヵ	1471-1476	500文	72文銭	(一禰宜荒木田氏経ヵ)→地祭物忌父兄部	6月15日の贄海神事の下行料.「五百文下行」の所に「近年百文ヵ七十二文銭」.	(神宮徴古館蔵)内宮年中神役下行記 ③

51	文明3－文明8ヵ	1471-1476	100文	72文銭，30さし	(一禰宜ヵ)→家司	6月の「酒肴百文，家司ニ下行」．家司の所に「七十二文銭，卅さし」．	(神宮徴古館蔵)内宮年中神役下行記 ③
52	文明3－文明8ヵ	1471-1476	(100文ヵ)	72文	(内宮一禰宜)→おさ(有尓長)	9月9日の下行(菊花御饌ヵ)「おさ七十二文」(氏経筆部分)．『おり』にも同文の記載あり．	古本下行物記(永禄6年頃の筆写本)
53	文明3－文明8ヵ	1471-1476	(合)300文	72文銭100文と96文銭200文	(内宮一禰宜ヵ)→？	9月15日の興玉神事と御占神事の下行「十五日おき玉七十二文銭百文又九十六文銭二百文ミうらの神事」(氏経筆部分)．別の箇所にも「おき玉の宮四分なから出るいまハ九月さいれいにて七十二文銭百文と九十六文銭二百文合三百文出」と同様の記載あり．	御神事之おり物の日記　外題「氏経下行記」 ※『おり』と略記
54	文明3－文明8ヵ	1471-1476	100文	96文銭	(内宮一禰宜ヵ)→ミしほ	9月15日のミうらの神事の下行「十五日おき玉六月同前ミうらの神事ニ　入出納所役同ミしほ又九十六文銭百文渡給候」(氏経筆部分)．	古本下行物記(永禄6年頃の筆写本)
55	文明3－文明8ヵ	1471-1476	20文ヵ	ゑり□□	(内宮一禰宜ヵ)→？	9月16日の御巫竈祓次第の下行ヵ「かま(竈)祓廿文」の箇所に「ゑり□□」とあり．	古本下行物記(永禄6年頃の筆写本)
56	文明3－文明8ヵ	1471-1476	50文	ゑり銭	(内宮一禰宜ヵ)→(御巫内人ヵ)	12月30日夜の御巫内人への飯料ヵ「飯五十文ゑり銭出」．	古本下行物記(永禄6年頃の筆写本)
57	文明3－文明8ヵ	1471-1476	？(下行銭毎に)	72文銭(山向(物忌)ばかりはゑりせん)	(内宮一禰宜ヵ)→？	「下行銭いつれも七十二文銭山け斗ゑりせん是無理也」(氏経筆部分)．『おり』にも同文の記載あり．	古本下行物記(永禄6年頃の筆写本)
58	文明3－文明8ヵ	1471-1476	50文	エリ銭	(一禰宜ヵ)→佐伊田の者？	佐伊田の者への下行銭ヵ．	(神宮徴古館蔵)内宮年中神役下行記 ③
59	文明9・3・11	1477	500文	ゑり(撰)	一禰宜荒木田氏経→権長(権禰宜長ヵ)	衣粮去年分．	氏経神事記 ③

60	文明11・閏9・?	1479	500文	32文指引銭・72文	一禰宜荒木田氏経→有尓長	穴祭下行料.「有尓長穴祭五百文下行，卅二文指引銭也，仍七十二文宛十月ニ請」.	氏経神事記 ③
61	文明11・12・12	1479	500文	20さし	一禰宜荒木田氏経→権長(権禰宜長ヵ)	神態神事.「権長新衣粮両度ニ五百下行，廿さし」.	氏経神事記 ③
62	文明15・1・2	1483	100文	20さし	一禰宜荒木田氏経→権長(権禰宜長ヵ)	若菜御饌の四至神祭料.	氏経神事記 ③
63	文明17・2・12	1485	450文	皆あくせん 32文指の引セに	一禰宜荒木田氏経→権長(権禰宜長ヵ)	神態神事.「下行ハなにかに四百五十文権長請，饗初五十饗祝請，如此の下行ハ皆あくせん卅二文指の引セになり」.	氏経神事記 ③
64	文明17・12・13	1485	3600文	ゑりせん 96文	川崎大郎次郎→橋村八郎大夫	屋敷売買.	(天理大学附属図書館蔵)橋村家文書 ⑨
65	文明18以降	1486-	-	悪銭	西教寺真盛→北畠少将	寛永19年の真盛上人の伝記.「山田之奴原無国習定就替銭従人方好銭撰取出時者過分悪銭払剰文十文不足仕候條神不請非例間自滅候條無詮義候」.	(一志郡白山町成願寺蔵)真盛上人伝記下 ⑫
66	長享1-永正1以前	-1487-1504	700文	72文	(内宮一禰宜ヵ)→内宮子良館	祭礼時の下行銭.「一祢宜守朝ヨリ渡ス日記 子良館へハ六百立也」との項目「昔ハ神戸よりをんへへ立者をとりあつかる七十二文七百子良館へ祭礼ノ内ニ渡す」と有.	日記(＝内宮年中神役下行記)
67	延徳1・12・?	1489	6000文ヵ	悪銭6貫指・20指・30指	(国崎)神戸→(内宮子良館)	12月御祭御贄料.	内宮子良館記 ④
68	延徳3・12・?	1491	1450文	撰銭	内宮正禰宜7人→(内宮子良館ヵ)	12月御祭料.	内宮子良館記 ④

69	明応 2	1493	3000 文	10 文サシ・よさかい 5(6)さし	(長官ヵ)→?	「御田ノにつき」(御田神事)の出銭.「いつもの神さへ料具三貫文まへハ十文さし宮々御わひ事候間よさかい五六文さし仕へし」と常時の神供料 3 貫文に以前は悪銭を 10%混入する慣例であったが,「宮々」の詫言により「よさかい?」なる銭?を 5~6 文(5~6%)混入する方式に変更.	明応年中端午粽御田日記(天保 15 年写本)
70	明応 7	1498	3000 文	96 文せに 10 文さし	(長官ヵ)→?	「御田之につき」(御田神事)の出銭「料足三貫文九十六文せニ十文さし」.	明応年中端午粽御田日記(天保 15 年写本)
71	文亀 1・12・26	1501	4000 文	ゑりせん 96 文せニ	のかり彦三郎国道→橋村新二郎	道者売買. 撰銭 96 文銭 6 文子. 伊豆国・相模国・駿河国・遠江国.	(天理大学附属図書館蔵)橋村家文書 ⑨
72	文亀 2・2・28	1502	5000 文	せいせん 96 文せに	榎倉大夫→外宮子良館物忌惣中	外宮鎰取内人職としての外宮子良館開祓料(参入料). その内, 四貫文は外宮子良館惣中へ.「御はゑ料足ハせいせん九十六文せにニて同是ハやかてはいとう候」と記載.『外宮子良館旧記』(④)にも「料足は清銭九拾六文銭にて候」と関係記事あり.	外宮子良館日記
73	文亀 2・2・28	1502	5000 文	清銭	榎倉大夫→(外宮子良館物忌惣中ヵ)	外宮鎰取内人職開祓料. その内, 1 貫文は(中西)亀菊大夫訴訟により「御さしおき候て四貫文清銭」は外宮子良館へ到来.	旧記(神宮関係古文書　外宮子良館)
74	文亀 3・11・?	1503	-	96 文せに, ころさかい 10 文つゝさす	山田三方→(世義寺如法経田畠屋敷所有者ヵ)	世義寺如法経田畠屋敷の「年貢銭九十六文せにころさかい十文つゝさすへき事」.	三方会合記録　⑧
75	文亀 3・12・21	1503	(合) 13000 文	ゑりせん	まへの兵へ大夫満近→はしむら八郎大夫	道者売買. 駿河国一円.	(天理大学附属図書館蔵)橋村家文書　⑨

76	文亀3・12・吉	1503	3000文	せいゝゝ（精銭ヵ）	とう四郎→はし村しん二郎	屋敷売買.	（天理大学附属図書館蔵）橋村家文書 ⑨
77	永正6・3・？	1509	1500文	せいせん	いぬい重経→東殿かみさま	屋敷売買.	太田家古文書 ①
78	永正7・12・2	1510	7000文	清銭	宮後又二郎・同子又六→宮後へニヤ甚四郎	畠地売買.	売渡古文書類 ①
79	永正11・9・12	1514	－	せいせん・あくせん斗	（外宮参拝者ヵ）→（外宮子良館）大惣中・やくにん・こら	9月7日の馬焼死の穢による「御まへのいた」の配当.「惣中二代入候間せいせんハ大惣中の用に御つかい候てあくせん斗やくにん御こらまてとうふん二わけ申候」.	外宮子良館日記
80	永正15頃ヵ	1518	1200文	セイセン	（荒木田氏秀ヵ）→（氏神山宮祝ヵ）	氏神社山神社祝補任に関する礼銭？	氏秀神主引付 ①
81	大永3－享禄2頃ヵ	1523-1529	600文	72文銭	（内宮一禰宜ヵ）→篠嶋（役人ヵ）	6月の篠嶋よりの御への鯛持参に対する下行銭「是も七十二文銭」（享禄2年頃までの増補部分）.『おり』にも同文の記載あり.	古本下行物記（永禄6年頃の筆写本）
82	大永3－享禄2頃ヵ	1523-1529	500文	72文銭	あさまの里の者両人→（内宮一禰宜ヵ）	毎年冬料足「七十二文銭五百文」請取（享禄2年頃までの増補部分）.『おり』にも同文の記載あり.	古本下行物記（永禄6年頃の筆写本）
83	大永3ヵ－享禄2頃ヵ	1523-1529	200文・300文・他	72文銭	（内宮一禰宜ヵ）→（一らう・政所ヵ）	岩井田子良はやし同田のゐより200文・一らうに御（恩ヵ）あり300文・政所へも出「いつれも七十二文銭」（享禄2年頃までの増補部分）.	御神事之おり物の日記　外題「氏経下行記」※『おり』と略記
84	大永3－永禄6頃ヵ	1523-1563	100文・124文	72文せに	（内宮一禰宜ヵ）→うに（有尓長ヵ）	有尓（土器長ヵ）への下行料. 6月9月に「七十二文せに百文渡」, 12月に「七十二文せに百廿四文渡」（大永3～享禄2年頃ヵ）.	古本下行物記（永禄6年頃の筆写本）

85	大永4・6・吉	1524	3000文	うす銭 72文銭	濱七郷・宇治六郷→通地下中	通地下中から鹿海への北岡山毎年上成分の銭．宇治五郷と濱六郷の会合で申定める．要検討文書．	通町有文書(元禄二年通村地下之書物写帳) ①
86	天文4・12・24	1535	1200文	ゑりせん (永楽代銭なり)	北方かきの国分→外宮子良館ヵ	代納額？「代納ハ壱貫二百ゑりせんを請取申也さてはいふん如此なり　永楽代銭なり」．	旧記(外宮子良館旧蔵)
87	天文5・6・6	1536	600文	96文銭	長屋今在家左衛門大夫→世義寺覚弘院	畠地売券(売値8貫文)．「長屋五本松」の年貢に使用．	古文書　神領ニ関スル文書　①
88	天文7・5・13	1538	1500文	せいせん	(山田)三方→曽祢之郷御代官衆中	「多気様御参宮ニつき，御礼銭ニ入申候」「来十六日ニもたせ可有候　せいせんたるへく候」．	徴古文府　①
89	天文7・5・晦	1538	1000文	96文銭	中かいと長屋若大夫→(世義寺)覚弘院	屋敷売券(売値10貫文)．「上長屋中かいと」の年貢に使用．	古文書　神領ニ関スル文書　①
90	天文7・8・18	1538	1500文宛	精銭	(山田)三方→曽祢御代官衆中	「明後日廿日ニ代壱貫五百文ツヽもたせ可有候，御参宮の調ニ入申候，精銭を可給候，事重候間，早々渡し可有候」．	徴古文府　①
91	天文8・10・18	1539	1000文	悪(悪銭ヵ)	(惣官ヵ)→仁木殿	「仁木殿悪壱貫文して取也」．	惣官旧記　①
92	天文9頃	1540	1000文	精銭	織田弾正忠殿(信秀)→三頭大夫・福田一頭大夫	外宮仮殿遷宮山口祭料．	太神宮御造宮之時七度之御神事請取り申御祝銭之事　①
93	天文9・12・2	1540	400文	96文銭	長屋今在家彦兵衛→(世義寺)覚弘院	畠地売券(売値8貫文)．「長屋今在家前高畠」の畠地年貢に使用．	古文書　神領ニ関スル文書　①
94	天文10	1541	100文	72文	(荒木田守武)→？	おろしもの日記の表紙の記載，「神宮百文と云ハ何も七十二文ノコト也」と有．	おろしもの日記

95	天文10以降	1541-	100文	72（文ヵ）	(荒木田守武)→湯祝(湯涌祝)	6月15日の贄海神事.「一　百文　湯祝　桶」の「百文」の所に「七十二」と注記.	おろしもの日記
96	天文10以降	1541-	200文	本銭	(荒木田守武)→(政所ヵ)	6月15日の贄海神事.「一　三百　やかた料　政所かたへ」の「三百」の所に「本銭二百」と注記.	おろしもの日記
97	天文10以降	1541-	-	あくせん	内宮長官(荒木田)守武→かまた(鎌田)御代官	神税の納税について. 納税額が減っている上に「あくせんうけとり」の為,「れうしものとて使ことしハめしはな」つ.	(神宮徴古館蔵)荒木田守武関係文書　①
98	天文18・12・25	1549	450文	96文銭	長屋宮かう藤兵衛→(世義寺)常智院	畠地売券(売値4貫5百文).「長屋宮かうかいと」の年貢に使用.	古文書　神領ニ関スル文書　①
99	天文22・5・17	1553	23000文	ゑり銭	幸福日向守虎勝→幸福大和守	祝儀の礼銭？「ゑり銭にて御取かゑ申　其方にて同ゑり銭ヲ請取候て我々之宿へ御渡候て可給候」.	幸福大夫文書　①
100	天文23・5・3	1554	1000文	ゑり銭	御川神事物忌当番頭→(御川神事出席者)	御川神事物忌当番頭出銭(ゑり銭1貫文ともち米の白つき1斗).	旧記(神宮関係古文書　外宮子良館)
101	天文23・5・3	1554	200文	ゑり銭	鑰取大夫(榎倉大夫)→(御川神事出席者)	御川神事外宮鑰取大夫出銭(宇治茶1種とゑり銭200文).	旧記(神宮関係古文書　外宮子良館)
102	弘治2・3・15	1556	4200文	永楽	下中之郷へにや(紅屋ヵ)宗二郎吉弘→かち助之内小三郎	畠地売買.「永楽四貫仁百文」.	輯古帖　①
103	弘治3・5・吉	1557	50文	せいせん	(但馬国ひかけ村)六郎左衛門→下中之郷新三郎吉久	但馬国の檀家(六郎左衛門)よりの初穂料.	弘治三年但馬にしかた日記
104	弘治4	1558	3000文	清銭	(大湊会合衆ヵ)→宮あらをや方	廻船業者への礼銭ヵ.「使とくや　甚五郎」「宮あらをや方への舟々へノわたし日記」.	永禄六年潤拾二月廿六日付万納之帳　①

四三〇年代頃に貨幣流通上の画期を置くことができる。

　またNo.2にみえる、「十五文さし」とは「十五文指」、つまり一〇〇文のうちの一五枚のことで銭貨混入率を示す。そのためこの場合の「あくせん十五文さし」とは、一〇〇文のうちの一五枚が悪銭、すなわち使用される銭貨に悪銭が一五％混入していることを示している。また、神宮地域ではNo.2以降の事例を見ても、「悪銭三十指」等と悪銭混入の事例が頻出している。単に「二十さし」「三十指」「三十二文指」「四十指」とあるのも、悪銭を示すと思われる。したがって、この表からは弘治年間までの当該地域で使用される銭貨には悪銭が五―四〇％混入されるものがあり、とりわけ一〇―四〇％の範囲での混入が多いが、悪銭の混入率の差は取引条件や年代等に起因しよう。

　次に悪銭の混入率に関して、より検討を加えたいが、ここでは便宜上、寛正三年（一四六二）の内宮式年遷宮に関わる悪銭の混入が認められる銭貨に着目したい（表1のNo.4―29を参照）。

　注目すべきは、内宮子良館等に下行される悪銭三〇枚の下行銭は「於作所如法悪銭ヲ指」されたものであったという点である。作所とは遷宮に関する最高責任機関のことである。通常、神宮の正禰宜がその任についており、当時は荒木田氏経が内宮作所であった[14]。つまり、当時、内宮作所において「法」のごとく悪銭を指す行為が行なわれていたが、この「法」とは、悪銭を指す法という一種の撰銭令だった。したがって、「悪銭ヲ指」すものであるこ「法」に基づくものであったことが判明する。また、小作所へ下行した銭貨が「自作所悪銭ヲ指」したものであることから、この「悪銭ヲ指」すことを示した「法」は内宮作所の主導で定められているといえる。

　つまり、この撰銭「法」は、制定が内宮作所の主導によるもの、すなわち、内宮式年遷宮に関わる工匠組織を統括する同宮所属の上層の禰宜が規定したものであるため、戦国大名等の関与が直接見られない、在地の撰銭「法」の概念に含まれる慣習法であった。

ところで、表1によれば、寛正年度の内宮式年遷宮においては、一〇―四〇%の悪銭混入事例を確認できるが、最も使用頻度の多いのは、悪銭の三〇%混入の例である。

よって、先の如く悪銭を「指」す内宮作所主導の在地的な撰銭慣習「法」の規定自体は、混入率までは言及していないようだが、恐らくは、その基本的な使用想定として悪銭の三〇%混入の慣習を念頭に置いて設定されている。

次に、悪銭の三〇%混入慣行の三〇%という比率自体について考察するが、ここでは先ほどの永享八年の例を考慮したい。この事例は寛正三年の例に先行するが、それほど時期的な差は見られず、さらには悪銭三〇%混入の二分の一であるため、両者の悪銭混入率に関連性を窺うことができる。そのため、撰銭「法」は当該地域で永享年間頃から行なわれていた撰銭慣行を意識し、それを踏まえて作成したとみることもできよう。

以上から、流通する銭貨に悪銭を「指」す行為そのものが神宮地域における在地の撰銭慣行であるといえるが、それ自体は、全国的な広がりを見せていた当時の撰銭慣行と何ら異なるものではなかったのである[15]。

そのように悪銭を「指」すこと自体が撰銭行為であったため、時や場合によって悪銭の混入率が変化し、混入率の差による相論も生じていたのではないかと想定できる。次の例をみてみよう。

延徳元年十二月御祭日記

当祭ニモ神戸ヨリ御贄クミ申サズ子細ハ数年悪銭六貫サシタル所ヲ卅サシ可進由申傍官方ヨリ役人方へハ数年卅指ニ御渡アル所今度如此申ニヨリ当祭ヨリ過分ニ悪銭ヲサシテ可渡由承候間先々神戸ヨリ六貫指ノ時其マヽ御渡有ラバ今モ神戸ヨリ申分ニ廿指ニ御渡有テコソ廉直ノ御沙汰ニテ候へ六貫指ノ時モ卅指御渡アル時ハ神戸ヨリハイカ程御請取候共御饌ニハ如近例三十指ニ御クミアルベキ由返答申ニヨリ事スマズシテ神戸ヨリモ御贄参セズ

これは『内宮子良館記』[16]の記事であり(No.67)、延徳元年(一四八九)一二月の月次祭に、志摩国国崎神戸から御贄が不参したことが詳述されている。ただ、ここには「六貫指」など意味の分からない難解な語句も多く見られるため、現状では正確な解釈ができかねる。しかし、本文の内容は月次祭の時に内宮と国崎神戸との使用銭をめぐる取り決めで、悪銭の二〇%混入と三〇%混入という混入率の違いで生じた相論のことであるのは間違いない。この場合、国崎神戸側は、「中分」として悪銭二〇%混入が「廉直ノ御沙汰」、つまり正しい混入率であるから悪銭二〇%混入銭での取引を主張したようである。その一方で、内宮側としては「傍官方ヨリ役人方ヘハ数年卅指ニ御渡アル所」、すなわち国崎神戸の御贄役人への下行は数年来悪銭三〇%混入の慣習であるため、「御饌ニハ如近例三十指」であるとしてその主張を退けたようだ。そのため、国崎神戸より御贄が不参するという事態が生じている。

以上から、下行を行なう内宮側は、悪銭を「過分」に混ぜるために、より悪銭混入率の高い状態の銭貨を下行銭として使用したいと考え、逆に下行される国崎神戸側としては、より悪銭混入率の低い銭貨での取引を希望している意識を窺うことができよう。

お互いの悪銭混入率の主張としては、内宮側は「傍官方ヨリ役人方ヘハ数年」来の「近例」の慣習である悪銭三〇%混入を示し、国崎神戸側は「廉直」の神宮の「御沙汰」として悪銭二〇%混入を内宮側に提示していることになろう。

実は、国崎神戸から示された「廿指」の慣習は、近い時期に実例を見出すことができる。表1から文明二年（一四七〇）の志摩国的矢浦での遠江船の海難事故による積載物の見積額として「廿サシ十三貫」の銭貨が提示され、その後、撰銭を受けた「撰銭九貫弐百文」が内宮に持参され、さらに取り分の交渉により「廿サシ九貫」が内宮に到来した例（No.34・36）[17]と、文明一一年の「権長」の「新衣粮」料として「廿さし」五〇〇文が内宮側より下行された例（No.61）、文明一五年の内宮の「若菜御饌」における「四至神祭」の銭一〇〇文が「廿サシ」であった例（No.62）の四例を確認できる。特に、志摩国的矢浦での悪銭「廿指」の使用は、国崎神戸も同国内であるため、志摩国内における悪銭二〇％混入慣行の一定度の普及を想定できる事例として注目に値する。したがって、延徳元年に程近い文明年間（一四六九―一四八七）の事例のうち、前述の相論で提示された銭貨と同様の主な使用銭は悪銭の「廿指」と「卅指」の慣習に基づく銭であったといえよう。そのため、国崎神戸が主張した「廉直」の内宮の「御沙汰」とは、文明年間の「御沙汰」の実態である悪銭二〇％混入慣行の志摩国内での広がりを踏まえたもので、国崎神戸側からみるとまさに「数年」や「近例」の事例といえる。つまり、国崎神戸側の主張は、近年の下行などで使われる銭の実態として悪銭「廿サシ」の銭貨の普及があることを考慮したものだった。そのために内宮側と国崎神戸側との主張に差が生じ相論になったと思われる。

つぎに、内宮側が根拠として提示する「近例」についても検討を加えよう。この内宮側が示す「近例」、すなわち「傍官方ヨリ役人方へハ数年卅指ニ御渡アル所」である下行の先例は、先に述べた如く寛正年度の内宮式年遷宮の際に確認し得た「悪銭卅指」という、当時、伊勢国内で特に神宮地域一般の撰銭慣行を踏襲したものとみてよいが、「悪銭卅指」は文明年間初めにも確認できるので（№51）、長期間普及していた慣習と思われる。内宮側は従来の混入率である悪銭三〇％を固持し、国崎神戸側と交渉を続けていたのである。

このように、国崎神戸側と内宮側とがそれぞれ提示した悪銭の混入率は、双方で一応の根拠に基づくものであった。また、悪銭混入率の差が生じた背景には、下行銭を給与する上位者としての内宮側と、下位者として下行銭を給与される内宮領側との思惑の差も理由のひとつとしてあげてもよい。つまり、悪銭二〇％混入慣行という文明年間頃に生じた新たな通用慣行と、寛正年間以降の従来の慣行であった悪銭三〇％混入慣行という悪銭混入率の一〇％の差が、延徳年間に至っても、相論の原因になるほどに当地では問題視されていたのである。

よって、寛正期（一四六〇―一四六六）から文明・延徳期（一四六九―一四九二）にかけて、当該地域における認許される使用銭への悪銭混入率が三〇％から二〇％に変容しつつある様相を読み取ることはできよう。

以上から、一四世紀代から一五世紀代（特に永享年間から文明・延徳年間頃）における神宮地域の貨幣流通は、例えば、内宮の式年遷宮において、造営組織の長である内宮作所が、主として下行銭に悪銭を混入することを命じる独自の撰銭「法」を定めてその調整を図っていたように、流通する悪銭をいかにコントロールするかが、根本的な問題の一つであった。ただそれは、悪銭を単に流通銭に混入するか否かだけの問題に留まらず、流通銭に悪銭が混入される場合は、その混入率にまで問題が広がっていったのである。

このように、一四世紀代から一五世紀代における当該地域の貨幣流通上の主たる問題は、悪銭をめぐるものであり、これは、ほぼ同時期の全国的な貨幣流通様相に照らし合わせると、おおよそ、同様な問題であったと評価できるのである。[18]

二　特殊な「省百法」に基づいた銭と貨幣の地域性

(1)　伊勢神宮における撰銭行為と下行用銭貨「七十二文銭」

前節では、一四世紀代から一五世紀代における神宮地域の貨幣流通上の問題を分析したが、その結果、当該期では悪銭の流通コントロールがその主たる関心事であることがわかった。

しかし、悪銭をめぐる貨幣流通調整については、全国的にもほぼ同様に問題視されているわけであるから、それのみを指摘しただけでは、当該地域における貨幣の地域性はさほど明らかにはならない。つまり、当該期における独自な貨幣の存在やその使用方法を確認できなければ、地域性を指摘し得ない。よって、当該地域における貨幣流通の地域性を明確にするために、本節以降、当地に存在する独特の貨幣やその使用方法を指摘していく。まずは、永禄年間(一五五八—一五七〇)までの当該地域の貨幣の地域性について、主に表1・2を用いて考察してみたい。

さて、表1をみればわかるように、応仁・文明期(一四六七—一四八七)に至ると悪銭や精銭の記載が頻出し、他にも様々な名称の銭貨が登場するようになるが、特に文明期(一四六九—一四八七)はその変化が顕著である。本節では、当該地域における文明期の貨幣流通の実態について検討を加える。

まずは、文明二年(一四七〇)に「時法様百廿文」(No.35)、文明三年から同八年に「時正銭一貫」(No.44)と確認される「時」記載の銭貨に注目してみる。文明二年の「時」の「法様」銭は、内宮長官荒木田氏経が贄海神事の際にそれを湯涌祝に下行しようとしたところ、湯涌祝は「撰銭ヲ可取之由」を申して受け取らないので、銭貨自体は撰銭ではなく恐らくは通用銭を示す。また、推定文明三年から同八年の間の「時」の「正銭」は、その名称から精銭を指している。これらの文明期に入っての「時」記載の銭貨の登場は、当該地域内の社会環境そのものが、より不安定で流動的になったことを表すものと評価できる。

このような「時」記載の銭貨の存在から、悪銭などがより多く流入し撰銭行為が頻発している当地における文明期の複雑な貨幣流通事情を想定し得るが、そのような状況下で、新たな流通実態として特殊な省百慣行(以降、省百法と表記)に基づいた銭貨が出現する。(19)

よってこれ以降、そのような特殊省百法に基づいた銭貨の分析を行ないたいが、その前に中世の一般的な省百法について触れておく。日本での銭貨、すなわち孔の空いた銅銭は、中世から近世に至るまで複数枚使用する場合、藁縄

表2　17世紀初頭までの特殊省百法記載一覧

No.	年　月　日　等	西　暦	金　額　等	銭貨の注記等	差出等→宛先等	内　容　等	典　拠
1	文明3－文明8ヵ	1471-1476	300文	72文銭	(内宮一禰宜)→(内宮)子良館	正月1日の樽代(下行銭)(氏経筆部分).『おり』にも同文の記載あり.	古本下行物記(永禄6年頃の筆写本)
2	文明3－文明8ヵ	1471-1476	8000文	72文銭	(内宮一禰宜ヵ)→?	5月の御神田耕作の際の下行料.「毎年八貫文下行　但前々も加増之時在之」「七十二文銭」.	内宮諸祭下行神戸御贄記(＝内宮年中神役下行記)　③
3	文明3－文明8ヵ	1471-1476	(100文ヵ)	72文	(内宮一禰宜)→ゆはかしほうり	6月15日の贄海神事の湯涌祝への下行料.「七十二文近年わたす」「ゆわかしほうり」(氏経筆部分).『おり』にも「七十二文近年わたる」「ゆはかしのほうり」と同様の記載あり.	古本下行物記(永禄6年頃の筆写本)
4	文明3－文明8ヵ	1471-1476	500文宛	悪銭32文さし	(一禰宜荒木田氏経ヵ)→地祭物忌父兄部	6月15日の贄海神事の下行料.「当代六九十二月毎度五百文宛下行　悪銭卅二文さし」.	(神宮徴古館蔵)内宮年中神役下行記　③
5	文明3－文明8ヵ	1471-1476	200文	本銭・72文	(一禰宜荒木田氏経ヵ)→地祭物忌父兄部	「地祭物忌父兄部ニ五百文下行三祭同悪銭三十二文サシ」の「五百文」に「七十二文」,「三祭」に「六月十二月百　九月本銭二百文七十二文」,「三十サシ」を「三十二文サシ」と変更して注記.	日記(＝内宮年中神役下行記)
6	文明3－文明8ヵ	1471-1476	200文	72文銭	(内宮一禰宜ヵ)→政所	6月15日の贄海神事の「屋形料三百文下行」.300文の所に「二百近年七十二文銭」.	(神宮徴古館蔵)内宮年中神役下行記　③
7	文明3－文明8ヵ	1471-1476	500文	72文銭	(一禰宜荒木田氏経ヵ)→地祭物忌父兄部	6月15日の贄海神事の下行料.「五百文下行」の所に「近年百文ヵ七十二文銭」.	(神宮徴古館蔵)内宮年中神役下行記　③

8	文明3－文明8ヵ	1471-1476	100文	72文銭，30さし	(一禰宜ヵ)→家司	6月の「酒肴百文，家司ニ下行」．家司の所に「七十二文銭，卅さし」．	(神宮徴古館蔵)内宮年中神役下行記　③
9	文明3－文明8ヵ	1471-1476	(100文ヵ)	72文	(内宮一禰宜)→おさ(有尓長)	9月9日の下行(菊花御饌ヵ)「おさ七十二文」(氏経筆部分)．『おり』にも同文の記載あり．	古本下行物記(永禄6年頃の筆写本)
10	文明3－文明8ヵ	1471-1476	(合) 300文	72文銭100文と96文銭200文	(内宮一禰宜ヵ)→？	9月15日の興玉神事と御占神事の下行「十五日おき玉七十二文銭百文又九十六文銭二百文ミうらの神事」(氏経筆部分)．別の箇所にも「おき玉の宮四分なから出るいまハ九月さいれいにて七十二文銭百文と九十六文銭二百文合三百文出」と同様の記載あり．	御神事之おり物の日記　外題「氏経下行記」 ※『おり』と略記
11	文明3－文明8ヵ	1471-1476	100文	96文銭	(内宮一禰宜ヵ)→ミしほ	9月15日のミうらの神事の下行「十五日おき玉六月同前ミうらの神事ニ　入出納所役同ミしほ又九十六文銭百文渡給候」(氏経筆部分)．	古本下行物記(永禄6年頃の筆写本)
12	文明3－文明8ヵ	1471-1476	？(下行銭ごとに)	72文銭(山向(物忌)ばかりはゑりせん)	(内宮一禰宜ヵ)→？	「下行銭いつれも七十二文銭山け斗ゑりせん是無理也」(氏経筆部分)．『おり』にも同文の記載あり．	古本下行物記(永禄6年頃の筆写本)
13	文明11・閏9・？	1479	500文	32文指引銭・72文	一禰宜荒木田氏経→有尓長	穴祭下行料．「有尓長穴祭五百文下行，卅二文指引銭也，仍七十二文宛十月ニ請」．	氏経神事記　③
14	文明17・2・12	1485	450文	皆あくせん32文指の引セに	一禰宜荒木田氏経→権長(権禰宜長ヵ)	神態神事．「下行ハなにかに四百五十文権長請，饗初五十饗祝請，如此の下行ハ皆あくせん卅二文指の引セになり」．	氏経神事記　③

15	文明17・12・13	1485	3600文	ゑりせん96文	川崎大郎次郎→橋村八郎大夫	屋敷売買.	(天理大学附属図書館蔵)橋村家文書 ⑨
16	長享1－永正1以前	-1487-1504	700文	72文	(内宮一禰宜ヵ)→内宮子良館	祭礼時の下行銭.「一祢宜守朝ヨリ渡ス日記 子良館ヘハ六百立也」との項目「昔ハ神戸よりをんへへ立者をとりあつかる七十二文七百子良館へ祭礼ノ内ニ渡す」と有.	日記(＝内宮年中神役下行記)
17	明応7	1498	3000文	96文せに 10文さし	(長官ヵ)→?	「御田之につき」(御田神事)の出銭「料足三貫文九十六文せニ十文さし」.	明応年中端午粽御田日記(天保15年写本)
18	文亀1・12・26	1501	4000文	ゑりせん 96文せニ	のかり彦三郎国道→橋村新二郎	道者売買. 撰銭96文銭6文子. 伊豆国・相模国・駿河国・遠江国.	(天理大学附属図書館蔵)橋村家文書 ⑨
19	文亀2・2・28	1502	5000文	せいせん 96文せに	榎倉大夫→外宮子良館物忌惣中	外宮鎰取内人職としての外宮子良館開祓料(参入料). その内, 四貫文は外宮子良館惣中へ.「御はゑ料足ハせいせん九十六文せににて同是ハやかてはいとう候」と記載.『外宮子良館旧記』(④)にも「料足は清銭九拾六文銭にて候」と関係記事あり.	外宮子良館日記
20	文亀3・11・?	1503	－	96文せに, ころさかい10文つゝさす	山田三方→(世義寺如法経田畠屋敷所有者ヵ)	世義寺如法経田畠屋敷の「年貢銭九十六文せにころさかい十文つゝさすへき事」.	三方会合記録 ⑧
21	大永3－享禄2頃ヵ	1523-1529	600文	72文銭	(内宮一禰宜ヵ)→篠嶋(役人ヵ)	6月の篠嶋よりの御への鯛持参に対する下行銭「是も七十二文銭」(享禄2年頃までの増補部分).『おり』にも同文の記載あり.	古本下行物記(永禄6年頃の筆写本)

22	大永3－享禄2頃ヵ	1523-1529	500文	72文銭	あさまの里の者両人→(内宮一禰宜ヵ)	毎年冬料足「七十二文銭五百文」請取(享禄2年頃までの増補部分).『おり』にも同文の記載あり.	古本下行物記(永禄6年頃の筆写本)
23	大永3ヵ－享禄2頃ヵ	1523-1529	200文・300文・他	72文銭	(内宮一禰宜ヵ)→(一らう・政所ヵ)	岩井田子良はやし同田のゐより200文・一らうに御(恩ヵ)あり300文・政所へも出「いつれも七十二文銭」(享禄2年頃までの増補部分).	御神事之おり物の日記　外題「氏経下行記」 ※『おり』と略記
24	大永3－永禄6頃ヵ	1523-1563	100文・124文	72文せに	(内宮一禰宜ヵ)→うに(有尓長ヵ)	有尓(土器長ヵ)への下行料．6月9月に「七十二文せに百文渡」，12月に「七十二文せに百廿四文渡」(大永3～享禄2年頃ヵ).	古本下行物記(永禄6年頃の筆写本)
25	大永4・6・吉	1524	3000文	うす銭72文銭	濱七郷・宇治六郷→通地下中	通地下中から鹿海への北岡山毎年上成分の銭．宇治五郷と濱六郷の会合にて申し定める.	通町有文書(元禄2年通村地下之書物写帳)　①
26	天文5・6・6	1536	600文	96文銭	長屋今在家左衛門大夫→世義寺覚弘院	畠地売券(売値8貫文).「長屋五本松」の年貢に使用.	古文書　神領ニ関スル文書　①
27	天文7・5・晦	1538	1000文	96文銭	中かいと長屋若大夫→(世義寺)覚弘院	屋敷売券(売値10貫文).「上長屋中かいと」の年貢に使用.	古文書　神領ニ関スル文書　①
28	天文9・12・2	1540	400文	96文銭	長屋今在家彦兵衛→(世義寺)覚弘院	畠地売券(売値8貫文).「長屋今在家前高畠」の畠地年貢に使用.	古文書　神領ニ関スル文書　①
29	天文10	1541	100文	72文	(荒木田守武)→?	おろしもの日記の表紙の記載,「神宮百文と云ハ何も七十二文ノコト也」と有.	おろしもの日記

30	天文10以降	1541-	100文	72（文ヵ）	(荒木田守武)→湯祝(湯涌祝)	6月15日の贄海神事.「一　百文　湯祝　桶」の「百文」の所に「七十二」と注記.	おろしもの日記
31	天文18・12・25	1549	450文	96文銭	長屋宮かう藤兵衛→(世義寺)常智院	畠地売券(売値4貫500文).「長屋宮かうかいと」の年貢に使用.	古文書　神領ニ関スル文書　①
32	永禄7年以降ヵ	1564-	?	91文	(常明寺ヵ)博士→?	正月11日の常明寺御明文に関する(常明寺ヵの)博士の布施.「十一日常明寺御明文参候はかせノ布施九十一文」	年中神事　檜垣祢宜（明暦元年写）
33	天正2年頃ヵ	1574	?	91文銭	(常明寺ヵ)博士→?	正月11日の常明寺御明文に関する(常明寺ヵの)博士の布施.	神事記　檜垣兵庫家之行事　(寛文2年写本の貞享3年写)
34	文禄3年・1・11	1594	(合) 1100文	91文銭つゝあく銭3文さし	常明寺→(外宮正禰宜10人)	常明寺妙見堂貫銭?例饗の代.「十人之御神主様ヨリ九十一文銭百文ツゝあく銭三文さしニして」,「一神主様ヨリハ二百文出」	文禄記
35	文禄3年	1594	(合) 1000文	永楽90銭	岡本茶屋・甚衛門→(常明寺別当ヵ)	常明寺別当式に伴う(イラコ屋の)屋敷上成の分. 750文は茶屋, 250文は甚衛門より出る.	文禄記
36	慶長7年頃ヵ	1602	200文	91文銭	長官→篠島住人	6月の篠嶋よりのおんべの鯛持参に対する下行銭.	年中行事　永禄七・慶長六・七（寛永20年写本の貞享3年写）
37	慶長7年頃ヵ	1602	100文	中銭91文銭	長官→風宮	7月の風日祈神事風宮への下行銭	年中行事　永禄七・慶長六・七（寛永20年写本の貞享3年写）
38	慶長7年頃ヵ	1602	150文宛	91文銭	(長官)→?	御機織賃,「但九十一文ヲ百ニシテノ事也, 古銭也, 今ハは書一匁五分」と注(記載状況〔古銭	年中行事　永禄七・慶長六・七（寛永20年写本の貞享3年写）

						表記とその価値，羽書表記等〕より寛永通宝流通後，特に慶安期以降の書き込みヵ）.	
39	慶長 7 年頃ヵ	1602	100 文宛	91 文銭	（長官）→？	御明文の時の銭，「同断（但九十一文ヲ百ニシテノ事也，古銭也）今ハは書一匁」と注（記載状況〔古銭表記とその価値，羽書表記等〕より寛永通宝流通後，特に慶安期以降の書き込みヵ）.	年中行事　永禄七・慶長六・七（寛永20 年写本の貞享 3 年写）
40	慶長 18・9・吉	1613	1000 文	精銭 96 文銭	舟江今在家紺や→（世義寺）	世義寺如法経領田本年貢.「但年貢ニ九百文出ツ」	慶長十八年世義寺毎年如法経納所帳
41	慶長 18・9・吉	1613	900 文	精銭 96 文銭	百姓五人→（世義寺）	世義寺如法経領畠本年貢.	慶長十八年世義寺毎年如法経納所帳
42	慶長 18・9・吉	1613	400 文	96 文銭	百姓舟江五郎兵衛→（世義寺ヵ）	米六斗代之内田中道場の公事物分，「道場に米屋形舛四斗出ツ是ハ堤源助殿御扱ニテ銭ヲ米ニ定ル」（この記事天正年間後半以降ヵ）	慶長十八年世義寺毎年如法経納所帳
43	慶長年間	1596-1615	200 文	90 銭	（外宮政所ヵ）→16 人	12 月政所上物分，白米・鯛など 19 種の代.	外宮近年之年中行事同引付　③
44	（慶長年間以前ヵ）5・2	-1615	？	90 銭・6 文せに	氏光ヵ→？	「九十銭かと存候て其方ニ進候　六文せににて候ハヽ」などと記載あるものの，本文前欠等のため内容不明.	御師関係文書断簡
45	（元和 7 年以前）	（1621 以前）	3000 文	うす銭 72 文 100 之銭	通村→鹿海	北岡山毎年上成分の銭.「うす銭七十弐文百之銭三貫文」を「其後銭之取引無」しにより，「上部越中殿御扱ニ堤殿」により米 6 石 7 斗 5 升に変更.	（伊勢市通町公民館蔵）条々之覚（卯月吉日付御奉行所宛通村覚）⑪

などでそれぞれを連結して使われていたが、それは「緡《さし》」と呼ばれ、その状態にある銭貨は「緡銭《さしぜに》」という。この緡銭は一〇〇枚を一〇〇文とする丁百法と九七枚などの一〇〇枚に満たない枚数を一〇〇文とする省百法に基づいて構成されている。省百法に基づいた中世の緡銭は、緡銭状態の中世出土銭から、全国的に一般的な傾向として九七枚を基本とした緩やかなものであったことが判明している。(20)

三重県、とくに伊勢国においても、国史跡斎宮跡の出土銭が緡銭状態の唯一の事例として紹介されている。これは計一万一五七六枚の出土例であり、それらは斎王制度が衰微した鎌倉時代末から室町時代初め(一四世紀代)、在地の前斎宮寮官人層により埋納された緡銭として報告されている。(21)出土銭は、原則として九七枚を一緡(一〇〇文)とした銭貨構成をしており、全体として一二〇緡、すなわち一二貫文の埋納であったことが明らかになっている。僅か一例ではあるが、この事例により伊勢国多気郡斎宮地域における九七枚を基本とした省百法の普及が読み取れるが、出土地が斎宮であったことから神宮地域においてもこの省百法が普及していた蓋然性は高い。

それは、斎宮地域は斎王制度の関係から、古代より伊勢神宮と密接な関係があり、制度が廃絶した南北朝期以後も、伊勢神宮への有尓土器献納などで関係を持ち続けた地であって、(22)そのように、伊勢神宮と密接な関係がある以上、九七枚を一〇〇文とする斎宮地域の銭貨が神宮地域へ流入していても何ら不思議ではないからである。また、神宮地域には全国各地から租税や商品取引の銭貨や緡銭自体も多く流入していると思われるので、中世において列島規模でみられる九七枚を基本とする省百法の慣行の影響を強く受けていたことが想定できる。さらに、詳しくは後述するが文明期から神宮地域では、「九十六文銭」や「悪銭卅二文さし」と省百法を意識した銭貨が普及しているが、その背景として、先行して九七枚を基本とする省百法に基づいた緡銭が普及していたことが前提として存在する。

以上を勘案すると、当該期に神宮地域においても九七枚を基本とする省百法は勿論、それに基づいた緡銭が普及していたのは明らかである。

このように当該地域における一般的な銭貨は、九七枚を基準とした省百法に基づく緡銭であったが、文明期に入ると九七枚を一〇〇文とする省百法とは異なる銭貨が登場する。

荒木田守武が筆写した『内宮年中神役下行記』[23]の記載もその一例である。

近年百文ヵ七十二文銭

一　地祭物忌父兄部ニ五百文下行以是神酒御贄　酒肴　手水紙等勧進
三祭同然　件下行守房御代ニハ二百文宛　満久御代ニハ三百文宛也
然ヲ依歎申　当代六九十二月毎度五百文宛下行　悪銭卅二文さし

ここには六月一五日の内宮の贄海神事の際における同宮の地祭物忌父兄部へ下行する銭について書かれている（No.47・50）。これによると、地祭物忌父兄部は内宮長官からの下行料五百文で神酒や御贄・酒肴や手水紙を勧進するよう規定され、三節祭である六月と一二月の月次祭と九月の神嘗祭においても同様であるとされている。さらに、守房の代、すなわち荒木田守房が内宮長官であった時の下行は二〇〇文宛、荒木田満久の代は三〇〇文宛となっており、地祭物忌父兄部らが「歎申」すことによって三節祭の下行は当代、つまり荒木田氏経の内宮長官の時に毎度五〇〇文宛で下行されるようになったことが記されている。したがって、氏経の時の地祭物忌父兄部への下行は五〇〇文であり、使用される銭貨は悪銭が三二枚混入されたものであった。注目すべきは、五〇〇文の傍註に「近年百文ヵ七十二文銭」とあることである。ここから、下行される五〇〇文が「近年」に「百文」となったことがわかり、その「百文」は「七十二文銭」であったことが記されている。「七十二文銭」の注記は、使用銭貨が七二枚で一〇〇文とする特殊な省百法（以降、特殊省百法と略記）に基づいた銭貨であることを示している。

さらに「七十二文銭」をより理解するため、『内宮年中神役下行記』の別系統の守武筆写本である『日記』(24)の同部分（No.48）を見てみたい。

七十二文　　六月十二月百　九月本銭二百文七十二文
一　地祭物忌父兄部ニ五百文下行　三祭同　悪銭三十サシ
今ハ百　　二文サシ

これを見ると、同じ『内宮年中神役下行記』の守武直筆写本であっても、記載状況に差が見られる。先ほどの『内宮年中神役下行記』の検討から、ここにみえる地祭物忌父兄部へ下行した五〇〇文は氏経の時の金額であるが、その右側には「七十二文」という注記がある。さらに左側の注記から「今ハ百」、つまり、五〇〇文であった下行料が現在では一〇〇文に変化していることが記されている。したがって『内宮年中神役下行記』で見られた「近年百文ヵ」の部分が「今ハ百」の記載に対応していることがわかる。また、下行された五〇〇文は「悪銭三十サシ」、すなわち悪銭三〇%混入銭であったことが判明するが、その後、記載部分には「二文」と書き加えられており、下行された銭貨は悪銭三二%混入銭に変更されたようである。さらに、五〇〇文の注記に「六月十二月百　九月本銭二百文七十二文」とあることから、氏経の時の下行料五〇〇文は、三節祭は全て同額であったのが、六月と一二月の月次祭の場合は「百」文、九月の神嘗祭の際には「本銭二百文七十二文」と変更されている。「本銭二百文七十二文」という記載から神嘗祭に下行される銭二〇〇文は「本銭」と呼ばれる銭であり、七二枚で一〇〇文とした特殊省百法に基づく銭貨であることが想定できる。推測を強めるためにも『内宮年中神役下行記』の別の記載にも着目しよう。

二百近年七十二文銭
一　屋形料三百文下行、政所給テ沙汰ス　後ニハ政所得分ス　件屋形ハ堅上役　中古ハ三百文沙汰シテ拵之
然ヲ近年二百文月迫ニ沙汰進　仍先取替三百文下行

これも六月一五日の贄海神事からの記事であるが(No.49)、ここから政所方へ下行する屋形料三〇〇文は「近年」に「二百文」に変更されているのがわかる。また、変更された二〇〇文は「七十二文銭」であったことが記されている。この箇所は残念ながら『日記』には単に「一　屋形料三百　カタカミヨリ出」とのみ記載されているため参考にならないが、荒木田守武が天文一〇年(一五四一)以降における内宮の神事の下行について記した『おろしもの日記』[25]に、先に述べた屋形料三〇〇文に対応する箇所が「一　三百　やかた料　政所かたへ」として存在し(No.96)、さらに三〇〇文の右側には「本銭二百」と注記がみられる。したがって、『内宮年中神役下行記』と『おろしもの日記』の記載を合わせて勘案すると、以前の政所方へ下行する屋形料三〇〇文は、「近年」になって二〇〇文に変更されているが、その二〇〇文は「本銭」と呼ばれた「七十二文銭」、つまりは七二枚を一〇〇文とした銭貨であったと思われ、先ほどの検討と一致する。

さてそれでは、「七十二文銭」は、当該地域でいつ頃より使用が始まったのか。次に、この銭貨の発生と普及の時期について、銭の実態と合わせて言及するが、その際、先ほど検討に使用した地祭物忌への下行銭について注目した

い。地祭物忌父兄部へ下行する五〇〇文という金額は、荒木田氏経が内宮長官時代の金額であり、「近年」になって「七十二文銭」の「百文」に変化したということは先に述べた通りである。そのため、「七十二文銭」の使用例の初見年が提示できれば、「近年」が示す時期が特定できるということになる。時期特定の際、『おろしもの日記』の表紙の「神宮百文と云ハ何も七十二文ノコト也」という記載（No.94）にも着目すれば、必ずしも「七十二文銭」と明確に記載されなくても、神宮関係史料においては、単に「七十二文」とあれば、それが「七十二文銭」を示している可能性は極めて高い。

よって、再度調べ直すと、『氏経神事記』文明一一年閏九月条（No.60）には、「有尓長穴祭五百文下行　卅二文指引銭也　仍七十二文宛十月ニ請」という記述がみえる。これは、閏月の穴祭における有尓長へ下行する五〇〇文に関する記事であるが、それによると、有尓長へ下行する五〇〇文は「卅二文指引銭」であり、実際の下行は七二枚宛であったと記されている。この「卅二文指引銭」とは、先ほどの地祭物忌父兄部への下行料五〇〇文が「悪銭三十サシ」であったのが、「七十二文銭」の一〇〇文に変更された際に、「悪銭三十サシ」は「悪銭三十二文サシ」に変更されたということと、三二枚という枚数で内容的に一致している。さらには『氏経神事記』文明一七年二月一二日条（No.63）にも「下行ハなにかに四百五十文権長請　饗初五十饗祝請　如此の下行ハ皆あくせん卅二文指の引セになり」とあるが、これも先の「卅二文指引銭」と内容が一致する。[26]

これらの記載から考えると、文明一一年に内宮長官荒木田氏経が有尓長へ下行した五〇〇文に用いられた銭貨は、七二枚で一〇〇文とする「引銭」と別称される「七十二文銭」であり、その銭にさらに、悪銭三二枚が混入されていたと判断できる。以上より、「七十二文銭」は少なくても文明一一年には既に確認できる銭貨といえる。

さらに、既に別の観点から『内宮神役年中下行記』にみえる「近年」は、文明三―八年と推定されている。[27]

以上を勘案すると、「七十二文銭」という銭貨が神宮やその周辺地域に発生・普及した年代は、文明三―八年の間であると推測できるが、仮にその年代推定が誤りであったとしても、「七十二文銭」(引銭)は文明一一年閏九月には既に存在するのは明らかであるから、それを踏まえて「近年」の表記を考えるとやはり、文明年間には、同銭貨が存在していたと推測できよう。

ここで、一五世紀から一七世紀初頭までの間で「七十二文銭」などの特殊省百法で構成された銭貨をあつめた表2を概観すると、「七十二文銭」という銭は、先の事例以外にも多く見出せることがわかる。また、表2から、文明期を境に「七十二文銭」と「九十六文銭」と呼ばれる銭貨が当該地域で使用され始めていることがわかるが、「九十六文銭」についての考察は次項で行ないたい。

ところで、先に用いた『おろしもの日記』と呼ばれる冊子状の史料は、荒木田守武直筆の内宮の下行記録である。そこには、内宮の年中行事や神事が記されているが、神事等で使われる物資の数量や下行物《おろしもの》等は、『内宮年中神役下行記』の同様の記述を踏まえて考えると、『内宮年中神役下行記』をベースとして記載されていると理解できる。つまり、『おろしもの日記』は、氏経の長官時代を先例としながら、守武長官期の現状の下行について記録されている冊子であると評価できる。この『おろしもの日記』は、表紙には「天文十年」とあるが、冊子中にはそれ以降の年も記載されていることから考えると、同冊子への記載は同年より始まったといえる。

注目すべきは、『おろしもの日記』の表紙に「神宮百文と云ハ何も七十二文ノコト也」と守武直筆の記載があることである。この記述は、守武の長官時代であった天文一〇年には既に、神宮の一〇〇文は七二文であるという認識が内宮長官にはあった、それはすなわち、内宮側では七二枚を一〇〇文とした特殊省百法やそれに基づく「七十二文銭」が、内宮運営の上級階層にも知られるほど、広く普及していたことを示している。

さらに、天文一〇年という年は荒木田守武が内宮一禰宜、すなわち内宮長官に就任した年であるから、『おろしもの日記』は、内宮長官の就任に際して作成された冊子と判断できる。よって、そのようないわば、長官就任の決意表明から作成されたともいえる『おろしもの日記』の表紙に、わざわざ「神宮百文と云ハ何も七十二文ノコト也」と記すことは、その行為自体から、守武の以前より「七十二文銭」が神宮を含む周辺地域で広く普及していた状況を内宮長官として把握する意図が読み取れるのではないか。つまり、このような内宮長官の流通貨幣の把握意図は、まさしく一種の内宮側の撰銭的意識と評価できる。

また、『おろしもの日記』は、その名の通り、下行物の日記であるため、守武は下行で用いる銭(下行銭)を中心に、「神宮」の「百文」は「何も七十二文ノコト」であると記述している。それは、『古本下行物記』に「下行銭いつれも七十二文銭山け斗ゑりせん是無理也」と、内宮が下行の際に用いるのは、原則「七十二文銭」であって、太玉串や八重榊を調備する内宮の山向内人職従事者への下行使用銭だけが「ゑりせん(撰銭)」であるのは「無理」と難色を示す荒木田氏経の記述(No.57)があることからも明らかである。さらに、「七十二文銭」は「本銭」とも呼ばれた銭であることは、既述した通りである。これらを総合して理解すると、「七十二文銭」は神宮の下行の際の「本銭」、つまりその名称から下行用の基準銭であった可能性が高い。内宮は、七二枚を一〇〇文とする特殊省百法に基づく銭貨「七十二文銭」を下行基準銭として採用していたのである。(28)

以上から、長官などの内宮上級階層の意識には、当該地域での流通銭貨(特に下行基準銭)の把握があったといえ、それは、前章で言及した、作所などの内宮上級階層の、遷宮の下行時などにおいて悪銭を混入しその混入率を調整する意識や、悪銭の排除や撰銭の確保などの意識に通じるものがある。

内宮上級階層には、内宮に関係した貨幣流通を円滑にする役割があったことは明らかであり、それは一種の撰銭的対応として判断できる。[29] ただ、このような内宮側の撰銭的対応は、単に内宮上級階層のみの問題ではない。

ところで、伊勢神宮の外宮物忌の斎館であり、同宮の祭祀と物資納入を司る外宮子良館は、外宮正殿の賽銭板である「銭直礼板」を設置・管理し、そこに投入された同宮参拝者からの賽銭を得分とできる権利を中世より有していた。当該地域で穢が発生すると、外宮宮域へ穢が及ぶことを避けるために、一般参拝者などの同宮正殿の参拝は一定期間憚られた。そのため、外宮子良館では、触穢に伴う参拝停止による本宮への賽銭額の減少を克服するために、正殿前の「銭直礼板」を同館前に設置し直し、賽銭の確保に努めていたが、触穢の際の賽銭については、配当に関する厳格な内規が定められていた。[30]

永正一一年(一五一四)九月七日、山田西河原町の久志本家より出火し馬が焼死して五日間の触穢となった際も、外宮子良館は、従来の如く同館前に賽銭板を設置し、同月一二日に「惣中ニ代入候間せいせんハ大惣中の用に御つかい候てあくせん斗やくにん御こらまてとうふん二わけ申候」(No.79)と賽銭配分に関する内規を提示した。この場合、「(大)惣中」とは外宮子良館物忌衆中、「やくにん」とは同館の物忌父職従事者、「御こら」とは子良のことを指す。よって、この規定から、外宮子良館物忌衆中、つまり組織としての外宮子良館の維持・運営のために、まず同館自体に精銭が確保され、物忌父や子良という同館に所属する個人へは悪銭が配分されるという経済的意識を読み取ることができる。言い換えれば、一六世紀初頭の段階で、外宮所属組織である外宮子良館では、参拝者からの賽銭を精銭と悪銭とに選別し、同館の維持・運営面から、まず組織自体に精銭を確保し、そこに従事する一個人へは悪銭を配当するという一種の撰銭行為が行なわれていたといえる。中世末期、外宮所属の物忌組織・外宮子良館においても、撰銭的対応がなされていたのである。とりわけ、先の内宮側の下行銭の事例で明らかなように、子良館は、作所から悪銭を下行されるような下層の立場、いわば、神宮正禰宜層からみれば家格的に劣る物忌階層が運営する低階層の組織であった。

したがって、当該期、撰銭的対応が外宮子良館でも確認できるということは、内宮だけではなく外宮においても（特に、正禰宜層という上級階層ではなく下級階層でも）悪銭排除の問題が表面化しており、そのために撰銭的対応に迫られていた状況を想定できる。

以上から、当該期においては、内外宮やその階層の如何を問わず、組織体としての神宮において撰銭対応が頻繁に行なわれていたと推測できる。

このような一種の撰銭的な対応を見るにつけ、神宮に直接的に関わる同宮内の組織や機関は、組織維持のために、撰銭的対応を行なっていたと評価できる。すなわちそれは、神宮内部の円滑な貨幣流通は、戦国大名等の地域権力が発令した撰銭令ではなく、神宮に所属するそれぞれの組織や機関が独自に規定していた撰銭的慣習によって維持されていたということを示している。

それでは、神宮に直属する組織や機関（つまり、神宮側）に直接的には関与していないと想定される、宇治・山田という神宮前の町方においては、同地における貨幣流通の円滑性は、どこが維持していたのであろうか。その答えを探すためにも、考察をいったん保留した「九十六文銭」という銭貨について次項で言及してみよう。

(2) 伊勢神宮門前町における撰銭行為と基準的銭貨「九十六文銭」

本項では、文明年間（一四六九—一四八七）頃から史料上散見することのできる「九十六文銭」なる銭貨について主に表1と表2を用いて検討したい。

さて、この銭は九六枚を一〇〇文とする省百法に基づく銭貨であるのは、「七十二文銭」と名称が似ていることから間違いないと思われるが、表2に依る限りでは文明年間頃より慶長一八年（一六一三）まで確認することのできる銭貨であるため（表2のNo.10・11・15・17―20・26―28・31・40―42）、この銭貨は戦国初期から少なくとも近世初頭までは存在し使用されていると判断できる。

ここで、この銭はいかなる性格を有するのかを、文亀一年（一五〇一）に山田居住の伊勢御師・榎倉家が外宮子良館へ開祓料《かいはらいりょう》と呼ばれる同館参入儀式料を納めた事例に着目して分析してみよう[31]。同年に榎倉家は、外宮本宮の御扉開扉の際に用いる御鑰の管理や神事における御鑰の授受等を司る鎰取内人職を相続し、開祓料として計五貫文を捻出しているが、使用された銭貨は、表1のNo.72の『外宮子良館日記』では「料足ハせいせん九十六文せにて」と表記され、表1のNo.73の『旧記』では「清銭」と単に表現されている。また、「九十六文銭」には表2から、この他にも「精銭」・「ゑりせん」という名称が付されているのがわかるが、この銭は、屋敷売買や道者売買などのような、当該地域での一般的な不動産取引でも使用されている。

以上から、「精銭九十六文銭」は、単に「精銭」として表記されるような存在であったことが明らかになった[32]。この銭は、「撰銭」とも言い換えられる銭貨、つまり、「九十六文銭」とは精銭そのものを示しているか、または精銭と評価されやすい、一般的使用銭だったのである。

つまり、神宮地域では、使用銭貨が精銭の場合、中世で一般的な省百法の枚数である九七枚を一枚減らした枚数で一〇〇文として通用することができる慣習が普及していたといえる。

よって、前項で述べた如く、荒木田氏経が内宮で下行の際に用いる銭は、原則「七十二文銭」であって、山向内人職従事者への下行使用銭だけが撰銭であるのは「無理」と難色を示している場合に登場する撰銭とは、先の「九十六文銭」の理解からすると、「九十六文銭」であった可能性は高い。

これらのことを踏まえると、内宮長官、つまり神宮側が下行の際に常に気にかけていた事項というのは、当該期にこの地域で普及していた銭貨の特殊省百法であったといえよう。

しかし、その当時に「九十六文銭」の存在について注意を払っていたのは、神宮側だけではなかった。次をみてみよう。

一　文亀三年十一月
世義寺如法経田畠定書之事
定　世義寺如法経領改道事
一　経領の田畠并屋敷の年貢銭九十六文せにころさかい十文つゝさすへき事
一　経領の田畠屋敷等百姓として　もしせんみつニうる者ありともかい主の反古たるへき事
一　経領の田畠屋敷押領違乱輩可在成敗事
右條々於背輩者　堅可致成敗者也
文亀三年十一月　日
山田
三方　三ツ判

この史料（表1 No.74）は、中世末期より外宮門前町山田で起こった出来事で、同地の自治組織・山田三方に関わることを項目別で編年順に編纂した史料『三方会合記録』(33)に所収された世義寺（寛文一〇年〔一六七〇〕まで山田八日市場町に存在した醍醐寺系修験道先達寺院）に関係する古文書の写しである。[34] ここには、毎年世義寺で行なわれる如法経の埋経行事の費用などを捻出するための如法経領の田畠屋敷の年貢に関する文亀三年（一五〇三）の取り決めが記されている。この中で本論に関わるのは第一条目である。これによると、如法経領の田畠屋敷の年貢銭は「九十六文せに」つまり、「九十六銭」であることが示され、さらには、「ころさかい」なる銭を「十文つゝさす」ことが指定されている。文亀三年頃、すなわち一六世紀初頭における世義寺如法経領関係史料は非常に少ないが、一七世紀初頭の関連史料である『慶長十八年世義寺毎年如法経納所帳』[35] から、おおよその様相は把握できる。この史料には慶長一八年の世義寺如法経に関することが記されているが、記載方式としては如法経領の年貢や所当、百姓名などが記され、それぞれの土地がいつ如法経領になったか、またその土地を寄進した人物名などが記されている。これは慶長一八年に作成されているが、中には「元亀」や「天正」などの年号が散見しているなど、江戸期以前からの内容を引き継いで作成されていると判断できる。寄進主などの多くは法名であるため実名が不明な場合が多いが、中には度会・荒木田両姓を有する者や、山田などの有力者、さらには山田三方の記載もみられ、大半は山田やその周辺部の人物が占め、如法経領自体も山田を中心とした地域に散在している。年貢に関しては、納税額は一律ではなくばらばらであり、中には「精銭九十六文銭」や「九十六文銭」と記載のある年貢もある（表2のNo.40—42）。

以上を勘案すると、『慶長十八年世義寺毎年如法経納所帳』に見られる一七世紀初頭における世義寺如法経領の年貢徴収状況は、遡って一六世紀初頭の状況と大差ないものと判断できる。

事実、若干時期は下がるが、世義寺の塔頭である覚弘院や常智院は、天文年間に集中的に、「九十六文銭」を年貢銭とする当該地域内の畠地を買得しているため（表2のNo.26—28、31）、世義寺をめぐって、一六世紀段階で「九十六文銭」が年貢銭として頻繁に利用されていたのは明らかである。これらを踏まえれば、先程の如法経領の年貢に関する規定は、一六世紀段階での世義寺への年貢の納入状況の多様性をいかに調整するかという意味合いがあると評価できる。よって、山田三方は、階層差無く如法経領年貢を納める山田の住人を主たる対象としてこの定書を作成したのである。在地の自治組織・山田三方も、当地で普及していた「九十六文銭」の存在について注意を払っていたのは明らかである。

さらにこの如法経領年貢の定書では「ころさかい十文つゝさすへき」という記載が注目できるが、「ころさかい」は銭名を示している。この注記には「十文つゝ」とあることから、二種以上の銭名が繋がっていることを示すと思われるが、この場合、「ころ」と「さかい」という二種類の名称の銭貨に分けるのが解釈として最も妥当である。つまりこの規定は、「ころ」と「さかい」と呼ばれる銭貨をそれぞれ一〇文ずつ「九十六文銭」の世義寺如法経領の年貢銭の中に「指」すことを指示しているものと理解できる。

それでは、この二種の銭貨はどのようなものだろうか。残念ながら現時点では、両銭が具体的にいかなるものであったかを明らかにすることはできない。ただ、伊勢国外の撰銭令等で見られる「ころ」(「ころころ」)や「コロセン」(「ころ銭」)といった銭貨を「洪武通宝(洪武銭)」を主とした悪銭、大内氏の撰銭令にみられる「さかひ銭」を摂州堺で模鋳された悪銭とする近年の研究成果を踏まえれば[36]、この定書にある「ころ」と「さかい」も、前者が洪武銭を主とした悪銭、後者が堺で鋳造された悪銭である可能性もある[37]。

いずれにせよ、年貢銭である一〇〇文の中に、「ころ」と「さかい」なる銭貨を合わせて二〇枚を混入するという行為自体に注目すれば、これは、先述した悪銭の二〇%混入例と比率的に一致する。そのため、「ころ」と「さかい」なる銭貨は、悪銭の範疇に含まれる銭貨であるのは間違いない。

さらにこの事例から、当地では、一五世紀末までは史料には単に「悪銭」としか記されずその銭種名が明記されなかった状況から、一六世紀初頭の段階で、具体的な悪銭の種別が特定記載される状況へと変化しているのが明らかとなる。当該地域では、一六世紀(西暦的には一五〇〇年代初頭)に至って、悪銭自体についても、地域内における選別がより詳細となる。言い換えれば、悪銭の銭種を特定し撰別する行為が厳しくなっていたのである。

よって、山田三方は、この定書によって、世義寺如法経領の年貢納入者に対し、年貢銭に銭種を特定した悪銭を二〇文混入させた「九十六文銭」を使用することを命じているが、それは、「於背輩者　堅可致成敗者也」とあるように、違反者には検断権が行使されるという、一種の撰銭令的な介入であった。

この山田三方の撰銭令的内容を含む定書は、世義寺という直接的に神宮の組織ではない山田八日市場町に存在した寺院領に関するものであって、さらには、同領は、山田を含む神宮地域を中心に展開していたことにも注目しておきたい。山田三方はこの定書を、外宮、つまり神宮の組織や機関に対してというよりも、その門前町、特に、当該地域内で、最も経済的影響力の強かった外宮前の山田という町方の住人を主な対象として制定しているのである。

したがってこの事例から、神宮地域における円滑な貨幣流通の要となる流通貨幣の調整機関は、神宮前の町方では、山田三方などの町側に属する自治組織であったといえるのである。

(3)　小　括

以上、本節では、一五世紀末期には「七十二文銭」と「九十六文銭」という二種類の特殊省百法に基づく神宮地域独自の銭貨が出現していることを明らかにできた。つまり、これらの銭貨は、省百法と呼ばれる銭貨枚数の調整作業によって存在しているのであり、その存在自体、当該地域の貨幣流通の地域性を示すものとして注目できる。

したがって、神宮地域における貨幣流通の画期を、永享年間に続いて文明年間(西暦では一四六〇年代末から一四八〇年代中頃、特に限定すると一四七〇年代初め頃）に設定できる。この時期になると当該地域では、理論上では、文明年間以前は、①精銭（撰銭）や、②悪銭や、③悪銭混入銭（混入率の異なる③として③′）、さらに、④精銭でも悪銭でもない普通の銭、という基本的に四種類の銭貨が存在していた状況であったのが、文明年間以降、⑤特殊省百法に基づく銭（構成枚数の異なる⑤として⑤′）と、⑥特殊省百法に基づく銭に悪銭を混入した銭（混入率の異なる⑥として⑥′）という二種類の銭が登場したことになり、基本的に六種の銭貨がみられるようになる。それに加えて、精銭自体、時々の変化が見られたり、構成する銭貨枚数自体の変化がある（③′⑤′⑥′など）わけであるから、当該期においては、多種多様な貨幣が流通しているといえる。特に注目しておきたいのは、当該地域では「七十二文銭」が下行基準銭、「九十六文銭」が基本的な精銭であったように、それらの銭貨の中で、構成する枚数の差によって個々に銭貨の性格を変えて成立している銭もあったことである。

つまり、当該地域においては、文明年間以降、かつての精銭か悪銭かという銭貨自体の品質を問題とする状況から、悪銭の混入率やさらには、使用する緡銭自体の構成枚数の差という、いわば銭貨枚数の調整作業を問題視する状況へと変容していることがわかるが、これ自体、いわゆる計算貨幣的な貨幣の登場を暗示するものとして評価できる。そのため、これらの銭貨の存在から、当地における独特な円滑な貨幣流通システムとして、特殊省百法の利用という、いわば計算貨幣的な銭貨処理が、当該地域でも中世段階で存在していたことを実証し得たといえるのではないか。(38)

さらに、この点を考えるためにも、次節では、永禄年間以降の神宮地域の貨幣流通、特に、銭貨の地域性に関わる問題を分析したいが、その際、特殊省百法に基づく銭の存在についても留意していく。

三　一六世紀後半以降における貨幣の地域性

本節では、史料上、永楽銭が尊重される時期(永楽銭尊重傾向期)である一六世紀後半(年号でいえば永禄年間〔一五五八—一五七〇〕)以降の神宮地域の貨幣流通の実態を描写したい。

ところで、一六世紀後半といえば、全国的にみると貴金属貨幣である金銀の流通が本格化する時期にあたるが、[39]当該地域でも同様に金銀の使用が増加している。[40]

また、筆者は旧稿で当該地域における金や永楽銭と米とを交換するための米相場(河崎相場)は、勢田川流域の港湾地域・河崎に置かれ、河崎相場においては金と永楽銭との価値比率は連動していることを指摘した。[41]これらのことを踏まえると、当該期における貨幣流通の実態を具体的に描写するためには、永楽銭などの銭貨の他に、金銀の流通についても考察しなければならないのは明らかである。それに加えて、一六世紀後半に顕著となる米等の代替貨幣(現物貨幣)化・価値尺度化の現象や、さらに貨幣の地域性を指摘するならば、[42]既述した「七十二文銭」等の特殊省百法に基づく銭貨の当該期における存在や、一七世紀初頭から当該地域で普及する羽書などの小額紙幣(私札)の流通[43]についても触れる必要がある。

しかし、当該地域内の全貨幣(つまり銭貨・貴金属・現物貨幣・紙幣など)の流通実態を本稿で紹介する紙面的余裕はなく、さらに現段階でも私自身がそれらの把握に努めている途中である。

したがって、本節では、当該期の貨幣流通の実態について、主に、永楽銭などの銭貨と金銀との関係はどのようなものであったのかを価値比率の問題を中心に言及するが、神宮地域の貨幣流通の特殊性を示す指標になり得る要素(特殊省百法や羽書などの存在)については、特に留意し考察していく。(44)

(1) 金と永楽銭の関係からみた地域性

さて、既述の如く表1のNo.86より、神宮地域内に関わる史料上の永楽銭記載の初見年は天文四年(一五三五)であったが、「永楽代銭なり」と撰銭一貫二百文の注記としてみえるように、永楽銭は、天文四年段階の当地において既に撰銭よりも尊重されていたようである。

ただ、他にも、永禄年間(一五五八―一五七〇)以前で当該地域において永楽銭記載のみえるのは、表1をみればわかるように弘治二年(一五五六)の畠地売買に関わる史料のみであるから(No.102)、当地内で永楽銭を尊重する傾向がこの時期に広く普及しているとは言い難い。(45)

ところで、旧稿では、外宮子良館が関与する毎年五月三日の宮川での鮎取り神事「御川神事」において使われる永楽銭五〇〇文、「薄銭」なる銭貨五〇〇文とを混ぜ合わせた銭一貫文と米との交換記載等から、当該期の河崎相場を復元したが、(46)薄銭というのは、神宮地域以外ではそれほど名称が確認できない銭貨(他地域で見られる薄銭は、「薄い銭」という銭名等から、低価値流通銭として理解される)である。

しかし、当該地域の薄銭は、当地において尊重されて高価値な永楽銭とともに使われていることから考えると、他地域の低価値流通銭と同一の銭であるとは思われず、事実、後の元亀・天正年間(一五七〇―一五九二)以降に普及してくる「びた銭」に比べると、先の両銭は、非常に価値の高い銭貨であるのは明らかである。ただ、御川神事においては、河崎相場に基づき、米との交換レートが年ごとに変動する金や永楽銭とは異なり、薄銭は、固定的な交換レー

表3　18世紀以前にみえる薄銭一覧

No.	年月日	西暦	金額	薄銭の注記状況	差出→宛先など	内容	備考	典拠
1	大永4・6・吉	1524	3000文	うす銭 七十二文銭	濱七郷・宇治六郷→通地下中	通地下中から鹿海への北岡山毎年上成銭，宇治五郷・濱六郷の会合にて申し定める	史料上，記載内容については検討を要する箇所があるヵ.	通町有文書(元禄二年通村地下之書物写帳) ①
2	(永禄4) 酉・3・30	1561	764文	うす銭	?→右京進	右京進への預け銭	後の項目に永楽銭の記載が隣接	永禄参年十二月廿一日付前々古日記写之也 ①
3	(永禄4・酉) 同・30	1561	1000文	うすせん	?→右京進	右京進にある井戸の代.	前の項目に永楽銭の記載が隣接	永禄参年十二月廿一日付前々古日記写之也 ①
4	永禄5・2	1562	(2150) 【4300文】	永楽ウス銭半分つゝ	?，勘三郎口入	田売買，本銭返し文言．4斗・おくの大谷(落地)・西村千松祢き		永禄六年潤拾二月廿六日付万納之帳 ①
5	永禄5・2	1562	(2150) 【4300文】	ウス銭半分 永楽半分	?，勘三郎口入	田売買，8斗5升の内4斗2升半の分・山田原里前(落地)・山田原祢き左衛門・永禄5年2月の普請時に取引		永禄六年潤拾二月廿六日付万納之帳 ①
6	永禄5・2	1562	(2250) 【4500文】	永楽ウス銭半分つゝ	?	田売買，本銭返し文言．8斗の内4斗・おくの大谷(落地)・山田原助大夫		永禄六年潤拾二月廿六日付万納之帳 ①
7	(永禄11) 辰・10・[　]	1568	743文	上　うす銭	?→浄かん	(太田)浄感にある銭6日付，6170文の古銭と367文の永楽とともに合計7280文		永禄参年十二月廿一日付前々古日記写之也 ①

8	(永禄8) うし・霜・28	1565	3000文	うす銭	(大湊若老)→(村林)太郎左衛門	「渡し申代物之事」使(西ノはし)平左衛門.「是は私ニ太郎左衛門殿へ渡ス」	前後に永楽銭の記載が隣接	永禄参年十二月廿一日付前々古日記写之也 ①
9	永禄10・7・吉	1567	1200文	うす銭	榎倉亀石大夫武忠→多気大御所	畠売買，在所中嶋之北わき.「多気にて」永代売渡す，「但弐文半子ニ算用申うす銭にて来年二月中ニ買返可申」	使北監物丞・浦口弥衛門尉	(京都大学文学部博物館蔵)来田文書 ⑩
10	永禄10・8・6	1567	5000文	うす銭	榎倉亀石大夫武忠→北監物丞	道者売買，在所讃岐国1所.「但来年二月中ニ弐文半子ニうす銭おすまし可申候」	「使八ひやうへ殿四郎三郎二人」	(京都大学文学部博物館蔵)来田文書 ⑩
11	永禄13・5・3	1570	(500) 【1000文】	永楽半うす銭半分	御川神事当番物忌頭人→(御川神事出席者)	御川神事物忌当番頭人出銭		外宮子良館日記
12	元亀2・5・3	1571	(500) 【1000文】	永楽半分うす銭半分	御川神事当番物忌頭人→(御川神事出席者)	御川神事物忌当番頭人出銭		外宮子良館日記
13	元亀4－天正12年の5・3	1573-1584	(500) 【1000文】	(永楽五百文分・うす銭五百文分)の米(麦)	御川神事当番物忌頭人→(御川神事出席者)	御川神事物忌当番頭人出銭，但しそれ相当の米(天正3年は麦)で代用	天正6年から河崎相場での金や永楽銭と米との交換量	外宮子良館日記
14	(天正5年以前ヵ)	-1577	100文・ 1000文	永楽銭薄銭かへひき百文・永楽トハウスセン壱貫文	(荒木田氏辰ヵ)→？	天正12年における荒木田氏晴の覚書，氏晴の田畠薮屋敷13カ所売買.借物員数永楽銭で見積もると52500文	「氏辰代十五年之間」(永禄12年以前ヵ)の事例	荒木田氏晴神主雑記(昭和21年の写本)
15	天正9・12・吉	1581	24文	うすせん	小木宮大夫→通地下中	須堂領(宮大夫領)の売買.「山田源内殿松原ヨリ上成シ永楽銭八十文」	売渡し分20貫文の内，半分売却.永楽銭とともに記	通町有文書(元禄二年通村地下之書物写帳) ①

						と「五郎兵衛殿くほの畠ヨリ上成うすせん廿四文」の「御取可有候」	載．史料上，記載内容については検討を要する箇所があるヵ．	
16	天正17・5・3	1589	(500)【1000文】	(永楽五百文分・うす銭五百文分)の米(麦)	御川神事当番物忌頭人→(御川神事出席者)	御川神事物忌当番頭人出銭，但しそれ相当の米で代用	史料上，記載内容については検討を要する箇所があるヵ．	通町有文書(元禄二年通村地下之書物写帳) ⑪
17	文禄3・10・16以前	-1594	(9×2・18)【18文2・36文】	永楽うす銭(ウス銭)半分	ミのゝあんにヤう衆3名→(常楽坊別当ヵ)	常明寺常楽坊別当式のミのゝ上成の年貢銭	他に「廿文永楽斗」あり，合わせて92文	文禄記
18	文禄3・10・16	1594	8升3合・4升1合×2	永楽うす銭半ゝの米	ミのゝあんにヤう衆3名→(常楽坊別当ヵ)	常明寺常楽坊別当式のミのゝ上成の年貢米，この日に上成が米に定められる．	他に「五升五合永楽斗」あり，計2斗2升	文禄記
19	慶長8-9年の5・3	1603-1604	(500)【1000文】	(永楽五百文分・うす銭五百文分)の米	御川神事当番物忌頭人→(御川神事出席者)	御川神事物忌当番頭人出銭，但しそれ相当の米で代用	黒枡での計量	外宮子良館日記
20	(元和7年以前)	-1621	3000文	うす銭72文100之銭	通村→鹿海	北岡山毎年上成分の銭．「うす銭七十弐文百之銭三貫文」を「其後銭之取引無」しにより，「上部越中殿御扱ニ堤殿」により米6石7斗5升に変更．	史料上，記載内容については検討を要する箇所があるヵ．	通町有文書(元禄二年通村地下之書物写帳) ⑪
21	寛永4・5・3	1627	(500)【1000文】	(永楽五百文ノ銀子・うす銭五百文分ノ銀子)	御川神事当番物忌頭人→(御川神事出席者)	御川神事物忌当番頭人出銭，但し「弐口出入六ヶ敷候て銀子参拾八匁ニ相定」める		外宮子良館日記
22	慶安元・8・16	1648	24文	薄銭	一色村・小木村・田尻村→通村	須堂領之事．「通村五郎兵衛畠」より「出ル薄銭廿四	「永楽之ハりニ壱斗宛」，永楽銭と	通町有文書(元禄二年通村地下

						文之上成シ通村へ取可申候」,「永楽」銭での田畠の「上なし」を「京舛」に「なを」す事例3例あり	ともに記載．史料上，記載内容については検討を要する箇所があるカ．	之書物写帳）⑪
23	17世紀代（元禄以前カ）	－	50文	うす銭	（尾崎楠部地下中カ）→？	尾崎楠部地下中より頂正寺への灯明銭，若野山のうわ毛売却の際，1切に「永楽五十文」，「永楽すたり候て，うす銭ニ罷成候時もうす銭五十文」米の時5升	「乍恐申上覚」，天正15年までは相違無く出銭，天正16年より「あたらしく五十文ニ八木壱斗ツヽ取可申由申かけられ」て，「出し不申」した」	（楠部町区有文書）某文書断簡⑫

トを維持する特殊な動きをみせる銭であり、レート的には計算貨幣ともいうべき存在である。(47)

また、当地で確認できる薄銭記載の一覧である表3をみると、やはり、永楽銭の記載と併出している例が大半を占めていることは明らかであり、永楽銭との緊密な関係を想定し得る。

以上のことや、永楽通宝（永楽銭）は銭厚のある高品質の銭貨であるという考古学的な見解(48)をも踏まえて考えると、薄銭というのは、銭厚のある永楽銭からみると薄い銭ではあるが、品質的には問題のない高品位の永楽銭以外の銭（想定として宋銭を主体とした渡来銭）の総称であったと理解できる。また、薄銭は、永楽銭と混用されて使用される場合も多く、計算貨幣的な固定交換レートが適用されることもあった。

つまり、神宮地域での薄銭というのは、永楽銭との使用を前提に独自に創り出された高価値銭の総称、いわば永楽銭からみた他の良貨一般の貨幣概念なのである。ただ、寛永四年（一六二七）には永楽銭とともに入手困難になっているため（表3のNo.21）、実体の伴わない全くの計算貨幣というわけでもなかったようであり(49)、事実、伊勢国司北畠家関

表4　金1枚分の金額からみた各銭貨価値比率

No.	年　代　(西暦)	金1枚(10両)と同等な各銭の枚数(枚)	永楽銭1枚と同等な各銭の枚数(枚)	備　考	典　拠
1	天正6カ　(1578)	〔びた銭〕155000	6.8	戊年	太田文書　①
2	天正6　(1578)	〔永楽銭〕22500	-		外宮子良館日記
3	天正7～慶長8 (1579～1603)	〔永楽銭〕22727	-		外宮子良館日記
4	天正12　(1584)	〔精銭〕20000	0.8	清銭	引付拾弐年より拾六年迄之事　①
5	天正13　(1585)	〔びた銭〕64000	2.8		退蔵文庫旧蔵神宮関係古文書　①
6	天正13頃 (1585)	〔びた銭〕58512	2.5	京大坂路銭費	退蔵文庫旧蔵神宮関係古文書　①
7	天正16　(1588)	〔びた銭〕66667	2.9		外宮子良館日記
8	天正16　(1588)	〔無名基準銭〕16667	0.7	精銭カ	外宮子良館日記
9	天正17　(1589)	〔びた銭〕74324	3.2		外宮子良館日記
10	慶長9　(1604)	〔本銭〕20000	0.8	周清上人→山田錦屋他	慶光院文書　①
11	慶長9　(1604)	〔びた銭〕55556	2.4	金は判金	慶光院文書・退蔵文庫旧蔵神宮関係古文書　①
12	慶長13　(1608)	〔本銭〕20000	0.8		退蔵文庫旧蔵神宮関係古文書　①
13	慶長15　(1610)	〔無名銭〕27157	1.1	金は大判	慶長十四年正遷宮請屋手形　⑥

連の取引でも使用されている(表3のNo.9など)。よって、信用に足る薄銭記載の史料上の初見年は永禄四年である(表3のNo.2・3)から[50]、やはり、永禄年間頃より、永楽銭を主体とした独特の基準的貨幣体系が神宮地域では形成されていたということができる。

それでは、基準的な銭貨の永楽銭や精銭と基準的貴金属貨幣である金との価値的比率、また、永楽銭などの高価値な基準的銭貨とびた銭などの低価値流通銭貨との価値比率は、具体的にはどうであったのか。表4は、金一枚(つまり、金一〇両)分に等しい各銭の枚数を一覧したものである。表4をみると、永楽銭一貫文分の米量は、天正六年(一五七八)以降（史料上では慶長八年まで確認できる）、金一枚分の米量を〇・〇四四倍したもの、つまり、金と永楽銭との価値比率は一対約二二・七（ただし、天正六年のみ一対二二・五）の関係で一定（No.２・３）しており、[51]さらにその比率をもって、永楽銭一枚分に等しい各銭の枚数を試算することができる。

また、永楽銭の価値は、天正一二年以降たびたび、精銭などの基準的銭貨よりも比率的にみればやや低く見積もることができ、天文四年頃とは若干様相が変容している。

さらに、表4で、天正六年以降、金一枚分に等しいびた銭の枚数を算出し、その枚数をもって、永楽銭一枚分と同等の枚数、すなわち永楽銭との価値比率を試算しているが、No.１のように天正六年頃は、永楽銭一枚分のびた銭の枚数は約六・八枚であり、[52]天正一二年以降、約二枚から三枚程度に変化している。

特に、びた銭は、当該地域での史料上の初見年が元亀三年（一五七二）で、[53]天正六年頃の永楽銭一枚分の枚数が約六・八枚であるから、同六年頃にはびた銭は「なミの代」[54]と評価されるようないわゆる「並銭」であった。[55]びた銭は、普及当初の一五七〇年代はとても価値の低い銭であったが、一五八〇年代の半ば頃には価値が上昇していたのであり、この価値上昇の動向は、全国的な動きと同様であったと思われる。[56]

以上から、やはり、神宮地域においても、永楽銭は、いわゆる精銭の部類に属する高価値な銭貨、びた銭は低価値な流通銭であり、さらに金はそれらの銭貨の価値を凌駕する高価値な貴金属貨幣であったと評価できる。

ところで、当該地域での永楽銭の基準銭的性格が明らかになってくると、第二節の第二項で述べたように、「九十六文銭」は精銭的な存在であったわけであるから、両者間の問題、つまり、永楽銭と特殊省百法との関係が浮上する。そのため、次に永楽銭などの銭貨と特殊省百法との問題について言及しよう。

さて、表2をみると、「永楽九十銭」「九十銭」「九十一文銭」「中銭九十一文銭」なる四種類の銭貨が確認できる。

「永楽九十銭」と「九十一文銭」は文禄三年(一五九四)に確認される銭貨であるが、「九十銭」と「中銭九十一文銭」については、確実な年代を提示することは難しいが、慶長年間までには確認できる銭貨である。既述の「精銭九十六文銭」と「九十六文銭」の理解からすれば、「永楽九十銭」と「九十銭」、「中銭九十一文銭」と「九十一文銭」は同様の銭であると判断できよう。これらの銭貨は、「七十二文銭」や「九十六文銭」とは異なる枚数であるため、異なる銭貨概念で構成されているのは明らかであるが、「永楽九十銭」と「中銭九十一文銭」の両銭は、「七十二文銭」や「九十六文銭」の後出として創出した銭貨であると思われる。なぜなら、仮に両銭が「七十二文銭」や「九十六文銭」とほぼ同時期に出現していたとするならば、「七十二文銭」や「九十六文銭」の創生期、つまり、一五世紀後半期の史料に名を見せても不思議ではないはずなのだが、管見の限りではその名称が確認できないことがまず挙げられる。また先に述べた如く、銭名が記載されるほど永楽銭の尊重傾向が顕著になるのは、永禄年間(一五五八―一五七〇)以降であるので、「永楽九十銭」はそれ以降に創られた銭貨と思われるからである。「中銭九十一文銭」も「永楽九十銭」に構成枚数的に近似しているので、同じ頃に生まれた銭とみてよかろう。

とりわけ、「永楽九十銭」の存在自体は、基準的な銭貨である永楽銭に特殊省百法が適用された銭貨であるため注目できる。この銭は、外宮度会氏二門の氏寺である常明寺に関する『文禄記』[57]という記録にみえるから、外宮前の山田等に居住した多くの度会姓を有した人々に認識されていた可能性のある銭貨である。したがって、「永楽九十銭」なる銭貨が常明寺のみに使用される例外的な存在であるというよりは、むしろ神宮地域においては広く普及したものであったことが窺われ、よって当地では永楽銭は九〇枚で一〇〇文と見なされる銭であったと推測できる。たとえ「永楽九十銭」が常明寺のみで普及した銭であったとしても、広く伊勢国以東で尊重されていた永楽銭に特殊省百法が適用される形で文禄三年には当該地域内で確認できたのは留意されるべきことである。言い換えれば、「永楽九十銭」を検出できたということは、一六世紀末期に当該地域において、一五世紀後半期より継続されてきた従来の独自な貨幣流通システムともいえる特殊省百法と、東国を中心として一六世紀後半期に形成された貨幣流通システムである基準銭種指定法の一つである永楽銭基準通貨法[58]とが合わさった形で新たな銭貨概念が生じていることを確認できたということになる。

つまりこの事例から、一六世紀末期における神宮地域の独自の貨幣流通システムともいえる特殊省百法自体の変容を知ることができるのであり、それは地域外の貨幣流通システムと融合して形成したものであった。またそれは、この地域自体も、一六世紀後半期に至っても特殊省百法に基づく銭貨を創出することのできる地域であったことをも示しているのである。

(2) 銀と銭貨・紙幣の関係からみた地域性

本項では、前項同様に、銀と各銭との価値的関係を考察し、さらにこの地域の特殊性の指標となり得る存在である銀との交換手形(私札)・羽書の存在形態について若干言及しておく。

さて、表5と表6は、当地に関わる史料を用いて銭一貫文分に等しい銀の数量を一覧したものであり、表5が寛永一三年(一六三六)の寛永通宝(寛永銭)発行以前の一覧、表六がそれ以後のものである。両表によって、当該地域における銭と銀との価値的な変動を時間軸をもって窺うことが可能となる。

まず、表5のNo.1をみると、永禄一〇年(一五六七)には既に神宮地域に銀が肥前国より為替を用いた形で流入していることがわかるが、この事例で換銀されているのは「国銭」という肥前国で普及する低価値流通銭であった[59]。翌年にも為替による事例から肥前国より到来した銀と「清銭(精銭)」との換算率が判明する(No.2)が、仮に両銭を比較す

表5　各銭貨壱貫文分の銀(寛永通宝発行以前)

No.	年代	西暦	銭1貫文分の銀(匁)	銭貨名	備　考	典　拠
1	永禄 10	1567	4	国銭	為替(肥前～伊勢)，低価値流通銭ヵ．肥前での換算率	野田耕一郎氏所蔵文書　①
2	永禄 11	1568	25	清銭	為替(肥前～伊勢)，精銭(高価値流通銭)肥前での換算率	野田耕一郎氏所蔵文書　①
3	天正 2	1574	20	記載無	筑前国人秋月種実より伊勢山田の御師高田大夫家への礼銭．筑前での基準銭との換算率ヵ．	(東京大学史料編纂所蔵)賜蘆文庫文書(高田因幡文書)　⑬
4	天正 17	1589	12	(びた銭)	相場	松原旧記
5	慶長 9	1604	9	びた銭		退蔵文庫旧蔵神宮関係古文書　①
6	慶長 9～11	1604～6	9～10.1	びた銭		退蔵文庫旧蔵神宮関係古文書　①
7	慶長 10～11	1605～6	10.1	びた銭		退蔵文庫旧蔵神宮関係古文書　①
8	慶長 11	1606	11.5	びた銭		退蔵文庫旧蔵神宮関係古文書　①
			11.4～11.6	記載無	「壱貫ニ付十壱匁」等と有．慶長期の事例からびた銭ヵ．	慶光院文書　①
9	慶長 12	1607	12.3～12.4	記載無	慶長期の事例(京都)からびた銭ヵ．	退蔵文庫旧蔵神宮関係古文書　①
10	慶長 13	1608	15.9	びた銭		退蔵文庫旧蔵神宮関係古文書　①
11	慶長 15	1610	19	記載無	慶長期の事例(京都)からびた銭ヵ．	慶長十四年正遷宮請屋手形　⑥
12	慶長 16	1611	18.6～19	記載無	慶長期の事例(京都)からびた銭ヵ．	慶長十四年正遷宮請屋手形　⑥
13	慶長 20	1615	19.9	記載無	「六匁ニ銭三百文かし」と有(貸賃)．慶長期の事例(京都)からびた銭ヵ．	満慶代古書ナルベシ不見難分為後年記(白米家関連万覚帳)
14	元和 4	1618	49.9～50	記載無	高価値の年貢使用銭→基準銭ヵ．	輯古帖
15	元和 5	1619	15	記載無	慶長期の事例(京都)からびた銭ヵ．	(神宮徴古館蔵)冠下日記　⑭
16	天正 16～慶長 4 頃	1588～1599	26.6	(当料)	毛利家より伊勢山田の御師村山大夫家への大神楽料．村山家は，以前は伊勢での大神楽料は銭 12 貫文であったが，銀子 320 目に「相定候」ので，「銀子三百廿目の辻」で算定．天正年間後半(本史料や神宮文庫蔵の『佐八文書』等の神楽料記載の変化を参考に年代推定)の基準銭の記載ヵ．	村山家蔵証書　⑦
17	寛永 4	1627	38	永楽 500＋薄銭 500	永楽銭＋薄銭→基準銭ヵ．	外宮子良館日記

表6　各銭貨壱貫文分の銀(寛永通宝発行以後)

No.	年代	西暦	銭1貫文分の銀(匁)	銭貨名	備考	典拠
1	寛永20	1643	14	上新銭	倍率等から「新銭」と同一銭.「銭」の表記も同一銭ヵ.	太神宮舘籠帳(寛永二十年請取之控)
			3	古銭		太神宮舘籠帳(寛永二十年請取之控)
			1.3	あくせん	倍率等から「鉄銭」と同一銭.「悪銭」の表記も同一銭ヵ.	太神宮舘籠帳(寛永二十年請取之控)
2	正保1	1644	10.8～11.4	新銭	「上(銭)」の別表記もあり.	太神宮舘籠帳(寛永二十年請取之控)
			3～4.3	古銭		太神宮舘籠帳(寛永二十年請取之控)
			1～1.2	鉄銭		太神宮舘籠帳(寛永二十年請取之控)
3	正保2	1645	9.8～12	新銭		太神宮舘籠帳(寛永二十年請取之控)
			2.8～4.2	古銭		太神宮舘籠帳(寛永二十年請取之控)
			1～1.4	鉄銭		太神宮舘籠帳(寛永二十年請取之控)
4	正保3	1646	10.7～13.1	新銭		太神宮舘籠帳(寛永二十年請取之控)
			3～7.5	古銭		太神宮舘籠帳(寛永二十年請取之控)
			1.2～1.5	鉄銭	「わる銭」の別表記もあり.	太神宮舘籠帳(寛永二十年請取之控)
5	正保4	1647	12～24.4	新銭		太神宮舘籠帳(寛永二十年請取之控)・慶安年中之扣
			6～6.6	古銭		太神宮舘籠帳(寛永二十年請取之控)・慶安年中之扣
			1.2～1.5	鉄銭		太神宮舘籠帳(寛永二十年請取之控)・慶安年中之扣
6	慶安1	1648	12.6～14	新銭		慶安年中之扣
			6.6～10	古銭		慶安年中之扣
			2	鉄銭		慶安年中之扣
7	慶安2	1649	14.2～16.0	新銭		慶安年中之扣
			10～14	古銭		慶安年中之扣
			2～2.5	鉄銭		慶安年中之扣
8	慶安3	1650	15.2～16	新銭		慶安年中之扣
			5～11.1	古銭	「小銭」の別表記もあり.	慶安年中之扣
			2.5～3.5	鉄銭		慶安年中之扣
9	慶安4	1651	15.3～16.8	新銭	「上」の表記も同一銭ヵ.	慶安年中之扣
			4	鉄銭		慶安年中之扣

ると清銭は国銭からみると約六・二五倍も価値の高い銭である。また、天正一七年(一五八九)から慶長一三年(一六〇八)まで当地でのびた銭一貫文分の銀額がたびたび判明する(No.4—8・10)が、概ね、九匁から一五・九匁あたりで交換されており、天正一七年の場合、びた銭一貫文分の銀相場は一二匁である。

銭種名の記載は無いが、一貫文分の銀が一二・三匁から一九・九匁に相当する銭(No.9・11—13・15)も倍率から推すと、びた銭であった可能性は高い。また、びた銭よりも価値の高い銭との交換率も僅かに確認できる(No.2・3・14・16・17)が、それらの比率は銭種や時代などの要因にも左右され変化しているものの、概ね二〇匁から三八匁ほどの価値である。つまり、管見の限り、寛永銭発行以前の当該地域に関わる史料からは、当地では銀と銭貨とを交換する際、実態的に永楽銭や薄銭などの高価値な基準的銭貨とびた銭などの低価値な流通銭貨との二層の構造があったといえる。

次に、神宮地域における寛永銭発行後の各銭貨と銀との換算率は、表6によると寛永二〇年から慶安四年(一六五一)まで判明している。この表をみると、ほぼ毎年、「新銭」「古銭」「鉄銭」の三種類の銭貨と銀との交換率がわかるが、三銭のうち、新銭が最も価値が高く、次が古銭で、最低価値の銭が鉄銭となっている。

また、各銭は、新銭は「上新銭」や「上銭」、古銭は「小銭」、鉄銭は「悪銭」などの別称があったこともわかるが、これらの銭貨は、銭名はもちろん、価値や時代性等を勘案すると、新銭は寛永銭、古銭は寛永銭以前に通用していた渡来銭、鉄銭は鉄製の悪貨という解釈が最も相応しい。(60)

よって、表6によれば、寛永銭発行後の当地においては、銀と銭貨とを交換する際の実態として、最も価値を有する寛永銭、それよりも価値の劣る渡来銭、最低価値の鉄製悪貨の三銭が存在し、それらが流通していたことになる。

さらに、表5と表6を比較すると、寛永銭以前のびた銭一貫文分に相当する銀と、寛永銭発行後の新銭(寛永銭)のそれとが数量的に一致するのが明瞭に窺える。それは、慶長一三年(一六〇八)のいわゆる永楽銭使用停止令の影響で、伊勢国でも、高価値銭であった永楽銭がしだいに使われなくなり[61]、代わりに江戸幕府の公用銭として認められたびた銭が、徐々に価値を上昇させていき、寛永銭発行後は、その地位を寛永銭に譲ったという、びた銭から寛永銭への移行の内実をも示している[62]。

さらに、表5、表6から窺える幕府公用銭(寛永銭発行以前のびた銭と発行後の寛永銭)と銀との交換率は、安国良一が復元した京都の銭と銀との交換相場の動向と比較してみると、ほぼ同一の推移が見られる[63]。特に、びた銭の場合、慶長一三年に永楽銭が通用停止し、翌年、幕府が永楽銭一貫文とびた銭(鐚銭)四貫文という公定比価を設定した後に公用銭の性格を帯びるようになったが[64]、それ以前の当地のびた銭と銀との交換率は、京都のそれと比較すれば少なくとも慶長九年からほぼ同一な傾向が認められる。

よって、史料上では、慶長九年から元和五年(一六一九)までのびた銭と、寛永二〇年から慶安四年までの寛永銭の銀との比価は、京都の動向と酷似しているといえ、それはつまり、当該地域内での基準的な主たる流通銭と銀との比価は、京都、ひいては畿内の動向に準じた傾向であったことをも示している。

以上から、銭と銀との比価に着目することで、当該地域における各銭の名称や価格動向は、ある程度解明できたと考えるが、それにしても、これだけを指摘しただけでは、貨幣の地域性という問題については、ほとんど言及していないことになる。前項までその問いについて、特に独特な銭貨の存在に着目し、一六世紀代までは、当該地域において、いわば世紀ごとに独自な貨幣が創出されていることを明らかにし得た。それでは、一七世紀に入っても、当地において、貨幣の地域性を見出すことができるのか。

その問題について、一種の回答となり得るのが、慶長年間に全国に先駆けて神宮地域内で発行されたという地域紙幣的な私札といわれる「羽書」の存在である。

羽書は、慶長一五年と推定されるものが現存最古といわれ、そこには、「丁銀」(つまり慶長六年に発行した幕府正貨の慶長銀)と引き換える旨の文言が印刷されているため、銀の預かり手形的存在であるとされている。[65]

しかし、全国初の私札として著名な羽書(特に山田羽書)も、研究としては、慶長・元和期と推定される羽書現物がわずかに残存しているため、それらにのみ着目して従来は行なわれてきたといっても過言ではない。そのため、当時の流通の実態については、全く不明と言わざるを得なかった。

したがって、羽書は、当該地域の地域性の指標となり得る存在でもあるにもかかわらず、慶長・元和期の研究は、依然として実態が不明瞭であったのである。

よってここでは、現存最古の羽書には「丁銀」の交換保障文言が記載されていることから、まず当該期の慶長銀を含めた銀の流通実態を描写する。その上で、従来の現物のみで構築される慶長・元和期の羽書研究とは異なり、現物の文言などの観察を尊重しつつも、さらに、当該期の古文書・古記録等における、羽書の記載状況を検出し、分析を加えることにしたい。

さて、現存最古の羽書の一つである慶長一五年の山田大路長右衛門発行の羽書には「丁銀」(慶長銀)と大黒天像、さらに「五大力菩薩」の印章が捺印されているが、大黒天像と五大力菩薩については、前者が慶長一六年の銀子借用証文[66]、後者が慶長一五年の屋敷売券[67]といったようにほぼ同時期の当地の他史料においても、印章化が認められるので、羽書だけで印章化が確認できる存在ではない。ただ、羽書における「丁銀」の印章には注意する必要がある。実は、「丁銀」印は、「大黒天像」印の真下に捺印されており、捺印状況からすると両印には密接な関係が推測できる。また、現存する慶長銀には大黒常是が発行したことを示す大黒天像が刻印されていることからしても、関係性が窺われる。

さらに、『日葡辞書』の「Daicocu(ダイコク)」の項には「①ある種の銀貨に打ってある刻印　②富・福の神(Cami)、またはこの神の形の印、または、刻印が打ってある或る銀貨の名」と記載されており、当該期、大黒といえば、大黒天を示すだけではなく、大黒天を刻印した銀貨を指していることが、宣教師に認識されるほど普及していた。

加えて、当該期(慶長期頃までか)の伊勢御師福嶋御塩焼大夫に宛てた、彼の檀家である肥後国の武士・平井半内統貞の書状には、初穂料として「銀子七匁大こく判銀」を福嶋家使者に渡していることが記載されているため、[68]当該期に神宮地域にも大黒判銀と呼ばれた銀が流入しているのは明らかである。

以上を勘案すると、最古の羽書の一つである山田大路家発行の羽書にみえる大黒天像と丁銀の印章の関係は密接であったと考えるべきであろう。つまり、最古の羽書には、大黒常是の慶長銀と交換可能であることがひと目で認識できる工夫が施されていたという新たな解釈が成り立つのではなかろうか。[69]

仮にそのような理解が正しいならば、丁銀との兌換性を強調した羽書が流通していた当該期の神宮地域における銀の普及状況は一体どうであったか、また、当地における丁銀の流入の本格化はいつ頃からであったのかを考える必要がある。

それらを考える上で、慶長銀と同じ慶長六年に発行された慶長金の流入時期が、一応の参考になるかと思われる。紙幅の関係上、詳細は別稿に譲るが、管見の限り、当該地域における慶長小判と慶長大判の史料上の初見年は、前者が慶長一〇年、[70]後者が慶長一五年である。[71]慶長一〇年代から当地で慶長金が普及するようになったが、この動きは、桑名での慶長小判の初見年も慶長一一年であるため、[72]恐らくは伊勢国全体の傾向であったといえよう。

それでは、神宮地域での丁銀と記載される慶長年間の史料についてはというと、実は、慶長一五、一六年と推定される羽書の現物に捺印されている以外は、現時点ではほとんど確認ができない。

管見の限りでの「丁銀」記載の初見史料は、慶長一三年に伊勢御師大主源左衛門尉へ松筑後守正親が「大神宮銀」

を「六百弐匁四分」借用を依頼した際に、「但丁銀也」と注記した銀子借用証文[73]である。それに加え、羽書以外の「丁銀」記載の史料は、慶長二〇年と推定できる『満慶代古書ナルベシ不見難分為後年記(白米家関連万覚帳)[74]』に、同年五月一一日に伊勢御師白米新右衛門尉満慶が山田中嶋の喜八へ貸した「五拾匁」分の銀の枚数の内訳として、「丁一　はいふき四」と、丁銀一枚と灰吹銀四枚の計五枚の銀を記しているものしか確認できないため、慶長期の事例は現段階では二例だけである。[75]さらに、小葉田淳によれば、京都においても慶長一三年頃より丁銀が普及しているという。[76]

こうみると、当地での丁銀の普及時期というのは、慶長一〇年代に入ってからで、とりわけ元和期に近い慶長末期頃であったと推測されるのである。

そうなると、羽書が発行された初見年代と推測されている慶長一五、一六年頃は、丁銀も当地に流入はしていたものの、広範囲に普及・定着していたと考えることは時期的に難しいということになり、それは同時に、羽書に押される「丁銀」印の意義についても考え直されねばならないことをも意味する。

それでは、慶長期における当地の住人は、銀をどのように理解していたのかというと、表7をみれば明らかなように、銀の借用においては、「上々之はやり銀」や「其時之はやり銀子」の文言が散見できるように、使用される銀は「丁銀」と限定されない、つまり住人は流動的な銀の嗜好性をもっていた。

ところで、先に示したように、当時高品位な銀の一つである灰吹銀が流通しており、当該地域にも、それを明記した史料が、天正期以降たびたび確認できる。[77]慶長一〇年代に、丁銀と同様に高品位な銀である灰吹銀も流通・普及している状況下において、「丁銀」印まで作成・捺印して羽書が発行された背景には、内在的に同時期の当地における丁銀の普及率の低下があったと推測できるのではなかろうか。

表7　特殊注記がみられる伊勢神宮周辺地域の銀子借用状一覧(慶長期まで)

No.	年月日	西暦	史料名	銀の特殊注記	典　拠
1	慶長14・12・吉	1609	松田孫兵衛宛八日市又右衛門尉吉正銀子借用状	上々之はやり銀(※以降欠損)	福島大夫関係御師文書
2	慶長16・12・23	1611	清左衛門他七名宛清左衛門他上中之郷年寄十九名連署銀子借用状	何時成共はやり銀にてさん用可申者也	(天理大学附属図書館蔵)橋村家文書　⑨
3	慶長18・1・吉	1613	ゐほしセこ孫兵衛宛二又ハしや善左衛門文安銀子借用状	御用次第ニ其時之はやり銀子にてすまし可申候	輯古帖
4	慶長18・12・吉	1613	右近他四名宛忠左衛門他上中之郷年寄十九名連署銀子借用状	其方御用次第ニ時之はやり銀子にてさた可申候	(天理大学附属図書館蔵)橋村家文書　⑨

仮にそのように推測すれば、羽書というのは、正貨不足の解消のために発行された存在であったといえようが、そのことを考えるためにも、次に慶長期の流通実態を同時期の文献史料から明らかにしてみたい。

さて、神宮文庫には「満慶代古書年号不見難分為後年考」と後世に付けられた表紙(縦二八・七cm×横一九・六cm)のある竪帳形態(縦二九・四cm×横二一・六cm。本文の全丁数は五七丁で袋綴状)の古冊子が所蔵されている。本史料は、いわゆる伊勢御師の帳簿で、後世の表紙からわかるように、この冊子内に年号記載は確認できないが、ある年の正月から一二月までの一年間が記されている。次にこの帳簿の作成年を確定してみよう。

年号記載がないといっても、この帳簿には「卯九月二日」「午二月一四日」「巳正月」などといった干支記載が散見できる。特に「う卯月二日」「う六月廿九日」「う七月三日」「卯十月一日」「う十二月三日」といったように「卯」年の記載が多いため、本史料は、ある「卯」年の帳簿であると推測できるが、本文中には閏六月の記事もみられる。

また、冊子内では、銀が取引貨幣として多く使用されているが、中には「はいふき上々」や「丁一　はいふき四」のように灰吹銀や丁銀、さらに「小判弐両」と小判の記載もみえるため、成立年代は、少なくとも慶長金銀が発行された慶長六年以降となるが、紙質や字体から窺える年代観も近世初頭頃といえる。それに加え、冊子内には「はかき」と羽書記載が頻出しているが、『外宮子良館日記』や『冠下日記』の元和二年の記事にも「は書」と羽書記載が散見できるため、羽書記載の存在自体も年代推定に役立つ。

さらに本史料の年代を特定するためには、表紙に「満慶代」の古書であると後世の人物が推測していること自体に着目する必要がある。本冊子は、江戸後期に神宮学者御巫清直を輩出した御巫家の旧蔵にかかるものである。しかし、御巫家には、「満慶」と姓を略して呼称される人物は存在しないため、御巫家旧蔵とはいっても、表紙に「満慶代」云々と考証が記されたのは、本史料が同家に入る前である。また、紙幅の都合上、考察は簡略にしたいが、本文中には、上之郷（中嶋・辻久留・二俣・浦口等）といった山田の最西部の地名が頻出しているため、上之郷の御師である可能性が極めて高い。それでは、これらのことを勘案して、数ある御師家の中で、単に「満慶」と姓を略して後世に考証を行なった家はいったいどこであるかを推測すると、近世初頭には存在が確認できて、なおかつ名前に「満」や「慶」という二字を使う山田上之郷に関係のある御師家は、結果として、上之郷の特に辻久留と二俣に居住し、一族の通字を「満」とした白米家だけに限定される。(78) 事実、本帳簿内には、白米家の記載や、同家の出身地として関係の深い久具村（「上久ゝ」「下久具」）も取引地として散見できるため、先の推測を裏付けている。よって、表紙にある「満慶」とは上之郷の白米家の人物を指しており、その表紙自体を作成したのも後世の同家出身者であったと推定できる。

それでは、白米満慶という人物は、果たして実在する人物で、さらには仮に実在が確認できるならば、いつ頃の人物であったのか。『神都之旧家』という当地の旧家の系図を集めた史料には、(79) 白米満慶は、白米新右衛門家の祖にあたる人物であって、寛永二年（一六二五）一一月一五日に没したことが記される。事実、本帳簿の三七丁目の紙背には、「白米や新右衛門殿」宛の銀子請取状（切紙）が二通貼ってあり、いずれの請取状も貼られた箇所の帳簿本文と内容が一致しているため、本帳簿は、白米新右衛門が作成しているのは明らかである。さらに慶長一二年四月三日付の上三郷（辻久留・二俣・浦口）の郷年寄一〇名の連判状にも、二俣の郷年寄として白米満慶の名が見え、実在が確認できる人物である。[80] よって、『神都之旧家』の白米満慶の記述は、信憑性が極めて高いと判断できる。

これらを勘案すると、慶長金銀の発行年である慶長六年以降で、かつ白米満慶が没する寛永二年以前の閏六月を含む卯年というのは、慶長二〇年（同年七月一三日に元和元年と改元）の一年に限定できるが、この推定は紙質や字体、さらには冊子の内容から窺うことのできる年代観と全く矛盾しない。つまり、本史料の成立年は、慶長二〇年であったのである。

以上の考察から、「満慶代古書年号不見難分為後年考」と後世の表紙のある本冊子は、伊勢山田の二俣地区に居住する伊勢御師白米新右衛門満慶の、慶長二〇年の金銭帳簿であることが明らかとなり、本史料から、慶長二〇年段階における羽書の流通実態を検討することが可能となる。

さて、本帳簿の詳細な分析は後日に譲り、ここでは帳簿内にみえる羽書について、預状などの手形類の額面との比較、さらに羽書の流通地域を主として言及するに留めたい。

表8は、本帳簿内にみえる羽書を含めた手形類の記載を額面ごとに分類したものである。冊子中において羽書は、すべて「はかき」などと記載されており、「羽書」という表記は存在しない。白米満慶は山田居住の外宮御師であるため、同帳簿における「はかき」は、後世に「山田羽書」と呼称されるようになる山田で発行された羽書で、宇治などで発行された羽書ではなかろう。預状は、帳簿内では「預り状」と記される預かり手形、借状は、「かり状」と表記され、いわゆる借書のことである（手形を遣わす場合もある）。なお、羽書はもちろん、借状と預状、さらに切紙や切手は、先行研究により全て手形類に属する存在であると言及されている。[81]

表8　慶長20年の白米新右衛門満慶の金銭帳簿にみえる手形類

各手形類名	表記される銀の数量(単位：匁)				銀以外	備　考
	1桁	10桁	100桁	1000桁		
羽書	1	10	200			※白米満慶と羽書を介して取引している人物の居住地⇒円座・宮後・久留・浦口・二俣・一志・川端・佐八・川崎・上久具・久具・(岩淵※「久保倉殿」). 4匁8分は「はかき弐枚四匁八分久留彦六請取申」「此はかきうら口孫衛門尉殿わたし申」と有. 羽書の単位は2枚と表記され, 10匁は「銀拾匁はかきふたつ取」「同与吉　十九日」「是ハ龍泉寺へ渡す」と有.
	1.4	12				
	2	30				
	2.2	30.2				
	2.5	31				
	2.7					
	3					
	3.5					
	4					
	4.8					
	5					
	6.45					
	8					
	8.7					
預状				1000	音物42因？	1貫匁の預状については「四百匁銀中山兵庫殿七月六日」「此外彦兵へ殿六百匁」「合壱貫め書物彦兵へ殿ニ有」「彦兵へ殿より預り状被参候」「口入太郎兵へ　一わり」と記載有.
借状			400			200匁の借状については「弐百匁二又孫太郎殿」「一わり　一月ニ十二月廿日」「かり状有ふくろニ入申」「宗無口入也」と記載有. 400匁の借状については「かり状ふくろニ置」「四百匁福井殿へかし福井殿津の国しち物也」「此内百廿匁ハ二又与十郎殿かし也かり状預り申候手形遣」「十一月十二日　善左口也」と記載有.
			200			
切手					長持1つ	
切紙					古酒2升	

※神宮文庫蔵『満慶代古書ナルベシ不見難分為後年記(白米家関連万覚帳)』より作成.

つまり、この帳簿をみるかぎり、慶長二〇年段階の羽書は、借状・預状・切紙・切手といった手形類とは表記上で異なるもの、つまり別の存在であると判断できる。

また、切紙と切手以外の手形類は、大半が銀で表記されていることから、全て銀との兌換が可能な手形類であったといえるが、注目すべきは、各手形類にみられる銀の数量である。

表8を一見すると明らかなように、この帳簿内において、羽書は、銀一匁から三〇匁前後に表記が集中するという(銀二〇〇匁の表記もあるが例外的)、いわば、小額銀の数量で表記されていることに対し、預状や借状は、二〇〇匁から一貫匁という高額な銀表記になっていることである。やはり銀表記の数量的差からしても、羽書は、他の手形類とは異なる存在であることは明らかである。さらに、この冊子内で判断する限り、羽書は、借状・切紙・切手のように現物と交換するために用いられる存在でもないようだ。

加えて、帳簿内における羽書での取引は、大半が「取」「請取」「渡す」「やり」「出し」といった語句で示される。特に「取」の表記が多いが、これは慶長期の羽書の現物に記された「請取」の墨書に相通じるものがある[82]。なかには、「かき物やる」という表記もみられ、概ね借状のような銀の保管状況の注記は少なく、「枚」や「つ」などの単位で数量が表記されている[83]。

さらに、山田二俣に住む白米満慶との取引の中で、羽書を介した取引を行なっている人物の居住地をみてみると、久具村(現度会郡度会町)以外は、上之郷を中心に外宮前門前町山田や宮川流域という現伊勢市域内に分布している。それはつまり、取引上において羽書を認識し、その使用を認める人物が、慶長二〇年段階で神宮地域を中心に広範囲に存在していたことを示す、つまり流通範囲を如実に物語っているといえるのである[84]。

一方、借状をみてみると、「ふくろニ置」・「ふくろニ入」と銀の保管状況の注記があるが、特に「四百匁福井殿へかし福井殿津の国しち物也」「此内百廿匁八二又与十郎殿かし也かり状預り申候手形遣」と明らかに白米満慶が他者に銀を貸し付けたことを示す記載があり、これらの記載から、借状は同人宛の作成であったことが窺える。

満慶が貸し付けた「福井殿」とは、一族に山田三方に列する家も存在する山田の有力御師・福井家のことであり[85]、福井家は銀の借用の際、津国にある自己の檀所をその質物としている。そのため、この記載から、急に多額な銀を必要とした福井家の経済状況を読み取ることができるが、額が額だけに、生業（師職業）に伴う運転資金か、不動産取引に必要な資金であった可能性は極めて高い。この史料を見る限り、慶長二〇年段階においては、羽書は、師職業の運転資金などの高額な借用には使用されず、銀の小額取引の際に用いられると判断できるが、そのような羽書の小額銀取引の様子は、慶長・元和期の羽書の現物に記された小額な銀記載の内容と見事に一致する[86]。

以上のことを勘案すれば、慶長末年・元和初年の段階で、神宮地域を中心に羽書が流通していたことは明らかであり、預状や借状などの手形類と金額面において、棲み分け的に使用されていたといえる。

やはり、羽書というのは、幕府正貨である「丁銀」不足の解消のために発行された存在であり、当該地域で、最古級の羽書にみえる「丁銀」記載の形状で流通していると仮に理解するならば、その発生も慶長一〇年代、とりわけ元和期に近い頃であったと判断するのが穏当な評価といえよう。

そのため、山田羽書などの羽書は、秤量銀貨の小額端数の預り手形として、釣り銭代わりに伊勢御師が慶長末期から元和期に発行した私札という従来からの位置づけは妥当な理解だったのである。

その後、羽書は、射和（現三重県松阪市）の豪商富山長左衛門が記した元和一〇年（寛永元年）の大福帳である『羽書仕入帳』が現存するように[87]、元和末年には神宮地域以外でも、発行されるようになる。「羽書（はがき）」という名称も、『日葡辞書』の「Fagaqi（ハガキ）」の項には「署名した文書、または、証書」とあり、まさしく、最古級の羽書には、銀の金額が署名されていることから、その語源は、署名済の証書に由来すると思われるが、この大福帳には、「羽書」という表記もみられる。よって、元和末年段階で「羽書」という語句がみられることからも、より一層普及したことを窺うことができる。

さらに、寛永六年の両宮式年遷宮に関わる寛永三年七月七日付の大杉(現三重県度会郡大台町)在住の杣達(喜之助・小兵衛・理兵衛)が「両宮頭々代小工衆中」といった内外宮造営の大工組織に宛てて出した「此方之衆杣日用之事」と表題のある文書[88]にも、羽書記載がみられ、寛永三年段階において、大杉の杣人までも羽書を利用していることがわかる。

この史料は、杣の手間賃等に関わるものであるが、特に注目したいのは「手間折飯米みそしほ共ニ壱匁弐ふんツヽニ申定め候　はかきハ丹ういざハ松坂之はかきを御渡し可被成候」と、手間賃などで使用される小額の羽書は、丹生(現三重県多気郡多気町)の羽書か、射和や松坂の羽書で渡してほしい旨を両宮の大工組織に通達していることである。

これによって、元和一〇年には確認できる射和の羽書以外にも、寛永三年段階で、丹生や松坂の羽書が存在していることがわかり、さらにそれらは、大杉地方の杣人への支払い手段として求められていることが明らかとなる。

加えて、大杉の杣達がわざわざ両宮の大工組織から支払われる羽書について、丹生・射和・松坂の羽書と指定していることは、彼らは、両宮大工の住む宇治山田で流通していた宇治や山田の羽書が支払われるであろうことを予想して、それを避けるためにそのような注記を施したのは明白である。よって、宇治と山田の羽書は、大杉地方の杣人にも支払われる可能性のあった存在であるといえ、さらには、寛永三年段階で、宇治・山田・丹生・射和・松坂の五地域で発行された羽書は相互に交換可能であったということができる[89]。

つまり、神宮地域を中心に慶長末・元和初年に流通していた当該地域で発行された羽書は、寛永初年には、流通地域が拡大し、さらに当地以外で発行された羽書とも交換可能な段階へと流通状況が展開していたといえよう。
したがって、羽書も貨幣の一種としてとらえるならば、まさに一七世紀初頭の段階にも、神宮地域では独自な貨幣が創出されており、それが次第に地域外へと拡散・普及していったということができるのである。

おわりに

予定していた枚数を遥かに超過してしまい、再度論旨を整理する紙幅はもはや尽きた。ここでは、本章での意図を確認することに留めたい。

従来、神宮地域における貨幣流通史というのは、同地における金銀や米の浸透時期の研究や、『大湊古文書』を用いた永楽銭を主とする銭貨の価値的研究、さらに伊勢御師が発行した銀手形(為替・羽書)の実態的研究といった研究がある程度で、それらも、限られた史料のみを分析して結論を導いているために、時間軸をもって当該地域を研究する姿勢に欠けていた。

そのため、当地における永楽銭や金の使用状況が、安易に他国のそれと比較されて論じられることもあったが、これでは当地における地域性は明確にならない。

特に、神宮地域は、経済的影響力が当時最も強かった畿内に近接しているにもかかわらず、一六世紀後半には畿内とは異なり、永楽銭や金を好むという東国的な貨幣尊重傾向がみられ、さらには一七世紀初頭には、全国に先駆けて地域通貨的紙幣である羽書が発生しているという、貨幣からみると独自な経済構造を有していると評価できる土地柄なのであり、やはり、様々な貨幣流通を示す史料を収集・分析し、その上で、貨幣からみた当地の地域性を素描する必要がある。

本章では、当該地域において世紀ごとに貨幣の地域性が見られるか否かを見出すことがその主たる目的であったが、その結果、一五世紀から一七世紀までにおける、世紀ごとの様々な貨幣を出現させる当地の地域性を検出することに成功した。特に、この地域独特の貨幣流通の一つであった特殊な省百慣習や永楽銭の銭厚に関係する基準銭貨の創出については、今後、当該地域外においても注目されるべき事象である。また、羽書についても、今後は、中世の貨幣・信用の観点から再評価される存在であることは本章でより明確になったであろう。

本章により、中近世移行期の貨幣流通研究について、地域性という視点が有効であることを神宮地域を事例に提示し得たと考えるが、今後の課題として、当地における貨幣の地域性を相対化するために、他地域の事例も検討していきたいと考えている。

（1） 近年では、中世の貨幣や信用に関する問題は、流通経済史の概説でも取り上げられるほどに重要視されている（桜井英治「中世の貨幣・信用」、桜井英治・中西聡編『新体系日本史一二 流通経済史』山川出版社、二〇〇二年）。

（2） 近年の日本中世の貨幣研究史については、高木久史「日本中世銭貨史研究の現在」（『歴史評論』六六七号、二〇〇五年）、川戸貴史「中近世移行期日本の貨幣流通史研究を振り返って」（『歴史学研究』八一二号、二〇〇六年）、本多博之「研究史の整理と課題」（同『戦国織豊期の貨幣と石高制』吉川弘文館、二〇〇六年）を参照。

（3） 各分類に該当する諸論文を逐一紹介する紙面的余裕はないため、近年では最も網羅的で体系的に最近までの研究動向を把握している本多前掲「研究史の整理と課題」を参照されたい。

（4）最近では、前掲の本多『戦国織豊期の貨幣と石高制』や田中浩司「十六世紀の京都大徳寺をめぐる貨幣について」（竹貫元勝博士還暦記念論文集『禅とその周辺学の研究』永田文昌堂、二〇〇五年）がその代表的例といえる。

（5）この地（現在の三重県伊勢市内）では、文禄三年（一五九四）より検地が免除されているが、筆者としては、この検地免除地を伊勢神宮周辺地域の範囲（以降、神宮地域と略称）として把握している。

（6）伊奈健次「中世末期大湊海関の通貨について」（『史淵』二三、一九四〇年）、小葉田淳『改訂増補　日本貨幣流通史』（刀江書院、一九四三年）、小島広次「伊勢大湊と織田政権」（『日本歴史』三七二号、一九七九年）、永原慶二「伊勢商人と永楽銭基準通貨圏」（同『戦国期の政治経済構造』岩波書店、一九九七年）、鈴木公雄『出土銭貨の研究』（東京大学出版会、一九九九年）、拙稿「中・近世移行期における貨幣流通構造」（『皇學館論叢』三二‐五、一九九九年）、浦長瀬隆「一六世紀～一七世紀初期西日本各地における取引手段の変化」、同「一七世紀における米から銀への変化」、同「一七世紀～一八世紀における金・銀の使用」（同『中近世日本貨幣流通史』〈神戸大学経済学叢書九〉勁草書房、二〇〇一年）、拙稿「中・近世移行期における金融業者の一試論」（『皇學館史学』一八、二〇〇三年）などを参照。

（7）永原前掲論文「伊勢商人と永楽銭基準通貨圏」や盛本昌広「豊臣期における金銀遣いの浸透過程」（『国立歴史民俗博物館研究報告』八三、二〇〇〇年）を参照。

（8）横山智代「中世末期伊勢御師の為替」（『日本女子大学大学院文学研究科紀要』七、二〇〇〇年）、久田松和則「中世末期、伊勢御師の為替と流通」（同『伊勢御師と旦那』弘文堂、二〇〇四年）参照。

（9）桜井英治「日本中世における貨幣と信用について」（『歴史学研究』七〇三号、一九九七年）、同「中世の貨幣・信用」（前掲『流通経済史』）、同「借書の流通」（小野正敏・五味文彦・萩原三雄編『考古学と中世史研究二　モノとココロの資料学』高志書院、二〇〇五年）を参照。なお、初期の山田羽書についての専論的研究としては、『通貨研究資料（二〇）山田羽書の事歴』（日本銀行調査局〈妹尾守雄執筆〉、一九七〇年）、妹尾守雄「わが国紙幣制度の源流について」（日本銀行調査局『調査月報』二、一九八〇年）がある。

表9　表1から表8までの典拠欄に関する追加情報一覧

No.	備　考
①	『三重県史』(『中世神宮関係史料　補遺』も含む)掲載分を利用.
②	『神宮遷宮記』掲載分を利用.
③	『大神宮叢書』掲載分を利用.
④	『続群書類従』掲載分を利用.
⑤	『広島大学所蔵猪熊文書』掲載分を利用.
⑥	『大日本史料』掲載分を利用.
⑦	『広島県史』掲載分を利用.
⑧	『目白大学人文学部紀要[地域文化篇]三』掲載分を参照.
⑨	『天理大学善本叢書』掲載分(写真版)を利用.
⑩	神宮文庫蔵写真帳を利用.
⑪	伊勢市通町通町公民館蔵.
⑫	三重県史編さんグループ蔵写真帳を利用.
⑬	東京大学史料編纂所架蔵影写版を利用.
⑭	村田氏美『二季叢書』掲載分を参照.

※表1から表8までの史料で丸囲みの数字(①～⑭)が無いものは全て神宮文庫蔵の未翻刻史料である.

(10)　当該期における永楽銭を主とする銭貨の流通実態については前掲の永原「伊勢商人と永楽銭基準通貨圏」の他に、中島圭一「西と東の永楽銭」(石井進編『中世の村と流通』吉川弘文館、一九九二年)を参照。なお、永原は伊勢国以東に「永楽銭基準通貨圏」の存在を想定している。しかし、伊勢国、とりわけ神宮地域においては、「制度」として永楽銭を「基準通貨」としたことを示す史料は、現在のところ確認できない。そのため、当地で永楽銭が半ば「基準通貨」的に尊重されていたとしても、それをもって「基準通貨制」がなされた地域として理解するのには、若干の違和感を覚える。よって、本章では、「永楽銭基準通貨制」という表現はとらずに「永楽銭尊重」と表記することにしたい。なお、本章の全表の典拠欄に、丸囲みの数字がある場合はさらに出典情報の備考がある。表9を参照。

(11)　中近世移行期の外宮子良館については、岩間宏富「中世における神宮物忌の活動について」(『神道史研究』四九－三、二〇〇一年)や、拙稿「中近世移行期伊勢神宮周辺地域の経済構造」(『神社史料研究会叢書　五　神社継承の制度史』思文閣出版、近刊予定)を参照。

(12)　本章では『日葡辞書』の記載を利用する場合、土井忠生・森田武・長南実編訳『邦訳日葡辞書』(岩波書店、一九八〇年)をテキストとして使用した。

(13)　本章では、土井忠生訳注『日本大文典』(三省堂、一九五五年)をテキストとして使用した。

(14)　作所を含めた伊勢神宮の中世大工組織については、西山克「伊勢松木文書」(『京都大学文学部博物館の古文書』一二、思文閣出版、一九九四年)、浜島一成『中世日本建築工匠史』(相模書房、二〇〇六年)を参照。

(15)　一六世紀以前における悪銭について近年精力的に取り扱っている研究としては、川戸貴史「中世後期荘園の経済事情と納入年貢の変遷」(『歴史学研究』七八〇号、二〇〇三年)や同「撰銭現象の再検討」(『人民の歴史学』一六六号、二〇〇五年)が挙げられる。なお、近年の稲吉昭彦の研究(「中世後期における撰銭と銭貨使用の実態」『第三九回日本古文書学会大会報告要旨』及び報告レジュメ、二〇〇六年)によると、悪銭を替える行為(悪銭替)が、大和国で応永一二年(一四〇五)、京都では応永一三年には確認できるようであるから、これらを踏まえると、神宮地域の悪銭の出現時期は畿内よりも特段早いというわけではないようである。

(16)　『続群書類従　一(下)神祇部』(続群書類従完成会、一九七五年、訂正三版第四刷)。

(17)　なお、この志州的矢浦における遠江船の海難事故については、従来、太平洋海運史料として注目されてきた。綿貫友子『中世東国の太平洋海運』(東京大学出版会、一九九八年)参照。

(18)　注(15)を参照。

(19)　神宮地域においては、銭だけではなく、金銀まで「時」記載のある貨幣関係史料が近世初頭まで確認できる(これについては本章第三節第二項で一部紹介しているのでそちらを参照)。

(20)　その指摘の多くは緡銭《さしぜに》状態のまま発見された中世出土銭から一緡の枚数を数え、その上で考察したもの、つまり考古学的手法を用いたものであった(嶋谷和彦「出土銭貨の語るもの」〈前掲『モノとココロの資料学』〉などを参照)。そのため、かつては、日本中世の緡銭を取り扱った文献史学の立場からの研究者は非常に少なかった(石井進「銭百文は何枚か」『信濃』四〇-三、一九八八年、渡政和「銭貨——考古・文献・絵画資料からみた緡銭の表現」『歴史手帖』二四-七、一九九六年、同「中世文献史料における「緡銭」表現について」『出土銭貨』五、一九九六年、など)。しかし、近年になって中世の人々の銭の計算方法を明らかにする上で、文献史学の立場から史料上における緡銭の表現を注目するような研究が登場するようになっている（伊藤俊一「省陌法の周辺」『出土銭貨』二二、二〇〇五年）。

(21) 赤岩操・大川勝宏・杉谷政樹「斎宮跡の埋納銭について」（『斎宮歴史博物館紀要』三、一九九六年）。

(22) 伊藤裕偉「南伊勢系土師器の展開と中世土器工人」（『（三重県埋蔵文化財センター）研究紀要』一、一九九二年）、小林秀「中世後期における土器工人集団の一形態」（『（三重県埋蔵文化財センター）研究紀要』一、一九九二年）、前掲拙稿「中近世移行期伊勢神宮周辺地域の経済構造」を参照。

(23) 神宮徴古館蔵。なお、この史料は、『大神宮叢書　神宮年中行事大成　前編』（神宮司庁、一九三八年）で活字化されており、本稿では基本的には活字本を用いたが、原本実見により校正を行なった上で使用している。

(24) 神宮文庫蔵。なお、この史料の史料的性格は、稲本紀昭が「資料紹介　神宮文庫蔵『私日記について』」（『三重県史研究』一一、一九九五年）で言及している。

(25) 神宮文庫蔵。この史料の史料解題についても前掲の稲本「資料紹介　神宮文庫蔵『私日記について』」を参照。

(26) 文明一七年（一四八五）段階で『氏経神事記』（活字本は前掲の『神宮年中行事大成　前編』に所収）中でみられる「あくせん卅二文指の引セになり」という銭貨の注記表現は、本多が前掲『戦国織豊期の貨幣と石高制』で紹介した、「百文仁荒銭参拾文指の並銭也」という永正一六年（一五一九）の豊前国で確認できる銭貨注記と比べると、両者は「☆銭◇文指の○銭也」といった表記面で酷似している。そのため、「☆銭◇文指の○銭也」という銭貨の表現は一五世紀末から一六世紀初頭にかけて日本列島で広く普及していた可能性も考えられる。なお、この文明一七年の銭貨の注記について、原本の写真版や先に述べた豊前国の銭貨注記等により活字本の句読点の誤りに校正を加えた上で使用した。

(27) 安江和宣「『氏経卿神事記』における「下行」の問題」（『皇學館大学神道研究所紀要』一、一九八五年）。

(28) このような七二枚で一〇〇文とする緡銭は、実際には存在し得ないのではないかと思われるが、近年、青森県浪岡町・浪岡城跡から一緡（一〇〇文）の枚数が六九枚を単位とするか、あるいは、六九の倍数で構成される緡銭状態の出土銭が発見されている(前掲の嶋谷論文「出土銭貨の語るもの」参照)。ただ、これは神宮地域外の事例であるため、あくまで参考ではあるが、「七十二文銭」の実在性を考える上で非常に興味深い。なお、岩橋勝の研究によれば(「近世の貨幣・信用」、前掲『流通経済史』)、近世後期になると、銀貨不足による銀代わりの支払い手段として、銀一匁の銭量を、例えば長州藩領では八〇文、松山藩領では六〇文といったように、地域ごとに規定し使用する銭匁遣いが西日本の広範囲に普及し、藩ごとに定められた枚数の銭貨が緡にまとめられていたという。さらに、黒田明伸によれば、中国では、既に八世紀から二〇世紀初頭まで様々な省陌(中国では短陌という)慣行に基づく緡銭が流通していたという(同『貨幣システムの世界史』岩波書店、二〇〇三年)。また、桜井英治は、一六世紀のジャワにおいても省陌慣行が行なわれていたと推測している(同「それは何の価値か」『歴博』一二四、二〇〇四年)。このように、神宮地域の省陌慣行や緡銭を考える上で、今後は、当該地域外の中世の事例のみならず、近世やさらには諸外国の事例についても注意していく必要があるだろう。

(29)　荒木田守武も、天文一〇年(一五四一)以降の内宮長官在任時期には、内宮領である「かまた」(鎌田御厨ヵ)からの神税が減っている上に、「あくせん」を「うけと」ったため、「れうしものとて使」を「ことしハめしはな」ったことを「かまた御代官」に申しているように、「内宮長官」という立場から悪銭排除の撰銭的対応を行なっている(「(年未詳)一一月廿三日付かまた御代官宛内宮長官荒木田守武書状」『三重県史　資料編　中世』(これ以降『三史』と略記)一〈下〉、一九九九年、所収の「荒木田守武関係文書」二〇号)。

(30)　前掲拙稿「中近世移行期伊勢神宮周辺地域の経済構造」参照。

(31)　伊勢御師榎倉家と開祓料については、岩間前掲論文「中世における神宮物忌の活動について」参照。

(32)　筆者としては、同様の概念であると考えているため、ここでは表記を精銭に統一した。ちなみに『日葡辞書』には「Xeixen(精銭)、Yoi jeni(よい銭)。良質の銭」と記載される。

(33)　神宮文庫蔵。なお、検討には西垣晴次「三方会合記録(一)・一」(『目白大学人文学部紀要[地域文化篇]』三、一九九七年)で活字掲載されたものを用いたが、利用の際、原史料等により活字本の句読点の誤りに校正を加えた上で使用した。

（34） 当該期の世義寺を含めた山田八日市場の様相については、拙稿「伊勢神宮周辺部における流通様相」（『Mie History』一八、二〇〇六年）を参照。

（35） 神宮文庫蔵。

（36） 「ころ」と洪武銭との関係については、中島圭一「中世貨幣の普遍性と地域性」（網野善彦ほか編『中世日本列島の地域性——考古学と中世史研究 六』名著出版、一九九七年）、櫻木晋一「洪武通宝の出土と成分組成」（『季刊 考古学』六二、一九九八年）、「さかひ銭」と摂州堺での模鋳銭との関係については、嶋谷和彦「中世の模鋳銭生産」（『考古学ジャーナル』三七二号、一九九四年）を参照。

（37） 当該地域に関係する史料で、「ころ」が洪武銭を主体とした悪銭、「さかい」が堺で鋳造された悪銭であるかを証明することは現時点では不可能である。ただ、当該地域関係史料で、一六世紀後半までは、悪銭としての「ころ」が確認でき、さらに伊勢御師へ堺での悪銭の入手を依頼する戦国武将がいたことも判明するため、一応参考までに事例を提示しておく。

まずは、前者であるが、当該地域内の馬瀬に居住する出口成光なる人物が天正一〇年（一五八二）九月二一日付で大湊の廻船業者角屋七郎二郎からびた銭三貫文を借用するために作成した書状の写（「出口成光銭借券」〔「角屋関係資料の内「売渡状」」『三史』二 別冊『伊勢神宮所蔵文書補遺』（二〇〇五年）二三号、に所収〕）には、「此内二貫ハひたをゑり候てかり申候 のこり一貫ハはしりまいおはたかけひらめころへいらのけ候てかり申候」とあり、成光は、借用するびた銭の内、二貫文は撰銭して借用し、残る一貫文は、流通するびた銭の中から、「はたかけ（端欠?）」と「ひらめ」と「ころ」と「へいら」を除けて借用している。この事例から、神宮地域にも天正一〇年段階で、欠（端欠）・ひらめ（打平）・ころ銭・へいら銭が確認でき、さらに、それらは、びた銭よりも価値の低い銭として撰び除かれていることがわかる。このため、「ころ」という銭貨は、神宮地域では、少なくとも文亀三年（一五〇三）から天正一〇年までは確認できる低価値銭である。

次に、後者であるが、伊勢御師である北監物大夫に宛てた瀧川三郎兵衛雄利（慶長一五年〔一六一〇〕没）書状（「（年未詳）三月二四日付北監物宛瀧川雄利書状」〔京都大学文学部博物館蔵『来田文書』、ただし神宮文庫蔵写真帳を利用〕）では、瀧川雄利は、北監物に、「百貫分」の銭貨を「御とりかへ頼」んでいるが、実はそれは「さかいにて悪銭かり申給候百貫」と述べるように雄利が北監物に堺での借用を依頼した銭で悪銭であった。この文書は、年未詳ではあるが、関係史料から、天正元年から慶長五年までのもの、つまり一六世紀後半の書状といえるが、当該期には既に、北監物家を含む伊勢御師家と堺の都市門閥家との間には、金融取引上の濃密な関係が形成されていた(西山克『道者と地下人』吉川弘文館、一九八七年)。雄利は、北監物家のそのような関係を認識していたが故に、同家に百貫文にも及ぶ大量な悪銭を堺で入手するように指示したのだろう。

(38)　この点などをふくめ、井原今朝男が、本稿の基になった筆者の口頭報告「一五〜一七世紀における貨幣・金融の実態と地域性」(日本銀行金融研究所貨幣博物館第一五回貨幣史研究会・東日本部会、二〇〇四年三月一一日)に対してコメントを述べており「千枝報告「一五〜一七世紀における貨幣・金融の実態と地域性」へのコメント」(前掲の第一五回貨幣史研究会・東日本部会)、本章における計算貨幣などの叙述については井原の指摘に拠るところが大きい。

(39)　本多前掲論文「研究史の整理と課題」を参照。

(40)　浦長瀬前掲論文「一六世紀〜一七世紀初期西日本各地における取引手段の変化」、同「一七世紀における米から銀への変化」、同「一七世紀〜一八世紀における金・銀の使用」や、前掲拙稿「中・近世移行期における金融業者の一試論」参照。

(41)　拙稿前掲論文「中・近世移行期における貨幣流通構造」を参照。

(42)　注(2)を参照。

(43)　注(8)(9)を参照。

(44)　ただ、行論上、それらの問題に関わる範囲内で、各銭貨や金銀さらには羽書等の流通の実態についても触れるつもりであるが、本格的な言及は別稿で論じたい。

(45)　中島前掲論文「西と東の永楽銭」参照。

(46)　注(41)を参照。

(47)　注(41)を参照。

(48) 鈴木前掲『出土銭貨の研究』参照。

(49) 注(41)を参照。

(50) 表3のNo.1にみえる大永四年（一五二四）の薄銭の事例は、一応、表3には入れたが、史料そのものの信憑性が確定していないため本文中では考察を除外した。

(51) 注(41)を参照。

(52) 前掲拙稿「中・近世移行期における貨幣流通構造」において、別の視点から、当地での天正二年から同五年の永楽銭一枚分のびた銭は、七枚から約七・二枚程度と試算した。

(53) 注(41)を参照。

(54) 外宮別宮である高宮の天正六年（一五七八）の仮殿遷宮の際、御神宝の一つである錦を調達するための一五貫文は「ひた銭」であった（「外宮・同別宮仮殿遷宮先例覚」『永正九年宮司引付』三三号（『三史』一〈上〉（一九九九年）に所収））が、実はこの一五貫文は『宮司引付』所収の「別宮高宮遷宮日時勘文」（『三史』一〈上〉、一四一号に所収）では「なミの代」と評価されている。

(55) 天正六年二月一六日付の「山田三方定書」（『徴古文府』二‐一六号（『三史』一〈下〉に所収））では、山田一之木のはかりや二衛門尉に麻座一間を認証するための座加入料として「ひた銭」で一五貫文が出されているが、同年卯月吉日付の「山田三方定書」では、山田の馬瀬六左が米座一間の加入料として「なミ銭」を二〇貫文（『輯古帖』六‐二八号（『三史』一〈下〉に所収））、八日市場のはかりや善右ヱ門が魚座一間の加入料として「なミ銭」で二五貫文を出している（神宮文庫蔵『続郷談』に所収）。他にも天正七年正月吉日付の「山田三方定書」（前掲『輯古帖』六‐二九号）では、山田上中之郷のこんや十郎衛門が支払った瀬戸物座一間の加入料が「なミ銭」で二貫文であったように、天正初年の山田三方認可の諸座加入料で使用される銭貨として、「ひた銭」と「なミ銭」が同様に用いられていることがわかる。また、大湊に入港して当該地域へやってくる伊勢湾を中心とする各地の人物は、大湊への入港税として天正二年段階で、「ひた」銭（永楽銭を主とする基準銭はびた銭の七倍となっている)を多く支払っている(『船々取日記』三六号(前掲『大湊古文書』所収))が、天正五年に外宮正禰宜家である松木家に金品を贈答した各地の人物は、その多くを「並」銭で出している(『天正九年御遷宮日次紙背文書』(稲本紀昭「資料紹介 国立公文書館蔵「天正九年御遷宮日次」「慶長十三年遷宮日次」」『三重県史研究』一八、二〇〇三年)に所収)。このように天正初年段階で各地からの人物が当地にもたらす一般的銭貨として「ひた」銭と「並」銭の二種があることがわかる。このように二つの銭の使用状況が似ていることや、注(54)で示したようにびた銭を「なミの代」と評価することからしても両銭が同一(ないし極めて近似した)銭貨であることが窺える。さらに、前掲の『船々取日記』では、天正二年一一月一六日に大湊に入港した「まけや与九郎舟」から「弐石之米分」の入港税を大湊公界は取っているが、その注記に「なミ銭拾貫文取しちすミ候　出口殿会合にて」と記載がある。この記載から「なミ銭」(並銭)一貫文分の米の量二斗が算出できる。この米量は、当地の商業基準枡である黒枡での数量であろうから、別の史料から判明する天正二年の永楽銭一貫文分の黒枡での米量である一石二斗からみれば、並銭の六倍の価値を永楽銭が有していたことになり、これは、同年の永楽銭を主とする基準銭がびた銭の七倍となっていることと価値的に似ていることになる(前掲拙稿「中・近世移行期における貨幣流通構造」を参照)。よって本章では、びた銭と並銭は同一銭であると判断した。

(56)　これについては、拙稿「中・近世移行期における貨幣流通構造」で指摘済みである。

(57)　神宮文庫蔵。

(58)　中島前掲論文「西と東の永楽銭」や永原前掲論文「伊勢商人と永楽銭基準通貨圏」などを参照。

(59)　久田松前掲論文「中世末期、伊勢御師の為替と流通」参照。

(60)　文献史料から、一七世紀初期までの段階で鉄製銭貨の存在を指摘した論文は、管見の限り存在しない。そのせいもあってか、同時期までにおける鉄銭については、存在そのものが疑問視されるような状況であった。しかし、本章で使用した史料をみれば明らかなように、一七世紀初期の段階で、神宮地域では鉄製の悪貨(低価値流通銭)の存在が確認されるわけであり(漢字だけでなくわざわざ「てつ銭」と表記する場合もある)、今後は一七世紀初期までの文献史料で鉄製銭貨の存在にも注目していく必要があろう。なお、出土銭では、神宮地域外の事例ではあるが、ほぼ当該期に比定される新城出土銭(青森県青森市)には、鉄製の模鋳無文銭も僅か三枚ながら確認できる(工藤清泰「資料紹介　森市域の出土銭」『市史研究あおもり』五、二〇〇二年)。

(61)　注(41)を参照。

(62)　安国良一「近世初期の撰銭令をめぐって」(前掲『越境する貨幣』所収)、同「三貨制度の成立」(池享編『「もの」から見る日本史　銭貨』青木書店、二〇〇一年)参照。

(63)　安国良一の日本銀行金融研究所貨幣博物館第一七回貨幣史研究会・東日本部会での口頭報告「銭からみた近世初期貨幣史の課題」(二〇〇四年一〇月七日)参照。

(64)　安国前掲論文「近世初期の撰銭令をめぐって」、同「三貨制度の成立」を参照。なお、正保四年(一六四七)正月二一日付の「預り申密厳寺山御年貢之事」と表題のある神宮地域内の二見密厳寺の山年貢の預りに関する二見「百性山田原村地下惣中(宗右衛門尉・作右衛門尉・介蔵)」の書状(伊勢市二見町山田原公民館蔵『伊勢市二見町山田原区有文書』)では「合永楽銭壱貫四百文者壱年分也」の山年貢の注記に「但永楽銭壱貫文ニ付時々之清銭四貫文宛也」とある。つまり、この事例から、神宮地域では、「永楽銭壱貫文」分は「時々之清銭四貫文」であるという、永楽銭一に対して「時々之清銭」が四である計算方法が正保四年段階で普及していたことがわかるが、これは、慶長一四年(一六〇九)の永楽銭一に対してびた銭(鐚銭)四という公定比価を踏襲したものとみてまず間違いなかろう。したがって、当地におけるびた銭は、近世初頭段階で、「時々之清銭」と呼称される、つまり、その時々で流動的ではあるが精銭であるという銭貨として認識が変容していたといえる。

(65)　前掲『山田羽書の事歴』参照。

(66)　慶長一六年(一六一一)一二月二三日付の「清左衛門外十九名連署銀子借用状」(『橋村家文書』(『天理大学善本叢書和書之部第六八巻　古文書集』八木書店、一九八六年)七八号)では、山田上中之郷の師職である清左衛門が自己の署名の印章として大黒天をデザインした黒印を使用している(ただし、山田羽書に使用された印章とは異なる)。

(67) 慶長一五年(一六一〇)閏二月二一日付の福田三吉衛門宛橋本五郎左衛門正良屋敷売券(神宮文庫蔵)では、山田岩淵の師職と思われる橋本五郎左衛門正良が自らの署名の印章として「五大力」の黒印を用いている(ただし、山田羽書に使用された印章とは異なる)。なお、近年は、初期の山田羽書に捺された「五大力菩薩」の朱印を印章研究の面から重視する研究も出されている(岡野友彦「「手印」と呼ばれた印章」『皇學館大学佐川記念神道博物館館報』一五、二〇〇五年)。

(68) 「(年未詳)九月三日付福嶋大夫宛平井半内統貞書状」(「別府 伏見八幡宮文書」三五号『大分県史料(一一)第二部 速水諸家文書二』大分県史料刊行会、一九五五年)。

(69) ただし、慶長一五年(一六一〇)と推定される山田の松田某発行の羽書にはクリカラ竜王図がセットになった「冨貴丁銀」印、慶長一六年と推定される宇治の梅屋彦兵衛発行の羽書には、弁才天図がセットになった「丁銀」印が捺されているため(前掲『山田羽書の事歴』参照)、「丁銀」印と神像とのセット関係は、当該期、大黒天だけに限定されるわけでもない。しかし、当該期から、大黒天の刻印と銀との関係は極めて密接であるのは明らかであるため、本稿では、あえて大黒天と丁銀との関係について注目する視点を提起した。いずれにせよ初期羽書に捺印された各種神像図の問題は、今後もっと追究されるべき問題である。

(70) 「両宮山入料足日記覚」(『三史』一〈下〉所収、『退蔵文庫旧蔵神宮関係古文書』六九号)。

(71) 慶長一五年(一六一〇)一二月八日付の「請取申御造料之事」(『慶長十四年正遷宮請屋手形』(『大日本史料』一二‐六、一九七〇年))。

(72) 『慶長自記』(『桑名市史 補遺編』一九六〇年)。

(73) 「慶長一三年(一六〇八)一一月二三日付大主源左衛門尉宛松筑後守正親銀子借用証文」(神宮文庫蔵『大主文書』所収。ただし、原本も個人蔵で現存)。

(74) 神宮文庫蔵。なお、この冊子の作成年などについては後述する。

(75) ただ、羽書は、『外宮子良館日記』(神宮文庫蔵)や『冠下日記』(神宮徴古館蔵)の元和二年(一六一六)の記事で確認できるのをはじめとして、「元和七年一〇月七日付旭佐兵衛宛楠辺三大夫田地売券」(村田氏美編『二季叢書第一九集 神境遺文』私家版、一九七二年)で「はかき卅八匁」とあるなど、その後の元和期の史料にはしばしば散見できる。

(76) 「通貨と量・権衡について」(京都大学近世物価史研究会編『一五～一七世紀における物価変動の研究』読史会、一九六二年)。

(77) 例えば、当地での天正期の灰吹銀の普及を示す早い例として「天正八年(一五八〇)五月六日付北長左衛門宛上部中右衛門尉貞永書状」(前掲『来田文書』所収)があげられる。この文書では、「御進上之銀子拾枚但目ハ四十四文目也請取申則上申候此内五枚者はいふき五枚者はいふきにてなく候御用次第御つかいなさるへく候もしはいふきにてなく候銀子あしく候ていらす候ハヽ其方にて返し申かへ候てとり可申候」と、「安土より」上部貞永(織田信長・豊臣秀吉の外宮御師)が外宮御師北長左衛門へ、北氏からの「御進上之銀子」(信長よりの音信?)を受取り進上した旨を報告しているが、ここでも灰吹銀について述べられている。それによると、貞永は、銀子は合計一〇枚で目方は四四匁、そのうち半分は灰吹銀でもう半分は灰吹銀でない銀であって「御用次第」使用される予定であるが、灰吹銀でない銀の品質が悪くて不用な場合、北氏で交換することを同氏に述べている。

この事例によって、天正八年段階で、伊勢御師が灰吹銀とそれに劣る非灰吹銀からなる目方四四匁の板状銀を確保し、その銀を信長へと贈答するという、伊勢から安土への贈答による流入ルートが存在していたことがわかる。したがって、天正八年頃には、伊勢において灰吹銀(さらには非灰吹銀)が一定度普及していたといえる。

(78) 白米家を含めた山田上之郷の伊勢御師については、前掲の西山『道者と地下人』や舩杉力修「戦国期における伊勢神宮外宮門前町山田の形成」(『歴史地理学』四〇－三、一九九八年)を参照。

(79) 神宮文庫蔵。

(80) 慶長一二年(一六〇七)閏卯月三日付の「先年威勝寺融弁法印灌頂執行の所、辻郷年寄白米弥左衛門・同彦大夫、中嶋郷と謀を為し上三郷旦那寺たる同寺先例に背くによりこの度御奉行裁許を以て末代両人を同寺旦那の儀から排除すべき定」(神宮文庫蔵『来田新左衛門家文書』）には、山田二俣の郷年寄の一人として「白米屋彦八満慶」と名を連ねる。ただ、『神都之旧家』の白米満慶の説明には「童名彦六郎後新右ヱ門建家于辻南側」とあり、童名と居住地の点で相違がある。これについて、後世の系図史料である『神都之旧家』の「童名彦六郎」の記述は誤りの可能性がある。しかし、同史料の「建家于辻南側」の記述については、慶長一二年の段階では、二俣に居住していたが、その後、分家独立して辻に「白米新右衛門家」を「建」てたと考えれば矛盾点にはならない。いずれにせよ、本稿で分析する冊子が白米新右衛門満慶の金銭帳簿であることは、総合的な判断から明らかである。

（81）　注（8）（9）参照。

（82）　前掲『山田羽書の事歴』参照。

（83）　前掲の『外宮子良館日記』の（元和六年〔一六二〇〕）閏一二月一五日条でも、「丁銀廿九匁八分　数二つ」と書かれた箇所があり、その横に「はかき数九枚卅四匁勘解由殿御あつかり」とある。ここからも、羽書と丁銀との深い関連性と羽書の単位が「枚」であることがわかる。

（84）　前掲の『冠下日記』によれば、元和二年（一六一六）段階で内宮前の宇治地域（現伊勢市）でも羽書を介した取引が多く散見できる。

（85）　西山前掲書『道者と地下人』参照。

（86）　前掲『山田羽書の事歴』参照。

（87）　河原一夫「伊勢・富山家の帳合法」（同『江戸時代の帳合法』ぎょうせい、一九七七年）、『富山家文書』（『松阪市史　第十二巻　史料編　近世（二）　経済』一九八三年）、鹿野嘉昭「江戸時代初期における私札の発展」（『経済学論叢』五二 - 三、二〇〇一年）などを参照。

（88）　「寛永三年七月三日付此方之衆杣日用之事」（前掲『退蔵文庫旧蔵神宮関係古文書』所収）。

（89）　なお、管見の限りこれが先の五種の羽書の交換や松坂・丹生の存在が確認できる、絶対年が明らかな最古の史料である。

（追記）本稿脱稿後、筆者は、一六世紀以降の当該地域の貨幣流通について、永楽銭や金・びた銭については「中近世移行期伊勢神宮周辺地域における永楽銭」（『出土銭貨』二六、二〇〇七年）、銀と手形類については「中近世移行期伊勢神宮周辺地域における銀の普及と伊勢御師の機能」（『神道史研究』五五－一、二〇〇七年）において若干の実態的研究を試みた。あわせて一読いただければ幸いである。

第五章
統一政権の誕生と貨幣

本多博之

はじめに

貨幣は、いつの時代でも、その時代の国家や社会の有り様を考える上で重要な素材である。中世日本の場合、国家が貨幣(銭貨)を鋳造・発行せず、主として国内に流入した外国渡来銭が交換手段や支払手段としての役割を担ったため、その流通状況や通用のあり方には自ずと地域差が生まれた。それは、渡来銭の流入状況や流通の仕組み、そして銭種に対する人々の好みなどによって左右され、国内でも西国と東国とでは大きな差異のあったことが文献資料や、出土銭など考古学資料の分析により明らかである。

したがって、戦国期に国内各地に存在した大名権力は、領国支配を展開する上でこうした地域性を有する銭貨と、新たに流通市場に参入した金・銀の流通状況をふまえて諸政策を実施したと推測され、その意味で国内各地における貨幣流通・通用の実態やそれへの公権力の対応のあり方は、それぞれ具体的に検討すべき重要な課題と言える。

さて、地域公権力が競合する状況を経て誕生した統一政権は、すぐさま国内支配の強化に乗り出すが、地域性をもった貨幣状況にも必然的に向き合うこととなり、その克服が新たな課題となった。すなわち、豊臣政権から徳川政権への移行は、そうした道のりを示すものであり、幕府公鋳銭貨が鋳造・発行されて金・銀・銭の近世三貨体制が成立するまでの過程について、具体的かつ段階的に明らかにする必要がある。

そこで本章では、戦国期から織豊政権期を経て徳川政権成立期に至るまでの貨幣(金・銀・銭)や米の状況、そしてそれらへの地域大名や中央政権の政策的対応について、西国・畿内・東国といった地域に分けて明らかにしたい。なお、このうち西国と畿内についてはすでに別の機会に論じているため、それに関する個別具体的な事例はできるだけ省略することとし、ここでは東国の事例について少し詳しく述べることにしたい。(1)

一　戦国時代の貨幣流通と公権力

(1)　西国の貨幣状況と大内・毛利氏

戦国時代の日本は大名領国、いわば「地域国家」の集合体であった。特に西国各地の大名は、国人領主らと競合しながら、畿内政権とは別に独自の外交・貿易を展開しており、西国諸地域は東アジア経済圏に組み込まれる形で中国大陸や朝鮮半島とつながっていた。そして当時の日本では、一枚が一文という銭貨本来の等価値使用の原則が崩れ、種類による区別立てをおこなう「撰銭」が社会現象となっていた。それは、商品流通の発展による銭貨需要の増大に渡来銭の供給が追いつかない状況下、国内外で鋳造された低品位銭貨が流通市場に大量に流入したためで、明国内の銭貨流通の混乱が貿易を通じて日本にも波及したことが直接の契機になったと考えられる。

こうした銭貨流通の混乱に対し、大名大内氏や室町幕府は一五世紀後半から一六世紀前半にかけていわゆる撰銭令を発令するが、それは流通阻害を引き起こす恐れのある品質・形状の劣悪な銭貨を、流通市場から排除してその使用を禁ずる一方、それ以外の銭貨については混入率等を設定し、精銭と等価値での使用を命じる内容であった。しかし当時は、良質の中国銭(中国王朝が鋳造した「制銭」)以外にも、国内外の私鋳銭、あるいは長期使用によって摩耗、あるいは一部欠損した銭貨などが広く流通しており、たとえ限られた通用範囲であっても低品位銭貨が地域経済を支え、しかも価格差を伴う銭貨使用が社会慣行となっている以上、特定の銭貨を排除、もしくは流通可能な銭貨すべてを等価値で使用させることなど実際には困難で、社会現象としての「撰銭」状況はその後も続き、やがて常態化した。

したがって、国内各地には無文銭も含め価値の異なる様々な銭貨が存在し、流通していた。さらに、その流通・通用範囲は銭貨によって異なり、位置する階層の違い(社会経済的地位)によって使用する銭貨が異なるなど、そこには銭の多様性と重層性が認められた。

そして、本来、一枚一文で等しく取り扱われるべき銭貨が、機能や通用範囲において差異を生じたことにより、人々もそれに即した銭貨取引をおこなうようになる。また、銭貨表現は地域により様々であって、たとえば大内氏領国内の豊前国の場合、品位を示すと思われる「清料」「悪銭」「並銭」のほか、通用する地域に因む「国銭」「国並銭」といった表現が確認でき、これらすべての銭貨がそれぞれ固有の価値を持って流通・通用していたと思われる。

しかも重要なことは、多種多様な銭貨、特に低品位銭貨の流通への参加により、銭貨間に品位に基づく差が生まれ、価格基準となりうる基準銭貨とそれ以外の銭貨に分化したことである。すなわち、良質の銭貨である「清料」は、通用範囲が限定されがちの低品位銭貨に比べ遠隔地交易においても利用価値が高く、大名や領主らも積極的にその獲得に努めたが、「清料」の果たす役割はそれにとどまらなかった。すなわち、年貢・公事・夫役の代銭納化に伴い、その額は基準銭貨である「清料」に基づく「清料」額として定額化したのであり、結果として「清料」額が賦課・徴収の際の基準となった。しかし実際は、「清料」額の有無にかかわらず、年貢やそれを担保とする借銭が「荒銭」を含む「並銭」額で動いていたようで、良質銭貨よりもむしろ低品位銭貨の方が一般の取引では使われていたと思われる。

そのため、賦課・徴収の基準である「清料」額と、実際流通する銭貨「当料」の相当額との間には換算値「和利」(倍数値)[2]が必然的に生まれ、一六世紀前半の大内氏支配下の筑前国では「清料」—「当料」—「和利」の概念と通用慣行がすでに成立していた。

さてその後、大内氏領国のうち九州以外の地域は戦国大名毛利氏の領国に組み込まれる。毛利氏の場合、領国拡大に伴う新占領地の支配は、おおむね大内氏など先行権力の支配方式に則ることを領国支配の基調としたが、有力寺社の仏神事料や段銭などの額も、前代すでに成立していた基準額を「古銭」額もしくは「清料」額として継承し、領国支配をおこなった。ただ、大内氏の時代には段銭の精銭納が原則とされていたものの、毛利氏の時代には低品位銭貨と思われる南京銭での段銭収納の事例が領国各地で多数検出される。

また毛利氏領国では、「鍛《ちゃん》」と呼ばれる銭貨が流通銭として、領国各地で様々な用途のもとに利用されていたが、それは毛利氏が特権商人である備後国尾道の渋谷氏に預けて運用させるなど、公用銭貨としての特徴を持っていた。したがって当時の社会では、多様な銭貨が異なる価値で流通し、人々はこれら銭貨を認識・区別しながら、目的に合った利用をおこなっていたと推測される。

毛利氏の場合、撰銭行為の禁止や精銭・悪銭混用率の設定、あるいは段銭の精銭納原則といった、流通銭貨そのものに対する政策の実施事例を確認できない。したがって毛利氏は、流通銭貨についての規制や上納銭貨の指定などを特におこなわず、銭貨流通の現状をまずは容認し、問題が発生した場合に公権力としてその調整にあたり、紛争の解決を図っていたと思われる。その意味で、流通する銭貨よりもむしろ銭貨額の数値に関心を払う政策を実施した点に特徴が認められる。そしてその背景として、大内氏の時代とは異なり、領国を越えるような遠隔地取引で重要な役割を担う通貨として銀がすでに領国内で流通し始め、しかもその主要鉱山である石見銀山を支配下に置いていたことが、毛利氏の通貨政策にも大きな影響を与えていたと思われる。

そもそも石見銀山の開発と銀の生産は、日本国内の流通経済はもとより、東アジアの貿易構造をも一変させるものであったが、そこで生産された大量の銀は、日本国内で通貨として流通する前に、まず貿易通貨として活発な海外流出を遂げたのであり、一六世紀前半には国際通貨として東アジア各地の通商の場で広く取り交わされていた。しかし一六世紀半ばになると、日本国内でも通貨としての流通が始まり、やはり鉱山開発や輸入により大量に流通することになった金と同様、それまで精銭が担っていた貿易用通貨や遠隔地取引用通貨としての機能を吸収し、外国産品をはじめとする高価格商品の取引に必要な高額貨幣として盛んに利用されるようになり、小額貨幣として地域社会の経済を支える銭貨とともに重層的な通貨体系を形成した。しかも銀は軍事支援にも盛んに利用され、むしろそれにより社会に深く浸透していくことになるが、毛利氏の場合、永禄・元亀年間から天正年間(一五六〇年頃—一五八〇年頃)にかけて戦闘地域に銀を送る軍事支援が確認される。

一方、米も当該期、単に商品としてだけでなく重要な支払手段として機能していた。たとえば、厳島社領の年貢算用によると、米を俵数単位で売却することで銭を入手する一方、燃料や食料品などの日常生活物資を米で調達するなど、米は一般消費財の入手にとってきわめて重要な役割を果たした。そして銭の場合、種類によって価値が異なる点で使用が不便であったのに対し、米は銭が本来果たすべき支払手段としての役割を代替するなど、幅広く利用された。しかも米は、大名権力の財政運営にとっても重要な存在であった。すなわち、戦時には兵粮米、平時には寺社の祭祀・普請に必要な食料として、あるいは俸給や飯米など労働報酬として勘渡・支給されるなど、米の需要は多かった。

このように、毛利氏は財政運営上、戦時・平時を問わず、常に銀や米を必要としていた。しかしながら、いずれも安定した確保は望めず、防長段銭や有徳人からの借銀・借米に依存しなければならない財政構造上の問題は、元就の頃はもとより、輝元の頃まで基本的に改善できないままであった。しかも、領国内諸地域における多様な賦課形態の存在は、統一的な賦課体系の成立をも阻んでいたのであり、領国全域にわたる一律の賦課基準の創設が待たれていた。

したがって毛利氏には、知行宛行や軍役賦課といった権力編成のためだけでなく安定した財源確保のためにも、領国内の所領構成の再編も含めた抜本的な改革が求められていたのである。

(2) 畿内の貨幣状況と中央政権

一六世紀前半にしばしば発令された室町幕府の通貨法令は、先述したように、撰銭を認める銭貨を極力限定し、それ以外の銭貨については一定の明銭混入率のもと、等価値で使用させることを基本原則としていた。また、永禄九年(一五六六)に三好政権が制定した通貨法令は、天文年間に東福寺が発令した法令と同様、撰銭の対象銭貨を増やすことで選別されやすいものをあらかじめ排除し、それ以外の銭貨の等価値使用を求めるものであった。

このように、室町幕府や三好政権は通貨法令を発して銭貨秩序の安定化に努めるが、結局のところ根本的な解決にはならなかった。なぜなら、異なる価値で流通・通用している多様な銭貨に等価値使用を強制することも、低価値で流通・通用している銭貨を流通市場から排除することも、どちらも現実的な方法とは言えなかったからである。

それに対し、永禄一一年(一五六八)三月に織田信長が京・大坂・奈良で発令した二度の通貨法令は注目される。まず、三月一日に発令した法令は、悪銭売買の禁止という従来の幕府法令と同様の方針を示しながら、それまでは「撰銭」の対象であったものも含めた一〇種類の銭貨を三区分し、それぞれ「精銭」を基準に、二倍・五倍・一〇倍の換算値を示しつつ、打歩を付けての使用を「増銭」として初めて容認するもので、しかも銭貨取引の際に「精銭」のみの使用ではなく、打歩を付けた「増銭」と半分宛取り混ぜて使用することを命じた点が重要である。それは、排除すべき特定種以外の銭貨の等価値使用を命じる従来の幕府法と異なるだけでなく、三好法令が撰銭を命じた銭貨数種も価格差を設けてその使用を認めている点で三好法令とも異なる。

すなわち、価格差の存在を否定することで銭貨の信用や流通秩序を回復しようとした従来の方法ではなく、銭貨間の価格差の存在をまず認め、その上で種々の流通銭貨の価値を公定する方向に政策転換を図ったものと思われる。それは、従来の方法ではもはや秩序回復が困難と予想されるほど、価格差の存在を前提とする銭貨取引が社会慣行となっており、その現状をふまえた政治的判断であったと推測される。

また、三月一六日付けで発令された「追加法」も興味深い。そこでは、米の通貨としての使用を禁ずる一方、金・銀の通貨としての使用を中央政権として初めて認めている。特に、糸・薬・緞子《どんす》や茶碗、そして唐物など高額商品の取引において、金・銀の通貨としての使用を金と銭、銀と銭の換算基準を示して容認している。それは、当時畿内で急激に起こりつつあった支払手段の銭から米への転換現象や、金・銀の通貨的利用の進展をふまえたものと言える。

このうち、米の通貨としての使用を禁じたのは、政権として米の安定した流通を望んだためとも考えられるが、基本的には銭貨秩序の回復をめざしたものと推測される。すなわち、多様な低品位銭貨の流通への参加と、その価格差の複雑化によって生じた銭貨に対する急激な信用低下、そしてそれを背景に発生した支払手段の銭から米への転換現象を目の当たりにした信長は、銭貨間の価格差の容認と換算値の設定、さらには金・銀の通貨的使用を明確にすることによって通貨制度を改めて整備し、米の通貨的使用の必要性を排除した上で、銭貨秩序の回復を図ろうとしたものと思われる。

その際注目すべきは、「(定之)善銭」が金・銀の代用とされている点で、金・銀の価格基準はこの「善銭」と推測され、三月一日付けの法令で一〇種の低品位銭貨の基準となった「精銭」がこれに相当すると思われる。

すなわち織田政権は、貨幣や米の現状をふまえ、従来の室町幕府の方針を大きく転換し、金・銀も含めた新たな通貨制度の確立をめざす積極的な政策を展開した。それは「精銭」(「善銭」)を基準に、多くの低品位銭貨や金・銀の換算基準を公定するもので、「撰銭」のため排除される傾向にあった低品位銭貨を流通市場に呼び戻し、新たに市場に参入した金・銀を通貨として公認し、混乱した銭貨秩序の回復をめざすものであった。そして結果的に、その目的は達せられなかったものの、金銀の高額貨幣としての役割が明確になってその機能が発揮される一方、銭貨のうち「精銭」が金・銀や低品位銭貨の価格基準として重要な意味を持つことになった。

しかも織田政権は、堺の直轄化や但馬生野銀山の掌握など、都市や流通、そして貿易に強い関心を抱き、金・銀や米を積極的に活用する一方、商取引の価値尺度として機能し始めた米を政策的に利用し、貫高ではなく石高を土地評価の新たな尺度として利用し始めたのであり、ここに石高制の「萌芽」を見ることができる。

(3) 東国の後北条氏と貫高制

国内における撰銭状況の進行は、銭好みの地域差を生む。鈴木公雄は、出土備蓄銭の銭種構成の詳細な分析を試み、中世全般を通じて基本的に均質な内容を保持していた銭種構成のうち、永楽銭のみが他の種類とは著しく異なる動きを見せ、特に関東地方において一六世紀初めから急激に増加し、一六世紀半ば以降は他の銭種を引き離して第一位であることを明らかにした(3)。それはすでに、一五世紀末から一六世紀初頭にかけて、この地方で永楽銭が特に好まれ、備蓄の対象になっていたことを示すものである。

しかし、同時期の西国では、大内氏や室町幕府の撰銭令に見られるように、永楽銭をはじめ、明銭に対する評価が宋銭に比べて低い。こうした永楽銭に対する評価の東西の地域差は、銭貨流通そのものの地域差を生じさせることになり、永原慶二によれば、西国では宋銭を中心とする精銭(ビタ)が、東国では明銭である永楽銭が好まれた結果、伊勢大湊より東方に永楽銭基準通貨圏とも呼ぶべき地域経済圏が成立したとする(4)。それは、中国の銭貨体系崩壊の影響が日本にも波及し、銭貨の信用に深刻な動揺を与えたことを背景に、従来とは異なる新しい銭貨動態として東日本で発生した現象と言える。

結城氏や後北条氏など東国の戦国大名が、永楽銭を基準銭とみなして、その使用について法を制定し始めるのは一六世紀半ば頃であり、それはこうした銭貨の流通や評価の現状をふまえてのものである。つまり、流通銭のなかでも特に永楽銭を基準銭として定め、それによって銭貨の流通を安定させ、喪失しつつある銭貨の価値や信用を維持・回復しようと努めたのであり、そのなかでも領国支配の制度として特に創出されたのが永楽銭基準の貫高制であった(5)。

貫高そのものは、年貢代銭納を淵源として成立し、所領を銭納額で表示する方法として室町時代からすでに成立しており、年貢量とともに軍役量を示す数値として領主・農民関係だけでなく、幕府と守護、あるいはその下位にある領主との領主間関係をも規定していたが、戦国時代における貫高制は、大名権力が領国内の諸階層を権力編成するために特に構築した制度であった。

後北条・武田・今川氏など東国の戦国大名領国では、貫高制が広く採用されたが、なかでも後北条氏の領国では、貫高制が最も整備されており、新占領地の検地とともに代替わり検地が領国規模で実施され、田地は一段＝五〇〇文、畠地は一段＝一六五文という換算で分銭が算出され、郷村ごとに「検地高辻」が決定された。そしてこの中から、各種免除分が差し引かれて「定納高辻」となり、これが年貢銭納基準額として機能した。また、「検地高辻」を基準に一定の比率で段銭・懸銭・棟別銭などの諸役賦課が実施される一方、家臣に給与される所領もまた貫高で表され、それを前提とする知行宛行や軍役賦課が実施され、貫高制は領国内諸階層を大名のもとに編成する基本原理となった(6)。

したがって、この貫高制の基準銭に、すでに東日本で好まれ、高い評価を得ている永楽銭が採用されたのは当然といえよう。そして、後北条氏が永楽銭を年貢収納の基準銭としたことで、東国の永楽銭基準通貨圏は定着を見、権力側としても銭貨を通じて農村や都市を社会編成することが可能になった。

しかし、後北条氏の貫高制は銭納、特に良質銭貨である精銭での収納を原則としており、それ自体が当初からすでに大きな問題を孕んでいた。すなわち、天文一九年（一五五〇）に貫高制のもとで段銭・懸銭・棟別銭の税制が成立するが、それは大名財政の主要財源であり、しかも精銭納を原則とするものであったため、収納時に大きな混乱をもたらした。そもそも精銭納が円滑におこなわれるためには、領国内に安定した精銭の流通が確保されていなければならないが、永楽銭の絶対量が不足し、しかも低品位銭貨の流通市場への流入が見られる以上、銭貨取引の際に永楽銭など精銭を選び分ける「撰銭」が必然的に発生し、銭貨収納時に混乱が生じることになる。

さて、年号が永禄から元亀に変わる頃（一五七〇年前後）、畿内をはじめ西国では支払手段が銭から米へと急激な変化を見せるが、後北条氏領国の場合すでに永禄初年から銭納原則が徐々に揺らぎ始めていた。すなわち、永禄元年（一五五八）以降、段銭等の収納時における精銭と悪銭の混用率に関する法令がたびたび出され、精銭の比率が徐々に引き下げられていく。まず、永禄二年（一五五九）には、「諸年貢納方」について「代物法度」が定め置かれている[7]。それは、一貫文のうち七〇〇文を「精銭」、三〇〇文を「地悪銭」（「中銭」）というように、「精銭」と「地悪銭」を七対三の混用率で年貢収納させるものであったが、商取引の場で「宿中商売金銭撰勝儀、万民苦労、誠以曲事也」とあるように、撰銭がおこなわれて人々が苦労しているため、翌永禄三年（一五六〇）六月には「諸商売」において「代物法度」に従って売り手と買い手が代物を確認して商取引することを命じている。それは、「地悪銭」の流通と「精銭」の絶対量不足を背景に、「撰銭」行為が商取引を阻害しつつあったことを物語るものである。

その後、永禄七年（一五六四）九月には、大名財政の重要財源である「棟別銭」「懸銭」「反銭」のうち、「棟別銭」と「懸銭」について精銭納を求めているが、「反銭」については「撰銭諸百姓可致迷惑候歟」という認識のもと、「穀反銭」として米納を容認するに至っており、もはや精銭納の維持が困難であったことが窺える。[8] なお、同年には相模国足柄下郡岩真名鶴からの「肴・同鮑・海老」の売買について、「精銭」の使用を命じて「悪銭」の使用を認めない命令が出ているが、[9] その際、「精銭之品ハ、四五十色可有之」という文言が見えており、「精銭」が必ずしも永楽銭に限定されるものでなかったことがわかり、興味深い。

また、永禄八年(一五六五)五月には、従来精銭納原則であった「棟別銭」について、前年が「地下中事繁ニ付而」という理由で「御赦免」されたことにより、「精銭」での収納は「三ケ一」(三分の一)とし、残る「三ケ二」(三分の二)は「百文ニ三斗五升目積」で算出される分量の「麦」で収納することを命じている。[10] このように、後北条氏みずからが精銭納原則を徐々に緩和している様子が窺える。

そして、永禄九年(一五六六)八月には「棟別銭」について、ついに精銭納原則を放棄する。[11] すなわち、精銭での収納額を提示しながらも、「付而、精銭至于無調者、立物ニても納可申事」として、「精銭」での収納が困難である場合は「立物」、つまり代替物(黄金・米穀・漆・綿)での収納を認めている。また、「反銭」についてはすでに「穀段銭」が定着しており、銭納額を提示しながらも「当升目百文ニ一斗四升目」という換算基準のもと、米穀納を認めている。なお、この精銭一〇〇文に対する米一斗四升という換算基準は、年貢収納の場合にも適用されるなど、当時の後北条氏領国では公的な基準であったと思われる。

さらに、永禄一〇年(一五六七)六月には、従来精銭納原則を守っていた「懸銭」についても、「立物」を容認するようになる。[12] こうして、大名財政の重要財源であった「棟別銭」「懸銭」「反銭」は、「反銭」「棟別銭」「懸銭」の順に精銭納原則を放棄し、「反銭」は米納である「穀段銭」が定着し、「棟別銭」と「懸銭」は「立物」による収納が認められることになった。

その結果、永禄一一年(一五六八)八月には、「棟別銭」について精銭での収納額を提示しながらも、付帯文言として「精銭一様ハ手詰ニ付而、黄金・米穀相交可納之」、あるいは「若精銭一様手詰ニ付者、以米穀可納之事」と、精銭不足の場合は金や米での収納を認め、その換算基準(「黄金一両二貫五百文」「米穀当納法百文一斗四升目」)を示すほか、段銭収納についても「穀段銭納様」として、同様の「当納法百文ニ一斗四升目」での収納を容認している[13]。

こうして後北条氏は、永禄二年に年貢収納において「精銭」に「地悪銭」を取り混ぜる「代物法度」を制定したことを皮切りに、翌年それを商取引にも適用し、さらに大名財政の基本財源であり本来精銭納原則であった「棟別銭」「懸銭」「反銭」について、段階的に代替物での収納を容認した。その結果、「反銭」は「穀段銭」という米納が慣行化し、「棟別銭」は金・米・漆・綿、「懸銭」も米・麦・金での「立物」収納が認められることになった。それは、「撰銭諸百姓可致迷惑候歟」、あるいは「精銭一様手詰」とあるように、「撰銭」がもたらす銭貨取引上の弊害に加え、精銭の必要量確保が困難な状況であったことによると思われる。

そして、その後しばらく銭貨収納に関する法令は見られないが、天正九年(一五八一)八月、そして一〇月に「段銭増分」について、新たな指令が出ている[14]。それによると、「米穀計運送之苦労可存者、員数相当次第、黄金・永楽・絹布之類・麻・漆等有合之物以、可納之」とあり、「米穀」のみの輸送が困難な場合には、それに相当する「黄金・永楽・絹布之類・麻・漆等」での収納を認めている。すなわち、「段銭」について、「穀段銭」以外にも柔軟な対応をすることになったものと言えよう。

こうして、後北条氏の精銭納を原則とする銭貨政策は、ここに大きく変貌を遂げた。それは、基準銭に設定した永楽銭の絶対量の不足と、低品位銭貨の流通市場への参入により必然化する「撰銭」状況がもたらした、精銭一般に対する信用低下の結果であり、さらには銭貨に替わる安全な交換媒体としての、米や金に対する期待感のあらわれであったと思われる。そして、後北条氏領国でも精銭の一元的な収取から米や金などを加えた多元的な収取の仕組みが成立し、その結果、米や金の通貨的流通と銭の補助貨幣化が進むことになった。

しかし、絶対量が不足したとはいえ、東国関東の永楽銭は西国に比べて高い比率でかなりの量が流通しており、また永楽銭を基準とする貫高も年貢収納基準として有効に機能していたのであり、豊臣政権や徳川政権が旧後北条氏領国である東国関東に支配権を及ぼし、あるいは政権基盤を確立する際には、これら永楽銭や永楽銭基準貫高への対応を余儀なくされたのである。

二　豊臣政権の成立と地域大名の領国支配

(1)　豊臣政権の貨幣政策と石高制

戦国時代に存在した多数の領国「国家」は、豊臣政権の国内統一により「天下」のもとに統合されることになる。そして流通銭貨も、多様性と地域性を伴いながら、統合化への道筋が付けられることになった。

豊臣政権は、織田政権の通貨制度や流通・貿易政策、そして権力編成の手法を基本的に継承しながら、そこに独自性を加えてさらに発展させた。すなわち、生野銀山の支配を受け継ぐとともに諸国の金・銀鉱山を掌握し、堺以外にも国内の主要都市、特に長崎を直轄化して貿易の独占・統制化を強めた。また、重量と品位を保証する法貨としての金・銀貨を新たに鋳造・発行し、金・銀と蔵米を効果的に運用することで必要な物資を必要な場所に確保する体制を確立した。そして、新たな銭貨鋳造こそ実施しなかったものの、天正一八年(一五九〇)に東国支配に初めて臨んだ際の永楽銭に対する「ひた銭」の一対三という換算規定や、第一次朝鮮出兵時に定めた長距離通信輸送制度の通行料規定で「精銭」を基準とする通貨法令など、個別の政策を実施するなかで銭貨取り扱いの指針を示した。したがって、常態化した「撰銭」状況の克服や、混乱した銭貨秩序の回復は果たせなかったものの、畿内の「精銭」(「ひた銭」)[15]を基準に、領国ごとに異なっていた銭貨体系の全国規模での「統一」をめざした点で、豊臣政権の銭貨政策は注目される。

しかも、織田政権がすでに採用していた石高による土地評価の方法は豊臣政権によって継承され、天正一九年(一五九一)の御前帳徴収を機に全国的規模で広がりを見せ、やがて知行宛行や軍役賦課など権力編成の基本原理として定着する。そして、もとは織田政権下の多様な検地方式の一つであった秀吉の検地原則がしだいに整備され、文禄年間には太閤検地原則として確立した。しかしながら、この検地方式がそのままの形で適用された地域は実際のところ限られており、多くの地域では畠分銭の石高換算をはじめ様々な点で、独自色を持つ多様な検地が実施された。ただ、畠や屋敷の分銭が分米に換算されて石高の中に包摂されていくこと自体は銭納基準額の消滅を示すものであり、それは同時に、土地を評価する価値尺度が銭貨額ではなく米穀量に転換したことを意味する。戦国時代、各地の大名権力は、領国内の所領を面積のほか、貫高あるいは石高によって把握し、それをもとに知行宛行や軍役賦課などの権力編成をおこなっていた。しかし豊臣政権の成立以降は、石高を基準とする仕組みが権力編成の基本原理となり、それは徳川政権下においても近世石高制として継承される。そして、豊臣政権が貫高ではなく石高を権力編成の基本原理として採用したのは、当時の社会における銭貨や米の通用状況、そしてその信用度合が大きく影響したと考えられる。

すなわち、低品位銭貨が流通市場に多数流入し、等価値使用を原則とする銭貨流通秩序が崩壊した状況下では、銭貨に対する社会的信用は相対的に低下して、その「額」も普遍的な数値とは言えなくなり、貫高を土地評価の尺度とすることに公権力としても躊躇せざるを得なくなった。それに対し、高い商品価値を持ち、安定した交換媒体としての利用も可能な米が改めて注目され、その「量」が銭貨「額」に代わる有効な価値尺度として選択され始めたものと思われる。そして、豊臣政権によって「京升」が基準枡として採用され、その使用が太閤検地等を通じて全国に広まるなか、統一された量制のもと、土地評価は銭貨「額」ではなく米穀「量」によるものが支配的となり、ここに石高を権力編成の基本原理とする石高制が成立したのである。

(2)　毛利氏の惣国検地とその意義

豊臣政権下、領国支配の強化を図る毛利氏は、広域公権力として制定した分国法(掟)や、権力編成のために実施した惣国検地において、領国内の銭貨状況をふまえながら基準とすべき銭貨を選択・採用したと思われる。

たとえば、天正一三、一四年(一五八五、八六)に制定した、領国内における渡し船や出雲杵築大社の普請についての料金規定は「南京」(南料)額で表示しているが、それは低価格水準でありながら領国各地で広く流通・通用する「南京」の現状をふまえた政治的判断であったと推測される。

一方、天正一五年(一五八七)から全領国規模で実施した惣国検地の畠分銭には、「南京」と同様、領国内で広く流通・通用しながらも「南京」より価格水準の高い「鍜《ちゃん》」を基準銭として採用した。そして、当時畿内で公用枡として定着しつつあった「京升」を毛利氏領国でも基準枡として採用し、それを基準銭「鍜」と組み合わせることにより、石高算出のための統一基準を設定した。それは当初、流通市場の和市を反映した石高換算の基準であったと推測され、貫別六斗あるいは貫別五斗など、その換算基準には地域差も見られたが、天正の惣国検地が終了する頃には貫別一石

(一貫文＝一石)に落ち着き、いわゆる「石貫」制によって領国内所領を石高で表示する方法が定着した。したがって、天正の惣国検地では、基準銭「鍛」と基準枡「京升」を構成要素とする「石貫」制という新たな統一基準により、「古銭」など継承基準額の均質化も含めた領国内所領の数量的把握を実現し、ついに領国規模で統一的な知行制および軍役体系を確立した。

その後毛利氏は、文禄四年(一五九五)から慶長二年(一五九七)にかけて、天正の惣国検地で決定した所領高を再確認する作業をおこなう。まず、すべての給人(寺社も含む)に起請文言を添えた所領付立を提出させて個々の所領高・「所務」高・屋敷数を確認する一方、すでに発給していた打渡坪付を改めて提出させて「石貫」制の徹底を図るために石高数値の修正をおこない、紙背に担当奉行衆が証判を加えて返却している。しかもそれは、単に石高の修正にとどまらず、石高を基準とする「御判御礼銀」の賦課・徴収を伴っていた。

すなわち、天正の惣国検地の実施により、領国内の段銭は一部を除き、基本的に石高の中に包摂されて石高制が成立するが、これは同時に毛利氏が石高を基準とする賦課体制を確立し、全領国一律の収奪を可能にしたことを意味する。したがって天正の惣国検地は、領国規模での統一的な知行制および軍役体系を確立しただけでなく、同時に財政面でも画期的な制度改革であったと言える。こうして石高制の導入により、地域ごとに異なっていた賦課形態はここに解消され、国衆領・寺社領を問わず領国全域において一律の賦課収奪体制が確立し、その結果、年貢・軍役と段銭という従来別立てであった賦課体系も、石高基準のもとに一元化された。

そして慶長年間には、一反＝三〇〇歩・畝制という地積基準が毛利氏領国にも導入され、慶長四・五年(一五九九・一六〇〇)頃にはその基準のもと、新たな惣国検地(兼重・蔵田検地)が実施された。そこでは、畠だけでなく屋敷にも分銭が付けられ、しかも田の反別斗代が一石を超えるなど、天正の惣国検地に比べると大きな変化が認められる。そして、この反別斗代の上昇などを根拠に、天正の惣国検地の石高が「収納高」を把握したものであったのに対し、慶長の惣国検地の石高は「生産高」を把握したものであったと一般に理解されている。しかし、豊臣政権期の反別斗代や検地石高を「生産高」とみなすには史料的に不十分で、むしろ年貢収納高の算出方法や「免」の性格が慶長年間に大きく変化したことにより、検地石高の持つ意味が変化し、それに伴って反別斗代も上昇する結果になったと解釈することが可能である。

したがって、慶長の惣国検地については、太閤検地方式の色合いが強いと従来から指摘されているが、それが明確なのは実は地積基準だけであり、畠・屋敷には分米ではなく依然として分銭が設定され、地位別斗代や村位別斗代の存在も確認されず、田の平均反別斗代も一石以上ではあるものの、太閤検地方式のものに比べると低い水準にとどまっている。こうした点から慶長の惣国検地は、太閤検地の原則を一部採用しながらも、基本的には毛利氏独自の方式による領国検地であったと見るべきで、太閤検地方式の登場は、結局のところ毛利氏の場合、防長移封を待たねばならなかったと言える。

(3)　徳川氏の五カ国総検地と関東入部

徳川家康は、豊臣政権の圧倒的な軍事力の前に降服・滅亡した戦国大名後北条氏の領国の大部分を、秀吉の命により与えられることになり、天正一八年（一五九〇）八月一日に関東に入部する。これによって以後、永楽銭を基準とする貫高制が整備されていた旧後北条氏領国にも、徳川氏によって石高制が導入されることになるが、それには徳川氏が関東入部以前に三河・遠江・駿河・甲斐・信濃の五カ国で実施した総検地が重要な意味を持っていたと推測される。

天正一七年（一五八九）から翌一八年（一五九〇）にかけて徳川氏が実施した五カ国総検地については、従来様々な角度から検討がおこなわれている。[16]それによると、この検地は直属の奉行衆が郷村単位に全領国規模で実施したものであり、領国内の所領や諸得分だけでなく零細な農民に至るまで名請人として把握し、在地掌握が格段に進んだとされる。

現在確認できる検地帳類によれば、多くは地積のみだが、なかには分米(石高・石盛)記載のあるものが含まれており、地積基準は一反=三六〇歩・大半小制で分付記載があり、田・畠は上・中・下(・下々)の地位等級が見られるほか、屋敷は地積単位が「坪」で、しかも貫高(「ひた銭」高)で評価されている。そして注目されるのは、従来、駿河・遠江地方で実施されていた収納形態を基礎とする「俵高」を採用し、それを貫高に代わる新たな権力編成の基準としている点である。

この「俵高」については、従来の貫高を一貫文=四俵で換算した事例があることから、机上処理の性格が窺えるなど、なお戦国期検地の段階を完全に脱していないとの見方がある一方、近世石高につながる面を認め、従来の戦国大名検地とは本質的に異なり、石高制への志向性を窺わせるという評価もある。当時の徳川氏は、豊臣政権に臣従しつつも、五カ国において独自の権力基盤を確立しようとしていたと推測され、権力編成と在地掌握を進めるために、領国全域を対象に独自の検地を実施したのであり、その点で豊臣政権下の毛利氏が実施した天正の惣国検地と同様の性格を持っていたと言えよう。

したがって、両者は共に太閤検地原則ではなく、独自の方式のもとで領国内所領の数量的把握を実現し、統一的な知行制および軍役体系を確立したものと理解できる。そして徳川氏は、五カ国総検地を実施した上で関東に入部したのであり、入部以降の徳川氏の検地政策や領国支配には、五カ国総検地での経験や実績が多分に活かされたと考えられる。

しかも、そこで重要なのは、五カ国を領有していた時代、徳川氏領国内では年貢収納銭として「ひた(銭)」が使用されていた点である。たとえば、遠江国宇布見郷では、天正一〇—一六年(一五八二—一五八八)分の年貢勘定書が残されているが、それによると徳川氏の五カ国領有時の年貢収納状況がわかり、米・稗・麦・塩年貢などとともに、毎年ほぼ七〇〇—八〇〇貫文にのぼる「ひた」銭の収納がおこなわれていた。[17] そして、なかでも注目されるのが、天正一一年(一五八三)分の年貢内容が記された翌一二年(一五八四)の年貢納下勘定書に[18]「永楽以上百九拾九貫九百七十文非手以上八百壱貫五百八十五文」と見えるように、収納基準が永楽銭額でありながら、それが約四倍の額に換算されて「非手」(ひた)で収納されている事実である。

また、五カ国総検地時代の史料である遠江国伊奈佐郡気賀上村検地帳[19]によれば、田・畠は石高であるのに対し、屋敷は「ひた」銭額であり、天正一七年(一五八九)三河国亀山村年貢目録[20]でも「但畠納所ハ斗米之勘定ニ、ひた銭を以可納也」とあるように、徳川氏領国では永楽銭基準の貫高制のもとで実際は、「ひた銭」による年貢収納がおこなわれていた。これは、関東入部後の徳川氏の流通銭貨への対応を検討する上でも重要な事実であるが、この点については後述したい。

そこで、関東入部後に徳川氏が実施した政策について見ることにしたい。

徳川氏は、関東入部直後に貫高制から石高制への転換を図る。すなわち、五月には寄進状・宛行状の石高表示の変更が確認されるほか、一一月には関東一円の寺社宛に大量の石高表示の寄進状を発給したことが確認される。すなわち、知行高に関しては天正一八年(一五九〇)の入部直後の段階で、すでに石高による権力編成を志向していたことが窺える。

また、同年後半には、伊豆および武蔵・下総国の一部で検地を開始し、翌一九年(一五九一)には武蔵・下総・相模・上野・上総国、すなわち全領国規模で本格的に検地を実施している。この過程で一反＝三〇〇歩・畝制の地積基準を導入し、地域や検地担当者によって多少異なるものの、地位別斗代の設定など、いわゆる太閤検地原則を採用した。そこで、その時期の検地目録について見ることにしたい。

同年一一月二二日付けの武蔵国世田谷深沢村(吉良氏領)の検地目録[21]によれば、田は分米、畠は分銭(「代」)であり、しかもその分銭を石高に換算する際、「代合六貫四百八拾文　此石三拾弐石四斗」、つまり一貫文＝五石の換算基準を適用している。また、彦坂元政が実施した翌天正二〇年(一五九二)三月二五日付けの相模国大中郡上落合郷検地目録[22]によれば、田は等級別の(「京升」に基づく)分米、畠は永楽銭高(永高)であり、しかも「但京升ニ而之積」とともに「代合拾五貫五百拾四文　永楽銭　右之石七拾七石五斗七升七合　但百文ニ五斗目ニ積」という文言を伴っていることから、「永楽銭」一貫文＝「京升」五石の換算であったことが判明する。したがって、先の世田谷深沢村で見られた貫高も実は「永楽銭」高であったと推測され、これらの事例から「永楽銭」での貫高が石高に転換される過程が明らかとなり、後北条氏領国の永楽銭基準の貫高は、こうした仕組みで石高に転換されていったものと思われる。

では次に、関東における流通銭貨について述べたい。永楽銭が高い価値でもって流通し、貫高の基準となっていたことは間違いないが、佐脇栄智は後北条氏の支配下にあった関東地方で、永楽銭が精(清)銭の二—三倍で取引されていた事例を紹介している[23]。それによると、永禄一二年(一五六九)に永楽銭と精(清)銭が一対三の比率で換算されている記録があるほか、天正五年(一五七七)には検地書出ながら永楽銭と精(清)銭が一対二で換算された事例があるなど、後北条氏領国では永楽銭が精(清)銭よりも二—三倍価値の高い上位銭貨として存在していた。その場合、精(清)銭が宋銭を中心とする中国渡来銭であったことは、永禄七年(一五六四)一一月一〇日付け北条家朱印状[24]に「精銭之品ハ、四五十色可有之」とあり、しかもそれが出土備蓄銭の銭種組成の上位五〇種(ほとんどが北宋銭で唐銭・南宋銭・明銭を若干含む)に相当するという鈴木公雄の指摘[25]からも頷ける。

そして、この精(清)銭こそ、畿内地方や、五カ国時代の徳川氏領国で「ひた(銭)」と呼ばれていた銭貨に相当するものであったと思われる。すなわち「ひた銭」は、近世の鐚銭《びたせん》という名称から想起されるような低品位の銭貨ではなく、むしろ織田政権下では「精銭」(「善銭」)とみなされるような良質の銭貨であり、宋銭を中心とする中国渡来銭であったと推測される。そもそも、「ひた」という銭貨名称(呼称)は、早いもので天正二年(一五七四)伊勢大湊の「船〻取日記[26]」において確認できるが、その後は畿内地方で一般化しており、徳川氏領国(東海地方)でも認められる。しかし、後北条氏領国(関東地方)では今のところ確認されない。ただ、先述したように、後北条氏滅亡後の東国支配に臨んだ豊臣政権が、施政方針として示した天正一八年(一五九〇)八月の豊臣秀吉朱印状[27]の最後の箇条で「永楽銭事、金子壱枚ニ弐拾貫文宛、ひた銭にハ永楽一銭ニ可為三銭立事」と定めているように、「永楽銭」と「ひた銭」の取り扱い、そしてその換算基準の設定はこの時期きわめて重要な政策課題であった。しかも当時、東国関東で超精銭であったとされる永楽銭と一対三の比価で換算される「ひた銭」は、決して低い価値の銭貨とは言えない。推測するに、かつて(五カ国領有時の)領国内に流通し、年貢収納銭として「ひた銭」を日常的に取り扱っていた徳川氏が、関東入部以降、超精銭である永楽銭とともに流通する一般の精(清)銭に対して、従来と同様、「ひた銭」と呼んだものと思われる。それは徳川氏の入部以降、「精(清)銭」に代わって「ひた(ビタ)銭」の文言が関東地方に現れてくることからも窺える。恐らく近世初期の幕府法令に見られる「鐚銭」の「鐚」(国字)という表記は、永楽銭との比較から生まれたものであり、銭貨そのものの品位を示すものではなかったろう。

すなわち、後北条氏は永楽銭を基準とする貫高制を整備したが、それは権力編成においてある程度機能したものの、実際の収納においては精銭納原則を維持することが困難で、やがて金や米を加えた収納に移行することになった。一方、徳川氏領国(東海地方)では、永楽銭基準の貫高制のもとで実際の収納は「ひた銭」によるものであった。異なる点としては、徳川氏領国では実際に流通する精(清)銭を、畿内と同じく「ひた銭」と呼んでいたのに対し、後北条氏領国ではその習慣がなかったものと思われる。一般に、歴史的な名称(呼称)には「地域性」が認められるが、それは銭貨名称(呼称)においても同様であったと考えられる。したがって、関東地方で精(清)銭を「ひた銭」と呼ぶ慣行は、基本的には豊臣政権の東国進出や徳川氏の関東入部以降のことであろう。

そして永楽銭は、「ひた銭」に比べて高い価値を保ちつつ、その後も流通し続けたのであり、東国関東に新たに誕生した徳川政権としては、この価値の異なる銭貨の取り扱いが、解決すべき当面の政策課題であったと推測される。たとえば、江戸幕府が成立する直前の慶長七年(一六〇二)、徳川家康は江戸を中心とする交通網の整備に着手し、東海道・中山道などの主要街道に宿場を置き、六月一〇日付けで「路次中駄賃之覚」「路次中船賃之覚」を江戸の町年寄衆連署(道中方伊奈忠次・板倉勝重・加藤正次・大久保長安の裏書)の形で発給しているが、その三箇条目には「ひた銭ハ永楽ニ六文立ニ取引可被成事」等とあり、「ひた銭」と「永楽(銭)」の換算基準の条項が含まれている[28]。それは、後北条氏領国を継承した徳川政権にとって、直面する交通網の整備に必要な統一的な料金体系の設定に、「永楽(銭)」と「ひた銭」の換算基準の設定が当面の重要課題であったことを示すものであり、これがやがて江戸幕府誕生後の銭貨政策に結びついていく。

こうして天正一九年(一五九一)以降、領国各地で検地が実施され、永楽銭を基準とする貫高制が整備されていた旧後北条氏領国にも石高制が広く浸透することになった。しかし、表面的には石高制が関東地方を席巻した観があるものの、実際には永楽銭を基準銭として扱う地域的な社会慣行や、後北条氏によって整備された永楽銭を基準とする貫高制にはなお根強いものがあり、それは実際の銭貨取引において、あるいは土地制度(永高制)においてしばらく残存することになる。すなわち、徳川氏の後北条氏領国の継承は、領国だけでなくその領国における社会経済的諸状況をそのまま継承したことを意味する。したがって、体制的には石高制に移行したとしても、年貢収納すべてが米穀納となったわけではなく、前代と同様、代銭納である場合も当然あった。そして、東国では依然として高い価値を持つ永楽銭が流通・通用していたのであり、江戸幕府が誕生し、通貨制度に着手するためには、こうした関東特有の銭貨状況にまず対処しなければならなかったのである。

三　徳川政権の成立と近世三貨体制

徳川政権は豊臣政権の政策を継承・発展させ、石見銀山をはじめとする国内の金銀鉱山を直轄化し、重量と品位を保証する法貨としての金・銀貨を慶長金銀の形で比較的早い時期に鋳造・発行したが、民間経済を支える銭貨については慎重に対処した。それは、豊臣政権期における価格差を伴った銭貨流通や、打歩を付けた銭貨使用の社会慣行が依然として存在していたことによる。

一六世紀半ば以降、金・銀が高額貨幣として流通・通用し始めたことにより、銭貨は諸権力・支配者層にとってしだいに補助貨幣となりつつあったが、一般社会では依然として主要貨幣であったと思われる。したがって、徳川政権が中央政権として国内経済に積極的に関与するためには、流通銭貨のうち基準となる銭貨の信用を回復すること、そして一定の換算基準で金・銀貨との兌換を可能にすることなどが必要となるが、中国渡来銭や国内鋳造銭、そして品位も様々なものが流通する状況下でそうした目的を達成することは容易でなかった。

とりわけ、東国関東に政権基盤を置くことになった江戸幕府がまず直面したのが永楽銭を基準とする社会慣行であり、永楽銭に対する誤った処置により通貨混乱を招くことだけは避けなければならなかった。こうした状況のもと、江戸幕府は慶長一三年(一六〇八)と翌一四年(一六〇九)に、相次いで通貨法令を発令する。[29]

まず慶長一三年一二月には、関東での価値は高いものの絶対量が不足している永楽銭について、「鐚銭」との換算基準(比価)を一対四と公定した上でその使用を禁止した。また、金子一両＝「鐚銭」四貫文という金と「鐚銭」の換算基準を示す一方で「なまり銭」等の特定銭貨を排除し、「鐚銭」での良好な取引を命じた。それは低品位銭貨と推測される「なまり銭」等の銭貨とともに、高い価値で通用する永楽銭の使用をも禁じたものであり、その理由は従来指摘されるように、永楽銭の「鐚銭」に対する優位性を否定することにあったと思われる。

そして翌年七月には、金一両を基準に、銭貨や銀貨との換算基準を公定した。その際、前年法令の「鐚銭」に相当するものとして「京銭」という銭貨名称が見え、しかも金一両に対する換算基準が同じであることから、当時、「鐚銭」と「京銭」が同じ銭種とみなされていたことがわかる。

このように徳川政権は、金が高額貨幣として流通し、永楽銭が高く評価される東国関東に成立した中央政権として、まず永楽銭の取り扱いと金貨・銭貨間の換算について基本方針を示した。もともと永楽銭は、東国と西国とで価値に大きな差があり、しかも政策上、基準銭とするにはその絶対量が少なかったのに対し、「鐚銭」(京銭)と呼ばれる銭貨は、畿内をはじめ国内に広く流通する、宋銭を中心とした渡来銭であったと推測される。したがって徳川政権としては、「鐚銭」(京銭)を銭貨政策上の基準銭と位置づけるためにも、まず永楽銭と「鐚銭」の比価を示した上で前者の優位性を否定し、取引の阻害要因となる低品位銭貨を市場から排除する一方、東国の高額貨幣である金との換算基準を公定することにより「鐚銭」(京銭)の信用を高め、その価格の安定化を図ったものと理解される。

なお、これらの法令は、江戸日本橋で高札として掲げられたというが、政権初期の銭貨政策は、何よりも江戸市中（および関東幕府領）の流通を安定させることを最優先し、必ずしも日本全国を対象とするものではなかったと思われる。すなわち、安国良一が指摘しているように、[30]宿駅や伝馬の整備をめざす幕府にとって公定相場に基づいて銭を安定して使用できることが政策上の課題であり、「京銭」を中心とする銭貨流通を交通網の整備などを通じて徐々に推し進めたように、徳川政権は政権基盤の安定化に努めつつ、直面する政治課題に対処するなかで銭貨に対する政策もその都度実施していったものと思われる。

さて、徳川政権の通貨政策で特に重要な点は、金を中心とする通貨制度を創設したことである。かつては秤量貨幣としても利用された金であるが、甲斐武田氏の甲州金や豊臣政権の天正大判の発行実績をふまえ、徳川政権は重量と品位を保証する法貨（慶長大判・小判）を中央政権として鋳造・発行した。そして、永楽銭ではなく「鐚銭」（京銭）を新たな基準銭として採用し、しかもそれと一定の換算関係にある慶長小判を鋳造・発行したことは特に重要で、ここに計数貨幣である金貨と銭貨を一定の換算基準で結びつける日本独自の通貨制度が誕生した。

それに対し、銀貨の場合は金貨に比べて副次的な扱いとなった。それは、慶長一三年令が関東を中心に発令したものであったためか、銀についての規定を欠いており、そのため銀流通の活発な畿内以西の地域に対する配慮からか、幕府は翌年七月に改めて銀も含めた三貨の換算基準（金一両＝銀五〇匁＝銭四貫文）を定めている。しかし、それはあくまで国内基準であったと推測され、対外貿易の銀使用の場合、この基準がそのまま適用されたかどうかは疑問である。

ともかく、一七世紀に入っても対外貿易の決済には依然として銀が使われており、とりわけ豊臣政権の政策を継承し、対外貿易を独占、もしくは統制することを基本方針とした江戸幕府にとって、銀はきわめて重要であった。そのため、国内的には計数貨幣である金貨と銭貨を中心とする通貨制度を創設する一方、対外貿易の決済には秤量貨幣である銀貨がぜひとも必要であり、それが徳川政権最初の銀貨となる丁銀や豆板銀の誕生につながったと思われる。したがって、徳川政権の通貨制度は、国内で適用される換算基準で結びつけられた金貨と銭貨に加え、国内（畿内・西国）はもとより対外貿易においても対応可能な秤量貨幣の銀貨が組み合わさる形で誕生したと言える。[31]

その後、慶長年間から元和年間（一六一〇―二〇年代）にかけて幕府による撰銭令が繰り返し発令されたことにより、「鐚銭」（京銭）は金貨と一定の換算基準で結ばれる公的な銭貨、まさに公用銭貨としての信用を高めることになり、その価格水準での銭貨統一が可能な環境がしだいに整うことになった。[32]

そして寛永一〇年代（一六三〇年代半ば―四〇年代前半）は、外交権の掌握のもと徐々に整備してきた、いわゆる鎖国体制が最終的に確立する時期である。徳川政権は、対外貿易の統制強化によって新たな銭貨流入など海外からの経済的影響を極力排除し、さらに「鐚銭」（京銭）を中心とする銭貨政策を推し進めた結果、その信用は回復に向かい、複雑であった流通状況も統合化への見通しが立つようになった。幕府が公鋳銭貨の鋳造・発行に踏み切ることになったのはこうした状況をふまえてのことと思われる。

こうして徳川政権は、江戸・近江坂本のほか京都・大坂に「寛永新銭」（寛永通宝）の鋳銭所を設け、さらに八カ所の諸藩にも鋳造を命じるなど全国規模での増産を図り、それを従来の「古銭」（鐚銭・京銭）と同等の価値で使用することを繰り返し命じた。その結果、「寛永新銭」は大量に鋳造・発行されて国内に広く普及し、延宝年間（一六七〇年代）には従来の「古銭」が「悪銭」と同じ扱いを受けるまでになり、幕府公鋳銭貨を基準とする通貨制度がようやく軌道に乗ったのである。

おわりに――中世貨幣から近世貨幣へ

中世東アジアの国際秩序を背景とする中国王朝鋳造銭貨(「制銭」)の周辺諸国への流布は各国に大きな影響を及ぼしたが、日本も例外ではなかった。ただ、中国「制銭」は、日宋関係の時代はもとより、日明関係の時代にあっても、国家間の貿易のみによって日本に流入したのではなく、日本国内の大名権力、国人領主など地域領主、そして海商らによる積極的な貿易・通商活動により、様々なルートを通じて他の外国銭貨とともに日本に流入した。とりわけ畿内・西国には、各地の諸勢力が独自に外交・貿易を展開したことで、渡来銭の活発な流入があったと推測され、中国王朝発行の良質銭貨だけでなく低品位の民間私鋳銭がそれに加わり、その混在状況がやがて日本国内の銭貨取引に大きな混乱(「撰銭」の発生)をもたらした。中央政権による一括した入手と市場投下の形をとらない以上、渡来銭の流通はいわば民間(地域社会)主導であり、国内私鋳銭も加わって一五世紀後半以降は、異なる価値の多様な銭貨が様々な通用範囲で重層的な流通を展開していたと思われる。

そして一六世紀に入ると、いわゆる戦国大名が広域公権力として自らの領国を「国家」とみなして領国支配を始めるが、銭貨に加えて新たに高額貨幣として流通し始めた金・銀の通用状況に対して個々に通貨政策を実施したのであり、特に東アジア的規模で展開する流通経済の舞台に積極的に参入した西国の大名や諸領主は、国際通貨である銀を元手に独自の通商活動を展開した。その結果、一六世紀半ばには大量の外国産品が日本に流入し、その取引手段として金・銀が国内各地の都市を中心に利用されるようになった。とりわけ、唐物をはじめとする高額商品が取引されていた畿内主要都市では、織田信長が流通市場にすでに存在する多様な銭貨と新たに登場した金・銀に対し、「精銭」(「善銭」)を基準とする銭貨秩序を設定するとともに、その「精銭」と金・銀を独自の換算基準で結びつける方向性を提示したのであり、それはその後誕生する中央政権の通貨政策にも多大な影響を及ぼすことになった。

しかし当時はまだ、国内各地の大名権力が銭貨や金・銀の流通する現状をふまえた通貨法令を発布し、あるいは金・銀貨(領国貨幣)を鋳造するなど、独自の対応をおこなっていた。したがって豊臣政権の登場は、単に国内統一というだけでなく、通貨制度においても国家的「統一」の道筋を付けた点で重要な意味を持つ。すなわち豊臣政権は、畿内政権として高額貨幣である金・銀と米を中心に財政運営をおこなう一方、重量と品位を保証する法貨としての天正大判を鋳造するが、それは金を計数貨幣とする日本独自の通貨制度を創出する方向性を持っていた。そして、当時畿内で精銭として扱われていた「ひた銭」を基準銭に位置づけ、金との換算基準を設定するなど、それは通貨の面で、明国を中心とする国際秩序からの「自立」を図ろうとする華夷意識の発露とみることができる。また同政権は、国内の金銀鉱山を公儀のものとして掌握し、長崎を直轄港として外交・貿易を独占しようとする姿勢のもと、国内通貨であるとともに国際通貨でもある銀を秤量貨幣として鋳造するが、その結果、従来銀を元手に東アジア諸国と密接な通商関係を持っていた西国諸地域はその関係を断ち切られ、豊臣政権以降の中央政権が統制強化をめざす、いわば「国内経済圏」の中にしだいに組み込まれていくことになる。

続いて誕生した徳川政権は、国内統治権を確立した豊臣政権の支配方式を基本的に継承するが、東国関東に政権基盤を置いたことにより、永楽銭基準の通貨慣行への対応を余儀なくされる。そこで、関東では依然高い価値を持つ永楽銭と低品位銭貨の使用を共に禁じ、畿内の標準銭貨で精銭とみなされていた「鐚銭」(ひた銭・京銭)を基準銭とする一方、それと一定の換算基準で結ばれる金貨(慶長小判)を新たに鋳造・発行し、金を中心とする日本独自の通貨制度を創出した。また、豊臣政権の政策を継承し、国内の金銀鉱山や主要都市を直轄化して長崎を拠点に貿易を統制しようとする姿勢は、東アジアの国際通貨である銀を必要とし、それが丁銀など幕府公鋳の秤量貨幣をも誕生させることになった。

そして、通貨法令をはじめとする諸政策の実施により、基準銭として社会的信用を得た「鐚銭」（京銭）の価格水準のもと、幕府はついに独自の銭貨（寛永通宝）を鋳造・発行することになるが、それは中世までの渡来銭中心の貨幣制度からの「自立」を意味した。そこには、明国が滅亡に向かい清国が成立するなか、織豊政権以来、天下人の登場により日本国内で徐々に醸成されつつあった華夷意識の存在が窺える。

すなわち近世三貨体制は、一両＝四貫文という換算基準で結びついた、ともに計数貨幣（国内通貨）の金と銭、そして対外貿易を統制下に置こうとする幕府が必要とした秤量貨幣（国内通貨であり国際通貨）の銀という、本来性格の異なる二種類の通貨体系が組み合わさったものであり、それこそ日本型華夷意識の高まりの中で国内統治と対外政策を共に推進しようとする徳川政権の施政方針が通貨制度に反映されたものと思われる。それは、織田政権から豊臣政権を経て徳川政権が誕生する過程で、日本独自の金・銀・銭の換算基準の設定に始まり、日本独自の金・銀・銭の貨幣鋳造・発行で結実したが、言うまでもなくそれは当初から予定されていたものではなく、国内的にはその時々の中央政権が直面した通貨事情に、そして対外的には東アジアの貿易構造や国際関係に強く影響を受けた歴史的所産と言えるのである。

（１）　畿内・西国については、拙著『戦国織豊期の貨幣と石高制』（吉川弘文館、二〇〇六年）を参照のこと。
（２）　基準銭となりうる良質銭貨（「清銭」）と一般流通銭（「並銭」「悪銭」など）との比価を示す呼称には、地域性があったと思われ、大内・毛利氏領国に見られる「～和利」に相当するものが、畿内や越前国では「～文立」「～増倍」であったと考えられる。
(3) 鈴木公雄「出土銭貨からみた中・近世移行期の銭貨動態」(『歴史学研究』七一一号、一九九八年)。のち、歴史学研究会編『越境する貨幣』(青木書店、一九九九年)に収録される。
(4) 永原慶二「伊勢商人と永楽銭基準通貨圏」(日本福祉大学知多半島総合研究所編『知多半島の歴史と現在』5、校倉書房、一九九三年)。
(5) 藤木久志「大名領国の経済構造」(『日本経済史大系2 中世』東京大学出版会、一九六五年)、「戦国期の「撰銭」問題と在地の動向」(『歴史学研究』三四八号、一九六九年)。なお、いずれも同『戦国社会史論——日本中世国家の解体』(東京大学出版会、一九七四年)に収録されている。
(6) 池上裕子「戦国期における農民闘争の展開——北条領国の場合」(『歴史評論』三二六号、一九七七年)。のち、同『戦国時代社会構造の研究』(校倉書房、一九九九年)第三部第一章に収録。
(7) 『神奈川県史 資料編3 古代・中世(3下)』七一四六号北条家朱印状写(相州文書所収淘綾郡荘左衛門所蔵文書)。
(8) 『神奈川県史 資料編3 古代・中世(3下)』七三九七号北条家朱印状写(新編武蔵国風土記稿荏原郡十五)。
(9) 『神奈川県史 資料編3 古代・中世(3下)』七四一四号北条家朱印状(真鶴町所蔵文書)。
(10) 『神奈川県史 資料編3 古代・中世(3下)』七四四四号北条家朱印状写(武州文書所収橘樹郡林平所蔵文書)、七四四五号北条家朱印状写(新編武蔵国風土記稿多摩郡二)。
(11) 『神奈川県史 資料編3 古代・中世(3下)』七五〇九号北条家朱印状(陶山静彦氏所蔵文書)。
(12) 『神奈川県史 資料編3 古代・中世(3下)』七五四五号北条氏康朱印状(和田順三郎氏所蔵文書)。
(13) 『神奈川県史 資料編3 古代・中世(3下)』七六一五号北条氏康朱印状(陶山静彦氏所蔵文書)、七六一六号北条氏康朱印状案写(新編武蔵国風土記稿多摩郡二)。

(14)『神奈川県史 資料編３ 古代・中世(３下)』八六四八―八六五四、八六六八、八六七〇号北条家朱印状(清水文書ほか)。
(15) ポルトガル生まれのキリスト教宣教師ジョアン＝ロドリゲス(一五六一―一六三四)が著した『日本大文典』(慶長九年―一三年長崎学林刊、土井忠生訳により一九五五年に三省堂から刊行)の第三巻「われわれが caixas と呼んでゐる銅貨の用法に就いて」のなかに「特殊な名目には次のやうなものがある」として見える数種の銭貨の一つとして Bita が挙がっている。これが、「ひた」を示すのであれば、「びた」と発音されていたことがわかり、興味深い。
(16) 所理喜夫「関東転封前後における徳川氏の権力構造について―特に天正十七・十八年の五カ国総検を中心にして」(『地方史研究』四四号、一九六〇年)、のち同『徳川将軍権力の構造』(吉川弘文館、一九八四年)第七章に収録、北島正元「徳川氏の初期権力構造―検地と分附記載より見たる」(『史学雑誌』六四-九、一九五五年)、のち同『江戸幕府の権力構造』(岩波書店、一九六四年)第一部第一章に収録、本多隆成「初期徳川氏の検地と農民支配―五カ国総検地を中心に」(『日本史研究』二一八号、一九八〇年)、のち同『近世初期社会の基礎構造―東海地域における検証』(吉川弘文館、一九八九年)第二章に収録、谷口央「初期徳川権力の基礎構造―五カ国総検地の名請人理解から」(三鬼清一郎編『織豊期の政治構造』吉川弘文館、二〇〇〇年)ほか。
(17) 本多隆成「徳川氏五十分一役と宇布見郷年貢勘定書―谷口説をめぐって」(『織豊期研究』五号、二〇〇三年)、のち同『初期徳川氏の農村支配』(吉川弘文館、二〇〇六年)に収録される。
(18)「中村文書」(『大日本史料　第十一編之十二』)。
(19)「遠江国引佐郡気賀宿中村家文書」(国文学研究資料館所蔵文書)。なお、所理喜夫注(16)論文参照。
(20)「亀山区有文書」(渥美町歴史民俗資料館保管)。なお、本多隆成注(17)論文参照。
(21)「世田谷代官大場家文書」深沢村指出検地目録(世田谷区立郷土資料館保管)。本文書については、同館学芸員武田庸二郎氏に展示ガイドブック『世田谷の歴史と文化』(二〇〇五年)など関係資料をご提供いただき、写真で内容を確認できた。ご高配に対し、感謝の意を表したい。なお、北島正元注(16)論文参照。

(22)『神奈川県史　資料編6　近世(3)』一六二号。なお、和泉清司「徳川氏における体制的石高制の成立過程」(村上直編『論集　関東近世史の研究』名著出版、一九八四年)参照。
(23)佐脇栄智「後北条氏の貨幣政策について」(同『後北条氏の基礎研究』吉川弘文館、一九七六年)。
(24)注(9)に同じ。
(25)鈴木公雄「永楽通宝の超精(清)銭化と東国集中」(『出土銭貨の研究』東京大学出版会、一九九九年)第三部第二章。
(26)「伊勢市大湊支所所蔵文書」(『四日市市史　第七巻　史料編　古代・中世』)。
(27)大阪城天守閣編『特別展　秀吉家臣団』(大阪城天守閣特別事業委員会、二〇〇〇年)図録四二頁写真および一〇二・一〇三頁解説、「小田部庄右衛門氏所蔵文書」(『栃木県史　史料編　中世二』)。
(28)児玉幸多校訂『近世交通史料集　第八巻』(吉川弘文館、一九六七年)所収史料による。
(29)『徳川禁令考』三六八四・三六八五号
(30)安国良一「近世初期の撰銭令をめぐって」(歴史学研究会編『越境する貨幣』青木書店、一九九九年)。
(31)幕府公鋳の銀貨としては、丁銀など秤量貨幣のほかに、金貨と一定の換算基準で結ばれた計数貨幣(一分銀・二朱銀などがあるが、それは寛永通宝が普及し、近世三貨体制が定着を見た近世中期に新たに鋳造・発行された国内通貨である。本稿では、近世三貨体制の本質を徳川政権成立当初の金・銀・銭に探ろうと試みているため、近世中期以降に登場する計数貨幣としての銀貨は考察の対象としなかった。
(32)近世三貨体制成立以前の幕府の銭貨政策と地方藩の銭貨実態については、拙稿「近世初期幕府の銭貨政策と長州藩」(『広島女子大学国際文化学部紀要』第一三号、二〇〇五年)を参照のこと。

第六章

貨幣の地域性と近世的統合

安国良一

はじめに

本章では、近世初期において地域性をもった諸貨幣が徳川幕府によっていかに統合されたか、その過程と統合の特質について検討する。

近年、主に中世史研究の側から、中近世移行期における銭貨流通の地域性、撰銭令発布の背景や影響、米の貨幣的使用、金銀の貨幣的普及についての分析が進んできた。背景には考古学による出土銭貨研究の進展があり、この時期の遺構調査や成果発表が着実に重ねられ、文献と遺物の両面から当該期の貨幣史を具体的なレベルで検討できるようになった。

右の研究動向は、地域性という点に限れば、かつて小葉田淳・伊東多三郎・榎本宗次らがまとめた一七世紀における領国貨幣研究の成果に連結していく感があるが(1)、いっぽうで三貨制度(体制)と称される近世幣制の統合の実態や意味をあらためて問い直す糸口になると思われる。これまでの近世貨幣史は、幕府の盛衰に対応した段階的理解が一般的であった。一七世紀に限れば、徳川政権の成立とともに金銀貨が定められ、やや遅れて寛永通宝の発行によって銭貨も統一され、三貨が全国的に普及していく過程として描かれてきた。こうした三貨の普及は長期的な過程としては首肯できるが、近世初期においては、貨幣発行を幕府が独占し強制力を行使しえたと見なすことには無理がある。果たして近世的な貨幣統合はどのように達成され、後代の統合とはいかに相違していたのか。もう一度当該期の国内の政治・経済状況のなかに貨幣を位置付けてみたい。

こうした列島内部で進行した貨幣の統一と呼ばれる事象は、いっぽうで秤量銀貨と模鋳を含む中国宋銭を主体とした当時の東アジア通貨圏からの離脱を意味した。[2] 言い換えれば、貨幣における「鎖国」の進行であり、国家的な独立である。こうした対外的視点を排除して国内的貨幣の統合を描くことは、不十分であろう。本稿では、かかる視点をもう一つの柱として右の課題に迫りたい。

なお分析は、これまで研究が手薄な銭貨に重点を置く。金銀貨に比べてやや複雑で動態的な統合への道が提示できればと思う。

一　幕府の貨幣と領国の金銀

徳川家康は関ヶ原の戦いに勝利して実権を掌握したあと、慶長六年(一六〇一)に伏見に銀座を設けて丁銀等の鋳造を認めた。[3] 同じ頃江戸においても後藤庄三郎光次支配下に金座による小判・一分判の発行が始まった。天下人による金座・銀座の指定と金銀貨の鋳造開始は、実質的な公鋳貨の発行にほかならない。両座は公納地金による徳川氏(幕府)の金銀貨だけを鋳造したわけではなく、その御用を無償あるいはわずかの手数料を得て勤める代わりに、市中に流通する山出しの灰吹銀や筋金を買い上げて金銀貨を鋳造し販売するという独占的な営業を保障されていた。一七世紀半ば以降になると、全国的に金山・銀山の産出量が減退し、市中に出回る地金も減少して、両座の経営は重要鉱山を直轄した幕府の公納地金による鋳造に依拠せざるをえなくなるが、両座が公許を得て継続的に金銀貨を鋳造したことによって、国内の金銀貨は一七世紀末には両座の金銀でほぼ統一されることになった。[4]

通貨の整備は法制度の裏付けをもって進んだ。慶長一四年五月三日の大久保長安ほか駿府奉行衆の連署状では、金銀山を領内に抱えた大名・代官宛に、銀子の灰吹きや筋金の吹き分けを禁じた。精錬を装った金銀貨の偽造を防止するとともに、公納地金の抜け売りを防ぎ、金座・銀座が独占的に地金を確保することを狙ったものと思われる。また金銀貨の偽造は近世初頭から死に値する重罪であり、処刑例をみても一七世紀中頃にはすでに最高刑である磔が確定していた。後述するように、銭貨についても寛永通宝鋳造後の寛永二〇年(一六四三)に私鋳や密造を禁止する全国法令が出された。こうして貨幣の偽造は、一七世紀中頃にはキリシタンと並ぶ国家的犯罪と認識され、幕府の意向が大名領にまで浸透していった。

いっぽう貿易において、銀は最大の輸出品であったが、慶長期から輸出を丁銀だけに限り、良質な灰吹銀の輸出を禁ずる姿勢を家康は示していた[5]。元和二年(一六一六)頃には輸出銀取締りのため長崎に銀座が設置された[6]。品位八〇%の慶長丁銀は当時の東アジアの貿易銀から見れば劣位であり、輸出には純良な灰吹銀が好まれたため、海外商人は丁銀をそのまま受け取るように命じられても、国内で灰吹銀に替えて輸出したし[7]、朱印船時代の日本人も輸出先で丁銀を精錬し直して現地で使用した[8]。幕府が灰吹銀を統制して貿易銀を丁銀に限ったことは、大名による自由な灰吹銀調達の道を閉ざし、自らがめざす貿易独占を強化する目的があったろう。

ところで近世初期の大名領では、領内の金銀山を開発し、その産金銀を一定の品位に仕上げ、極印を打って領内通用の貨幣とすることが見られた。極印のない灰吹銀もしばしば使われた。こうした領国貨幣とくに領国銀の存在については、これまでの研究によって詳細に知られている。ここでは本稿の課題に沿って、これら領国銀を幕府・銀座との関係において位置付けておこう。

榎本宗次は、寛文八年(一六六八)の京都銀座狩野七郎右衛門の書上、元禄—享保期と推定される銀座書留の「諸国灰吹位付」、明和八年(一七七一)「諸国灰吹銀寄」に記された各種の銀を国別に一覧化し、津軽や加賀を例に総括している[9]。さまざまな山出しの灰吹銀が少数の領国貨幣に淘汰され、領内通用ばかりでなく、幕府貨幣の取得のため江戸に現送されたり領内で交換され、また加賀の「取込銀」の名称が示すように、場合によっては領国の枠を越えて流通した。しかし鉱山産出量の減少、幕府貨幣(丁銀や寛永通宝)との交換やその普及によって、一七世紀中頃から末にかけて廃止されていった。

榎本が提示した三つの書物はいずれも銀座が編集したものであり、各種の銀を丁銀鋳造の地金として評価したものである点に注目したい。たとえば寛文の狩野書上において、加賀国では次のような記述がある[10]。

一朱染紙灰吹百目に付此銅八匁、丁銀合百八匁

右之朱染紙灰吹者、北国筋より参候灰吹を朱染紙灰吹に吹直し、遣銀に成申候

朱染紙灰吹は加賀前田家の「遣銀」すなわち領国貨幣であり、北国筋から来る灰吹銀を仕入れ、一定品位の朱染紙灰吹に鋳造しなおしていた。これに銀座では「此銅」すなわち差銅八匁を加えて丁銀に吹きたてる。銀の品位は、おそらく北国筋の産銀が最も高く、次いで朱染紙灰吹、幕府丁銀の順となる。狩野書上には、いずれの領国銀にもこうした「此銅」=差銅の記載があり、銀座が地金として領国銀を見ていたことは明らかである。同様に「諸国灰吹位付」や「諸国灰吹銀寄」にも領国銀の評価はあるが、いずれも差銅高ではなく、「何割(歩)入」「釣替」「何割(歩)引」といった慶長銀との比較値で示されている。この評価法は、最良の上銀を一割入と称して重量比一・一倍の慶長銀と交換するやり方で、等倍を「釣替」、それ以上を「入」、以下を「引」で表した。両書の場合、狩野書上よりかなり低品位の銀まで記載されており、時期が下がるほど種類も多い。最低値を示せば、「諸国灰吹位付」で越後高田の定丸在所の三割三歩引、「諸国灰吹銀寄」では因幡の鯨壱町目の六、七割引が載せられている。慶長銀から元文銀にいたる何

度かの改鋳によって通用銀の品位が下がったために、銀座が低品位のものまで買い上げるようになったと考えられる。

以上から、領国銀はすべて丁銀との関係で位付けられていたことがわかる。地金の評価は、客観的な品位ではなく、慶長銀との関係で数値化され、鋳造費を見込んだ銀座に有利なものとなっている。こうした丁銀中心の関係のなかには、まさに幕・藩関係が反映されている。丁銀は幕府が公許した銀座が権威をもって鋳造した全国的通貨であるのに対し、領国銀はあくまで領内通用の貨幣であって、高品位であっても領外では地金に過ぎない。銀が中央都市で需要され、領国銀から丁銀が鋳造されるという不可逆的な関係によって、銀貨の統一は完成へと向かい保持された。しかし注意を要するのは、銀座は採算がとれないほど低品位なものを積極的には買い集めないことである。貨幣の統一性という点からみて、独立した経営体である銀座が発行を担ったことの限界がそこにある。論理的には、小地域にとどまって流通する「悪銀」が存在した可能性は否定できない。前掲の「諸国灰吹位付」や「諸国灰吹銀寄」に載せられた低水準の銀は、そのことを示しているようだ。

二　京銭＝鐚銭による銭貨統合

慶長一三年（一六〇八）、幕府は伊奈忠次・安藤重信・土井利勝の連署をもって江戸に高札を立て、永楽通宝の通用を停止した。翌年には、金一両＝永楽銭一貫文＝京銭四貫文＝銀五〇目と三貨間の公定相場を示した。従来、東国において優位な比価で流通してきた永楽通宝を計算上残しながら、実物の流通を禁止し、銭はすべて一枚一文通用の鐚銭＝京銭と定めた。両法令は関東の幕領を対象にした撰銭令の一種と考えられるが、交通路における支払手段の役割を果たす銭について、江戸―上方間の宿駅整備を急ぐ幕府が特異な永楽銭の流通を停止することは必然的であった。こうして幕府は、京銭による銭貨の統一をはかり、公定比価をもってその安定的な流通を確保しようとした。その後も幕府は将軍上洛などの機会に撰銭令を発して、低劣な銭貨の排除と京銭の公定価格による通用を再三にわたって命じた。京銭は幕府指定の標準貨幣として、領国を越えて使用された。寛永通宝の前代に位置付けられるべきこうした段階を、京銭による銭貨統合の時代と呼ぶことにする。(11)

幕府が標準貨として定めた京銭に対し、大名によっては領国あるいはそれ以下の小地域で独自の銭を鋳造し流通させていたところもあった。秋田、水戸、長門、豊前小倉、薩摩などがこれまで明らかになっており、(12)秋田の並銭、長門の国銭・萩銭・河内銭、薩摩の加治木銭(洪武通宝)の名が知られている。寛永後期に刊行された俳諧書『毛吹草』においても、常陸に「銭〈新銭始ト云〉」、出羽に「針金銭《ハリガネゼニ》」、長門に「銭〈諸国参宮道者用之〉」、筑後と薩摩に「洪武《コロ》銭《セン》」の名称が産物として上がっていて、寛永通宝普及以前の領国銭の流通状況をうかがわせる。このうち秋田の銭については、近年発掘成果も出され、現物とも対照できるようになった。

秋田の銭については、慶長前期の金・銀に対する比価が判明し、慶長二―六年に金一両あたり銭六八貫文余から九五貫文、同五―六年に銀一匁あたり銭二貫五〇〇文から三貫三〇〇文余の幅で推移している。(13)銀との比価を銭一貫文あたりに換算すると銀〇・三匁余から〇・四匁となる。比較のため同時期の京都銭相場(表1参照)を見ると、慶長五―六年に銭一貫文あたり銀六・五匁から七匁である。京都では基準となる銀が慶長五年鋳造開始の慶長銀と考えられるが、秋田の場合はもっと良質の銀である可能性が高い。このような事情を勘案しても、秋田の銭は京都の銭の一〇分の一以下の価値しかない。また『梅津政景日記』元和三年一〇月一三日条には、御蔵算用のうち慶長二〇年(元和元)に並銭と呼ばれた銭を京銭に交換した際の対銀相場が載っている。「並銭四百拾八貫九百八十文ニ付、銀百目宛」、京

表1　京都銭相場(慶長3-寛永7年)

年　次	妙心寺	真珠庵	北野社	頂妙寺	冷泉町
慶長3 1598	3.5〜3.8	3.5		3.3〜3.5	
4 1599	3.5		3.3	3.2〜3.8	
5 1600	6.7〜7.0		6.5		
6 1601	6.5〜7.0		6.6		6.5
7 1602	6.6〜7.3		6.5		
8 1603		6.6〜6.9			
9 1604					
10 1605	12.0〜13.0			12.0	10.7〜12.6
11 1606	13.0			12.0	13.3
12 1607			14.3〜15.0		
13 1608		15.4〜15.7	14.4	15.0	
14 1609	16.0〜17.0	17.0〜18.5	15.1	16.0〜17.0	17.0
15 1610	17.0〜20.0	17.0		20.0	20.0
16 1611	20.0	20.5	20.0		20.0
17 1612	20.0		21.0		20.0〜21.0
18 1613	20.0〜21.0		21.0		21.0
19 1614	20.0〜22.0				21.0〜25.0
元和元 1615	20.0〜22.0	18.6〜20.3	17.0〜23.0	20.0〜23.5	
2 1616	15.0〜16.0		16.0〜17.0		
3 1617	15.0〜16.8		14.0〜15.0		
4 1618	16.0		16.0		
5 1619			16.0		
6 1620		16.0〜17.2	16.0		17.1〜17.3
7 1621		16.0〜17.0	16.0		
8 1622		16.0〜16.5	16.0		
9 1623		17.0〜18.4	17.0		17.0
寛永元 1624		18.0〜18.3	18.0		
2 1625		17.1〜18.1	17.0		
3 1626	17.0〜17.2	17.0〜17.5	17.2		17.0
4 1627	16.0〜16.7	16.0	16.0		
5 1628	16.7〜18.8	16.5〜18.4	17.0		
6 1629		17.6	17.4〜17.5		
7 1630	18.0	18.8〜20.0	17.7〜18.0	17.5〜18.1	

出典：妙心寺・真珠庵は『一五〜一七世紀における物価変動の研究』にそれぞれ「妙心寺納下帳」・「真珠庵納下帳」(『大徳寺文書』)で補訂，『北野天満宮史料　宮仕記録』『北野天満宮史料　年行事帳』，『頂妙寺文書・京都十六本山会合用書類　四』，『京都冷泉町文書 第一巻』

注：数値は銭1貫文あたり銀匁

銭は「代壱貫ニ付、銀弐拾目宛」とあって、並銭は一貫文あたり銀〇・二三八匁余となるので、並銭は京銭の八三分の一以下となっている。この京銭換算値は慶長二〇年時点での京都銭相場とほぼ同価である。[14] 後述するように、慶長前期の秋田銭とこの並銭は形態も異なっていた可能性があるが、銀換算値は下落しており、しかも京都の銭相場は約三倍にも上昇したため、秋田並銭の相対価格が極端に低下したのである。

いっぽう考古学的成果によれば、秋田は無文銭の流通圏であることが分かってきた。しかも口径や重量が小さい輪銭と呼ばれる軽薄な銭も多く発見されている。[15] 一般に銭は、踏み返しによって模鋳を繰り返せば軽薄化していくことが知られている。慶長前期の銭が慶長末年の並銭へと軽薄化していたことは十分に考えられ、対銀相場の値下がりもその結果と見ることができる。「針金銭」の名称にふさわしい形態であったと思われる。このような銭が、銭自体の生産に支障をきたし、やがて流通の限界を迎えたことは、佐竹氏が慶長二〇年に並銭を京銭へと切り換えたことからも推測できる。このほかに秋田では、いまだ永楽銭も流通していた。こういった意味で秋田の銭は、地域的な流通圏において銭の淘汰が進んでいったことを示す例であろう。ただし並銭自体が廃棄されたのか、それとも基準銭が変更されただけで、価値計算の最小単位として現物も根強く残ったか否かについては、なお検討を要する課題である。

さて、大名領内において他の小額貨幣が流通している場合に、京銭はどのように位置付けられていたのであろうか。豊前小倉細川家では、元和年間から右田判の金銀や平田判の銀が使用され、寛永元年(一六二四)から同五年まで領内通用の「新銭」を鋳造したが、[16] さらに領外で使用するために、京銭をストックしたり使者に与えたりしていた。[17]

はたこ町人ニ被申付、其国々の銭別々にて候故、京銭ニうけさせ、以来其方かい取可遣と被申付之由、さても〳〵きもをつふし申候、日本始持分之国を、上使衆通候とて加様ニ申付候所ハ、以来も有間敷と存候、余心を被尽、以来身之痛ニ可成かと無心元存候事右に引用したのは寛永九年七月一一日付細川忠利宛の忠興書状[18]の一節で、肥後熊本加藤氏の改易にかかわって、幕府の上使が細川領内を通行する際の取り扱いについて、忠利の措置に父忠興が憤慨した部分である。忠利が旅宿の町人に対し、上使が遣う京銭をそのまま受け取り、のちに買い取ることを申し付けたことに忠興は大きな驚きをみせ、上使への過ぎたる心遣いは身のためにならないと懸念している。忠興の言葉からは、銭に限らず大名領内で独自の貨幣を流通させることは領主の権利として確立していたと考えられるが、このような大名の貨幣公権が対幕府関係の変化のなかで動揺している様子が窺える。京銭は全国的な基準貨幣であったが、決して通用力が法的に保証されていたわけではなく、幕府と大名との間で前者の政治的優位のもとで流通した実態が認識できよう。幕府権力の確立過程にあって、盟主としての徳川氏の時代を生きた忠興と、卓越した権力者家光の時代に対応しようとする忠利との対幕府観に差異を感じるやりとりである。

こうした京銭による統合の時代は、慶長一三年頃から寛永通宝発行の寛永一三年まで続いた。各地の領国銭や小額通用の灰吹銀を許容したまま、幕府指定の標準銭として全国に流通していった。金銀も含めて、幕府の政治的優位のもとで、貨幣は個別領主の独自な通貨圏を認めながら比較的緩い統合を示していたのである。

三　銅銭輸出とその停止

近世初期においてオランダが銅銭を輸出したことは知られている。[19]ここでは、同時期における銅銭輸出の実態から、当時の国内における銅銭の生産流通を考えてみたい。

一六三四年(寛永一一)にオランダ東インド会社のアユタヤ商館長スハウテンは、平戸商館長に宛て交趾シナ向けに銅銭輸出を求めた。なかでも「最大の利益をあげるのは、サカモトとよばれるもので、最良種として通用し、一〇〇〇枚につき丁銀で八匁五分、交趾シナの貨幣で一〇匁で売れた。最近は金と生糸の値段が高騰したので、一一―一二匁に値上がりした」[20]という。文意から、現地ですでにサカモトという銭が好評を得ている様子が窺えるので、この銭はこれ以前から(オランダによるとは限らないが)輸出されていたと考えられる。永積洋子が推測するように、サカモトは近江坂本において鋳造された銭であろう。しかし、すでに寛永通宝の鋳造が同地で開始されていたという氏の見解は、にわかには首肯しがたい。確かに坂本は寛永一三年から寛永通宝の鋳造地となったので、同地で銭鋳造の実績があったことは推測できるし、俳諧書『毛吹草』でも「銭鋳形土《ゼニノイカタツチ》」が近江の産物として上がっていた。こうしたことを考え合わせれば、坂本で鋳造されたのは、寛永通宝以前の優良な銭すなわち京銭の範疇に属する銭と推測してもよいのではないか。東南アジアで受容されたのは、日本の新銘銭と考えるより、主に中国宋銭の銭文をもった京銭であったと見た方が合理的であろう。

さてオランダによる銅銭輸出については、平戸商館の「仕訳帳」によって一六三三年(寛永一〇)以降三七年までの実態が把握できる。表2には、商館による仕入れをプラス、平戸からの積出しをマイナスで表し、各取引における銭名、購入先または積出し船名、数量、価格などを示した。表によれば、主に京都商人から仕入れた大量の銅銭が、前引のスハウテンの要請に応えるように、台湾やバタヴィアに向かう船で輸出されていた事実が確認できる。これらの購入・輸出記録は、『平戸オランダ商館の日記』やその他のオランダ側史料の記事にも合致する。[21]こうして、最高で一艘四〇〇〇万枚近く、最低でも一艘二二五万枚が船積みされた。注目されるのは銭名で、サカモト(sakamotta、sackamotta、sacamotta)を中心に、エーラク(erack、jerack)、ミト(mito)、ヌメ(nume)、タマリ(tammarij)の名

表2　オランダ船による銭輸出(1633-37)

日 付	銭の名前	枚 数	購入先または積載船	単価
1633.12. 8	sakamotta	3,800,000	(京都)ソーエモン，シチビョウエ	8.5
	sakamotta	3,810,000	平戸のサコベエ(平野屋作兵衛)	8.5
	sakamotta	4,000,000	大坂のゴロベエ(町屋五郎兵衛)	8.5
	sakamotta	3,810,000	堺のギンベイ	8.5
1633.12.12	sakamotta	−15,420,000	タイオワン向けヤハト船フェンロー号に船積	8.5
1634. 2.14	sackamotta	4,815,000	平戸商人クローザエモン(播磨屋九郎左衛門)	9.0
	sackamotta	4,909,000	堺商人クローエモン	8.5
	erack	930,000		7.5
1634. 2.15	sackamotta	−4,909,000	タイオワン経由バタヴィア向けヤハト船アウデワーテル号に船積	8.5
	sackamotta	−4,815,000		9.0
	erack	−930,000		7.5
1635.11.12	sackamotta	2,250,000	(京都)ソーエモン，シチビョウエ	8.0
1635.11.17	−	−2,250,000	タイオワン向けヤハト船フェーンハイゼン号に船積	8.0
1635.12.12	sacamotta	39,375,000	京都商人平野藤次郎	8.0
	jerack	360,000		7.5
1635.12.17	sacamotta	−39,375,000	タイオワン向けスヒップ船フロル号に船積	8.0
	erack	−360,000		7.5
1636.11.28	saccamotte	5,385,000	京都商人平野藤次郎	9.5
1636.12.20	nume	5,250,000	(京都宿主)ソーエモン，シチビョウエ	9.5
	−	2,700,000	(京都)カナヤ・スケエモン	10.0
	−	165,000		9.0
1636.12.31	−	−10,635,000	タイオワン経由バタヴィア向けフライト船ペッテン号に船積	9.5
	−	−2,700,000		10.0
	−	−165,000		9.0
1637. 1.25	mito	2,505,000	(京都)ソーエモン，シチビョウエ	9.5
	tammarij	510,000		9.5
1637. 1.29	mito	−2,505,000	タイオワン向けスヒップ船フロル号に船積	9.5
	tammarij	−510,000		9.5
1637.11.29	−	21,260,000	(京都)カナヤ・スケエモン	10.0
1637.12. 1	−	−21,260,000	タイオワン向けスヒップ船フロル号に船積	10.0

出典：平戸オランダ商館「仕訳帳」(1635-37年は『平戸市史』海外史料編Ⅰ所収)
注：単価は1000枚当たり銀マース＝匁

が上がっている。サカモトやミトは鋳造地を指し、エーラクは永楽通宝のことと考えられる。ミトは、すでに明らかにされている水戸の鋳銭であろう。[22] ヌメは、安永四年(一七七五)刊行の『物類称呼』巻之四に、「銭　ぜに○畿内にて表の方をもじと云、東国にてかたと云、同く裏のかたを畿内にてぬめと云、東国にてなめと云」とあるので、元来銭の文字のない面を指し、「滑」の字を当てるのが適当である。推測するに、ヌメは両面とも文字のない無文銭を指すと思われるが、その価格はサカモトと遜色ないので、形状もしっかりした比較的重厚なものであろう。最後のタマリは何を指すのか不明である。価格は一〇〇〇枚あたりサカモトが銀八匁(マース)から九匁五分、エーラクが七匁五分、ヌメやミト・タマリは九匁五分であった。この時期の京都の銭相場(表3参照)は一貫文銀一八匁から二四匁にも

表3　京都銭相場(寛永8-寛文8年)

年次		妙心寺	真珠庵	北野社
寛永8	1631	18.0		18.0～18.5
9	1632	18.0	18.0～19.0	18.0～20.0
10	1633	18.0～19.0	18.5～20.2	19.5～20.9
11	1634	18.0～22.0	22.0～22.7	21.0～22.1
12	1635		24.0	24.0～25.0
13	1636		24.0	20.4～24.1
14	1637	24.0	23.9～24.0	23.1～24.1
15	1638	20.0	23.0	20.3～25.0
16	1639	18.6～24.0		16.0～23.1
17	1640	16.0		12.0～16.0
18	1641			10.0
19	1642			13.1～14.0
20	1643			13.5～14.0
正保元	1644	13.0		12.5～14.0
2	1645			12.0
3	1646	13.0		12.0～12.5
4	1647			12.5～13.0
慶安元	1648			13.5～14.0
2	1649	13.0～15.0		15.5～16.0
3	1650			16.0
4	1651			16.4
承応元	1652			16.5
2	1653			17.0
3	1654			17.5
明暦元	1655			18.5～19.5
2	1656			19.0～20.0
3	1657			18.5～21.4
万治元	1658			19.5～20.0
2	1659			19.0～20.0
3	1660			17.0～19.7
寛文元	1661			16.0
2	1662			16.0
3	1663			16.0
4	1664			16.0
5	1665			16.0
6	1666			16.0
7	1667			15.5
8	1668			14.0

出典・注とも表1に同じ

および、急激な上昇傾向にあったが、商館は常にその半額以下で銭を入手していたのである(23)。

オランダ商館の銭の購入先のうち、京都の宗右衛門・七兵衛・金屋助右衛門、平戸の平野屋作兵衛・播磨屋九郎左衛門、大坂の町屋五郎兵衛、堺の河内屋銀兵衛らは、同時期に銅地金もオランダ商館に売り込んでおり、商館と恒常的な取引関係にあった(24)。だが朱印船貿易家として有名な京都の豪商平野藤次郎による銅銭の大量売却は、日本人の海外渡航を禁じた寛永一二年令の影響によるものであった。「平野藤次郎の使用人は、朱印状をとどめられたため、彼が計画していたトンキンへの航海が中止となったので、もし会社が銅銭を必要とするなら、これを彼から受け取ってほしい(25)」と商館長に熱心に頼んできた。朱印船貿易の停止によって、平野自身が東京《トンキン》へ輸出しようと用意した銅銭の買取を商館に打診したのであって、結果的にオランダ側も一〇〇〇枚あたり八匁の価格で有利に買い取ることができたのである(26)。商館が購入した約四〇〇〇万枚が、この年平野が用意した朱印船一艘分の輸出高であったと推測される。

ところで朱印船が東南アジアに向けて銅銭を輸出していたことは、すでに明らかにされている。とくに東京・交趾へ向かう朱印船の重要輸出品であった(27)。この地域への朱印船の渡航は、寛永八―一二年の間で、茶屋は交趾へ五回、末次は東京へ二回、交趾へ二回、末吉は東京へ三回、角倉は東京へ三回、平野は東京・交趾へ各一回派船し、平野は行く先不明分も含め寛永九―一一年に毎年派遣したことが判明している(28)。このうち平野藤次郎と茶屋四郎次郎が銅銭を輸出していたことは、彼らが自らの利益を確保するため、寛永一〇年一〇月頃に大坂町奉行因幡(久貝正俊)を通じてオランダによる銅銭輸出を牽制していたことから、間接的にうかがえる(29)。

オランダ人は、平野藤次郎を「広南における最大にして地位ある貿易商(30)」と評していた。一六三六年一〇月七日台湾オランダ商館アブラハム・ダイケル上席商務員より東インド総督アントニオ・ファン・ディーメン宛て報告書は(31)、広南における朱印船貿易の様子を伝えている。銅銭の使い方を中心に見ていくと、まず国王のために注文に応じて、一束一万五〇〇〇個の銭を六〇〇—八〇〇束(九〇〇万—一二〇〇万枚)、銅五、六万斤を仕入れ価格と同値段で引き渡し、上級役人たちにも同じように分与した。残った銭の大部分は現地在住の日本人が引き取り、使用人を内地に派遣して土着民に家ごと一〇〇—二〇〇匁の銅銭を前貸しして生糸を集荷した。広南では養蚕が年間二季可能であるため、次の季節にも同様に銭を前貸しして生糸を買い集めた。このように朱印船でもたらされた銭は、商売の便宜のため国王や役人に原価で売り渡され、残りは現地での生糸買い集めのために前貸し資金とされた。右の報告は、平野による取引の状況を物語るといってもよかろう。

表2で注目すべきは、平野がこうした貿易の一航海分として用意した銭の量の多さであり、しかもその大部分がサカモトで占められていたことである。前述のように平野は寛永九年から毎年派船していたから、一航海四〇〇〇万枚近くのサカモトを毎年調達し輸出していたと推測される。広南において国王以下への安値販売分だけで一〇〇〇万枚近くあったから、あながち不合理な数量ではない。一六三六年に商館が平野から買い入れた五三八万枚余は、前年の朱印船停止後に彼の手元に入った分、あるいはそれまでの在庫を売却したのであろう。さらに一六三三年買入分一五四二万枚、一六三四年の九七二万枚余のサカモトは、平野とは別の仕入れルートによるものであった。これらを合わせれば、サカモトの年間鋳造量は五〇〇〇万枚(五万貫文)以上あったと推定できる。前述のように茶屋四郎次郎も銅銭を輸出していたと思われるので、仮にその調達先が坂本であればさらに鋳造量は膨らむ。近江坂本は京銭の一大生産地であり、その鋳造量はおそらく前代とは格段の差があろう。その基礎には、中世・近世を画する技術的革新や鋳造組織の整備があったと想定される。

サカモトは、寛永一二年まで輸出の大部分を占めたが、翌年を最後に他の銭種に代わった。これは寛永一三年後半以降には坂本が寛永通宝の鋳造地となったために、京銭としてのサカモトが生産されなくなったためと考えられる。

一〇〇〇枚あたりの価格も、寛永通宝が発行された寛永一三年からは、サカモトを含め全体的に価格が上昇していく傾向を読み取ることができる。同じ頃ヴァタビアでは、広南貿易を継続するため平戸商館長に命じて一八万―二〇万グルデンの銅銭を造らせ、若干の銅塊とともにタイオワンに送ることを計画したが、[32]もはやそれも果たせなかった。日本国内で新銭鋳造の体制が整備されていくなかで、京銭の供給源が断たれ、輸出に向けられる銭の需給が逼迫して価格が上昇していったとみられる。そして寛永一四年には銅輸出が幕府によって禁止されたため、オランダ商館は銅地金に代えて銅銭の確保を急いだ。「皇帝は日本から銅を少しも持ち出さぬ様、厳しく禁止したので、要求された玉銅六〇〇〇ピコルの代わりに、銅銭一二〇〇束を、広南の商務員コルネリス・カザールに送ることを諒解した[33]」と記す。銅銭一二〇〇束は一八〇〇万枚となる。商館はさらに集荷に努め、同年一一月に京都のカナヤ・スケエモンから二一二六万枚の銭を仕入れ、最後の船積みに間に合わせたのである。[34]

四　新銭鋳造計画

平戸オランダ商館員（のち商館長）フランソワ・カロンは、貨幣および度量衡について述べた『日本大王国志』の項で次のように記している。[35]

貨幣は金銀のほかにカシーがある。カシーは全日本を通じ、異なった王国において成分を異にし、また価格を異にしている。よって皇帝は銅のカシーを新たに鋳造するに決し、旧銭をより多く集めんために、実価以上に買い入れ、既に四年を費やした。

カシーとは銭のことであり、王国は大名領国、皇帝は徳川将軍を指す。文意から、この記事が寛永通宝の鋳造にいたる過程を語っていることは明白であろう。大名領ごとに成分や価格の異なった銭が流通していた状況を解消するため、将軍は新銭＝寛永通宝の鋳造を決定したのである。ここでは、四年にわたって鋳造原料として旧銭を買い集めたと伝えている点が興味深い。この記事は寛永一三年（一六三六）後半に書かれたと考えられるので、四年という期間を真実と見るなら、同一〇年から旧銭の買入が行われたことになる。その証拠は現在のところ見出せないが、新銭発行計画が寛永通宝の鋳造が開始される寛永一三年をさかのぼる何年も前から準備されていたという指摘は検討に値しよう。

ところで、寛永一一年将軍家光の上洛に従って在京中の細川忠利は、閏七月一九日付長崎奉行榊原職直に宛てた書状の中で、「戸左門殿・松越中殿、鳥目新銭ニ替候而可然哉と申儀せんさく仕候へと、か様之御用両人之衆承由、聞及申候[36]」と伝えた。戸田氏鉄・松平定綱の両名が旧来の銭を新銭に替えることについての検討を命じられたとの情報を得たのである。伝聞情報に過ぎないとはいえ、幕府による新銭鋳造計画が確認できる最初である。新銭をもって旧銭に入れ替えるというかつてない大規模な構想の実現に向けての可能性をさぐるとともに、その手順を練らせたのであろう。

これを、前述した『日本大王国志』の記述と合わせ考えるとき、忠利の情報の信憑性はにわかに高まる。カロンは寛永一三年後半の時点で新銭鋳造のための旧銭買い付けが四年間継続したと記していた。表3に示したように、京都の銭相場は、寛永一〇年頃から一貫文あたり一八匁の水準を超えて、同一三年寛永通宝発行時の二四匁まで上昇傾向を示すので、銭相場の動向はカロンの記述と符合しているようだ。ただ寛永一一年の家光上洛の準備のために、道中で必要な銭の調達が実施され、それが前年から銭相場を押し上げていたことも十分に考えられる。これに対し、寛永一一年以降の銭相場上昇の方は、同年の戸田氏鉄・松平定綱による検討をまって、新銭鋳造をにらんだ旧銭買い付けが行われた結果である可能性が高い。

将軍上洛時にこのような検討が指示されたのは単なる偶然とは思えない。近江坂本という大規模な京銭の鋳造地を控えた京都において、これらの銭が流通しつつも、朱印船貿易家らによって坂本鋳造銭が大量に輸出用に調達されるという状況を、家光や幕閣が目の当たりにしたことがあったと思われる。坂本銭の質の良さと大規模な鋳造量に注目するとともに、それらが何の制限もなく輸出に仕向けられることに幕府が懸念をもったとしても不思議ではない。果たして、翌寛永一二年に実施された日本人の海外渡航禁止すなわち朱印船貿易の停止が、先の戸田・松平の検討の結果、新銭鋳造をにらんで実施された政策であるか否かは定かではない。しかし大量の新銭をもって旧銭＝京銭を入れ替えるためには、まず旧来の鋳造地を確保し、そのうえでその鋳造施設や職人を新銭鋳造のために再編成することが最も迅速かつ確実な方策であった。それが坂本への注目であった。戸田・松平に諮問されたのは、このような政策実施手順の策定ではなかったか。こうした状況証拠を重ねて見ると、全国的な流通銭としての寛永通宝の鋳造計画は、寛永一一年家光上洛時に開始されたと考えられるのである。

ついで幕府は、寛永一二年六月晦日に流通貨幣の全国調査を実施した[37]。老中酒井忠勝の指示によって諸大名の家老衆が集められ、「於国々遣候金銀銭米之間何之物を以用所相調候哉与御尋候」として、各領国でどのような貨幣を使用して必要なものを調達しているかが聴取された。毛利家では江戸加判役井原元以と公儀人福間就辰が出頭し、井原から、周防・長門では丁銀遣いであること、小額遣いの場合は灰吹に替えて使うこと、金は使用していないこと、「銭ハいかにもあしき国並之銭遣申候」として粗悪な領国内通用の銭を使用していること、小遣いに米などは使っていないことを返答した。幕府勘定方の幹部であった伊奈忠治・杉田忠次・曾根吉次らがこれを聞き、諸家家老の回答を記録していった。「いかにもあしき」という表現からは、幕府が指定した京銭に比して質の劣ることが一目でわかる銭であったことが推測できる。寛永九年の益田元祥(牛庵)の藩財物引渡目録のなかに記す、国銭八八五五貫余あるいは河内銭九四貫余を指すのであろう。[38] このように毛利家では、幕府との政治的関係に対応するように、良質の京銭に比して劣位の領国銭を鋳造し通用させていた。しかしもはや幕府は東アジア通貨圏に直結した京銭の使用を断念し、新銭による新たな全面的統合に向けて動きだしていたのである。

五　寛永通宝の発行と流通

寛永通宝の発行によって古銭はどのように排除され、領国独自の銭を鋳造していた諸大名はいかに対応したかについて検討し、新たな統合への道程をたどってみよう。

寛永一三年(一六三六)五月五日、江戸に寛永通宝発行の高札(六月朔日付)が立てられた。翌日には老中酒井忠勝の屋敷に諸大名の留守居が集められ、老中列席のうえ寛永通宝発行の旨が伝達された。[39] 肥前佐賀の鍋島勝茂は国元家老多久美作に、「諸国へ此中より有之候銭、当六月朔日より先様、取遣候儀、致無用、今度従公儀御いさせ《鋳》被成候新銭、六月朔日より可取遣由、被仰渡候」と書き送った。[40] 高札の文面には新銭は古銭と同様に使用するようにと記されていたが、口頭では旧銭は六月一日をもって使用禁止と伝えられたようであり、勝茂は領内で旧銭使用を厳禁するよう念を押している。

京都・大坂へは五月七日に発行令の伝達が指示され、二〇日には高札の文面を携えた徒目付二名が大津まで派遣された。またこの頃街道筋では銭不足が深刻で、緊急策として東海道・中山道・美濃路に大坂・掛川の幕府蔵の古銭を配布するため、大番方久留正親・小幡重昌を大坂に派遣した。六月二三日には銭定遵守のため目付石谷貞清らが上方に派遣され、の中山道・美濃路が一宿六〇貫文を基準とした。配布額は、東海道が一宿一〇〇貫文、守山—名古屋間近江坂本で鋳造を監督し、九月に帰府している。六月二六日には大坂での鋳造請負人の募集を命じており、京都での募集も同じ頃と推測されるので、上方での鋳造は秋以降に開始されたにすぎなかった。細川忠利は一一月一〇日付長崎奉行榊原職直宛書状の中で、「上方江戸道中銭無御座候而往還之者共迷惑仕由、左様ニ可有御座と存候、苦々敷儀共候事」[41]と、冬になっても江戸—上方間の街道筋で銭不足が続いていたことを記している。こうした状況をうけて、幕府は一一月二六日に銭の増鋳と普及のため、水戸・仙台・三河吉田・越前高田・信濃松本・岡山・長門・豊後中川内膳領の大名領八か所に鋳銭所の設置を命じた。各大名には、見本銭通りに鋳造すること、定め値段で諸方へ売り払うこと、さらに鋳造職人を自ら確保することが伝達された。見本銭を渡しているように、均質な新銭を全国的に普及させるため鋳銭所を増設したものといえる。翌一四年になると、これらの鋳銭所が本格的に稼動し始め、幕府も銅の海外輸出を禁じて鋳銭材料の確保に努めたため[42]、鋳造が軌道にのり新銭はようやく流通しはじめた[43]。京都銭相場（表3参照）を見る限り、値段が下がってきたのはようやく寛永一六年になってからである。

諸大名は幕府の意向を受けて、古銭の通用停止と寛永通宝の導入を急いだ。仙台伊達家では五月九日付江戸家老連署奉書をもって「天下銭遣之儀、此御書出之通被相定之由」として高札の写を国元へ送り、領内に高札を立て周知を命じた[44]。広島浅野家も五月二九日付家老連署状において、領内へ触れるとともに山陽道の宿場に制札を立てるよう指示し、従来銀建てであった御定駄賃を銭建てに変更した[45]。諸大名が領内の交通路整備の過程で駄賃等を銭建てで定めた例は京銭の時代から散見されるが、寛永通宝発行後に銀から銭に基準を変更した例は浅野家のほか鳥取池田家の例もある。均質な銭の制定・供給によって、交通路における支払手段としての銭の役割は全国的に高まることになった。

鍋島勝茂が「新銭之儀、其国々手前〳〵より買取候て、諸国へ可差遣由候、是ハ仰渡ニ而ハ無之候、間合候通ニ而候」と国元へ書き送ったように[46]、幕府は諸大名が独自に新銭を入手し国元に送ることを期待していた。島津家では家久の国元下向に際し大坂で少し新銭を調達しようと考えたが、江戸家老は新銭切替の六月一日まで余日もないとして、大坂・堺の町人衆に調達を依頼しようかと思案していた[47]。だが期日に新銭に切り替えるのは現実には無理であり、彼らの懸念は杞憂に終わった。

これまで領内で独自の銭を鋳造していた大名の場合、事態は深刻であった。毛利家では六月五日より萩城下で旧悪銭の通用を停止し、坂本銭座から新銭を購入するまでの間の臨時的措置として米・銀の通用を命じた[48]。鋳造職人は江戸の銭座に雇用された。島津家でも加治木銭と呼ばれる銭を鋳造していたが、とりあえず古銭の使用が可能か老中酒井忠勝家臣深栖九郎右衛門尉に問い合わせた[49]。翌寛永一四年二月に島津家は領内での寛永通宝の鋳造を幕府に出願したようだが、すでに各地で鋳銭を命じているという理由で願意は叶わなかった[50]。だが古銭の通用は認められ、古銭が廃棄されれば蒙るはずの銀一〇〇〇貫目程の損失を当面回避できた[51]。領内における流通手段を確保しつつ、損失の発生をできるだけ先延ばししたいというのが島津家の本音であったろう。寛永通宝が流通するようになって、藩庫に残った加治木銭は明暦元年(一六五五)に琉球に輸出された[52]。

寛永一三年一一月に大名領内八か所の鋳銭所設置が命じられると、今度は職人の確保が問題となった。毛利家では、翌年正月八日に鋳銭の請書を幕府に提出し、その後鋳造職人の雇用について江戸銭座と交渉に入った。領内旧銭の停止後に鋳造職人が江戸銭座に流出したので、今度は彼らを帰国させるよう願ったのである。さらに毛利家では、領内出身で江戸銭座に雇われた者が逃亡したり、岡山銭座に雇われていた者が江戸で駕籠訴するという事件が起きていた[53]。

たとえ領外で働いていても、領民が関係した事件には出身地の大名が関与せざるをえなかったから、大名にとっては領外で問題を起こすような者の流出は避けたかった。島津家が寛永通宝の鋳造を出願した背景にも、鋳造職人たちの職場を確保し、領外への出稼ぎを抑制するという思惑がはたらいていた。新銭の鋳造が不許可となった寛永一四年以降、加治木の職人が上方へ流出していたが、寛永一五年八月八日付の指示に「御国之者共他方へ参、自然悪銭など作候者、御国之難題ニ可罷成歟与出合申候間、被召帰候而可然存候事」とあるように[54]、他国で悪銭を鋳造するようなことがあれば難題となるので、他領に出た職人を召還しようとした。寛永通宝の発行によって銭は公鋳化されても、こうした鋳造職人の流動性によって私鋳や悪銭鋳造の可能性は排除できなかった。

新銭の質は一部で寛永一六年頃から悪化していたが[55]、新銭の流通が行き詰まり、銭座が停止に追い込まれて鋳造職人の職場が減るようになると、偽造・密造の問題が表面化し始めた。寛永一六、七年には近江坂本付近で寛永通宝の密造が摘発されている[56]。京都銭相場(表3参照)は寛永一六年から翌年にかけて銭一貫文銀二〇匁以上の水準から一五匁以下に下落し、寛永一七年一一月二二日には大名領八か所の鋳銭所が停止され、翌一八年一二月二三日には上方三か所の銭座も操業停止となった。江戸銭座も同時期に停止されたと思われる。在庫を抱えた幕領四か所の銭座に対しては、売れ残りの半分を銭四貫文あたり金一両の公定価格で買い上げる助成が実施された[57]。そして幕府は、寛永二〇年二月に諸国在々所々新銭鋳造禁止を全国に触れ出し[58]、最終的な法整備にいたった。銭の私鋳・密造は国家的犯罪と規定されたのである[59]。

銭の過剰供給・相場下落と並行するように、寛永一七年頃から全国的に寛永飢饉と呼ばれる事態にみまわれた。賃銭を糧に暮らす都市の労働者や、幕府が整備していた宿駅伝馬制度も銭相場下落と飢饉によって大打撃を蒙り、幕府はとくに街道筋に対し制度維持のために寛永一九年から翌年にかけてさまざまな助成を実施した。概括すれば、米を供給するいっぽう、銭を買い上げ相場上昇をはかるものであった。この過程で幕府が目標としたのは銭相場の安定であった。均質な寛永通宝の供給に成功した幕府は、過剰生産という失政への対処のなかで、銭相場の量的統御という方法を獲得していった。

おわりに

日本近世において、幕府指定の三貨がくまなく全国に行き渡り、それ以外の貨幣が排除されるような意味での統一は現実にはなかった。幕府の権威を背景にした国内の標準貨として、その流通を阻害することは法的に厳禁されたが、大名領国では他の貨幣も許容された。初期においては領国金銀や独自の鋳造銭あるいは紙札が流通した。しかし決して平等な並立ではなく、三貨は政治的・経済的優位を占め基軸通貨となった。これこそが前後の時代と近世を画する、貨幣統合のあり方であったということができよう。このうち金・銀は金座・銀座の活動と金銀産出量の減退によって、一七世紀中に幕府の金・銀が全国を席巻したが、地域によっては低品位の灰吹銀も存在しえた。いっぽう幕府によって輸出用の銀が丁銀に限られたことで、高品位の灰吹銀の調達は不可能になり、東アジアの銀通用圏のなかで内外の境が次第にはっきりとし始めた。

銭もまた東アジア銭通用圏に直結した京銭の時代から、貿易統制問題と国家意識を背景に、幕府によって独自の寛永通宝の鋳造発行へと転換した。京銭は中世以来の民間による銭貨生産体制の最終段階に位置するもので、その流通はいわば民間市場によって統御・淘汰されたと考えられる。近世初期に撰銭令が頻繁に出たように、国内通用銭として供給量や銭質は不安定であったが、いっぽうで貿易用には年間数万貫文を生産する鋳造所もできていた。寛永通宝の鋳造に踏み切る過程には、国内通用銭の統一という命題とともに、対外交易と結んだ京銭の生産を統制し接収するという課題があったと考えられる。寛永末年、大坂銭座で過剰生産された寛永通宝を輸出する計画があったようだが、幕閣の反対によって実現せず、銭貨の輸出はさらに見送られた[60]。寛永通宝の鋳造とその後の幕府の銅禁輸策のなかで、日本の銭は東アジア銭通用圏からはっきりと離脱し始めたのである。

寛永通宝の普及によって、国内通用銭は全国均一化したように見られがちであるが、実は地域性や重層性を残していたように思われる。二つの例を引いて稿を終えたい。

一つは、周知の「永」や「京」の存在である。永楽通宝に起源をもつ永銭勘定は、近世を通じて関東・東国の金貨通用圏において一両の一〇〇〇分の一を表す便利な単位として長く使用された。京銭もまた東国の一部で税賦課の基準銭として機能した[61]。寛永期以前に限定されることなく、伊豆内浦においては幕末期にいたるまで年貢・諸役の賦課関係の書類に「京」単位の表示が見られ[62]、江戸の船役金も寛永期から京銭高で表され、同様の表示が元禄・正徳期にも確認できる[63]。これらは、賦課基準が定められた時点の遺制として残ったと考えられる。納入に当たっては、金一両＝京銭四貫文の相場を適用した上で、実際の金銭相場で換算されたと考えられる。通用の銭貨と乖離した段階で、「永」や「京」は税賦課時に用いられる計算貨幣となったのである[64]。

もう一つは、高額銭文札の存在である。近世後期に、額面一貫文以上の高額銭文札の発行が陸奥・出羽・越中・出雲・日向に多く見られたことがわかっている。これらの地域では銭建てが主体であったために、高額取引を行う際の利便性から高額銭札が発行されたと考えられている[65]。しかしこれらの地域が、近世初期に無文銭が流通した地域に重なる部分が多いのは、興味ある一致である。無文銭は一部をのぞけば軽薄な形状のものが多く、京銭などに比して価値が低いものであった。最小の取引単位としての地域の銭価がこのようなものであれば、京銭や寛永通宝の導入によって表向き基準銭が変更されても、地域の銭が容易に消滅したとは考えがたい。仮に実物は流通しなくなっても計算単位として存続した可能性も考えられる。盛岡の豪商「鍵屋日記」では、文政元年(一八一八)の銭不足の状況を記した記事のなかで、「悪銭ハ勿論古銭とも一体不足に相成候ゆへ、下々之者に至候ては誠に日用難渋に相成申候」と近況を述べている。(66) 「悪銭」や「古銭」が具体的にどのような銭かはわからないが、これらの銭が日常流通していたことを匂わせている。その検討は今後の課題として残っているが、基盤に伝統的な地域の悪銭流通が想定できよう。

(1) 小葉田淳『日本の貨幣』(至文堂、一九五八年)、伊東多三郎「近世初期の貨幣問題管見」(『国民生活史研究』2、吉川弘文館、一九五九年)、同「水戸藩成立期の鉱山と貨幣」(『歴史教育』一三－一〇、一九六五年)、同「長州藩成立期の鉱山と貨幣」(森博士還暦記念会編『対外関係と社会経済』塙書房、一九六八年)、同「細川小倉藩の鉱山と貨幣」(『日本歴史』二四七号、一九六八年)。伊東論文はいずれものち『近世史の研究』第五冊(吉川弘文館、一九八四年)に再録。榎本宗次『近世領国貨幣研究序説』(東洋書院、一九七七年)。

(2) 黒田明伸「一六・一七世紀環シナ海経済と銭貨流通」(『歴史学研究』七一一号、一九九八年)、のち歴史学研究会編『越境する貨幣』(青木書店、一九九九年)、黒田『貨幣システムの世界史』(岩波書店、二〇〇三年)に再録。拙稿「三貨制度の成立」(池享編著『銭貨――前近代日本の貨幣と国家』青木書店、二〇〇一年)。

(3) 以下、幕府の金銀貨政策については前掲拙稿「三貨制度の成立」参照。

(4) 甲州金をのぞけば、元禄改鋳による新旧貨引替を機に領国貨幣はほぼ姿を消した。この時期の秋田銀・津軽銀の引替事情については、渡辺信夫「元禄の貨幣改鋳と領国貨幣の消滅」(豊田武教授還暦記念会編『日本近世史の地方的展開』吉川弘文館、一九七三年)、のち渡辺『近世東北地域史の研究』(清文堂出版、二〇〇二年)所収、を参照。

(5) これまで「当代記」を典拠に慶長一二年閏四月・同一四年九月に家康の命が出たとしてきたが、家康は銀座開設頃からすでに貿易決済を丁銀に限ったという見解も出ている。黒田和子「糸割符制度の起源についての試論」(『歴史評論』六五〇号、二〇〇四年)。

(6) 田谷博吉『近世銀座の研究』(吉川弘文館、一九六三年)。

(7) オランダが一六三〇年代半ばまで丁銀を灰吹銀に替えていたことは、加藤榮一「元和・寛永期に於ける日蘭貿易――鎖国形成期における貿易銀をめぐって」(北島正元編『幕藩制国家成立過程の研究』吉川弘文館、一九七八年)参照。その内容は加藤『幕藩制国家の形成と外国貿易』(校倉書房、一九九三年)に改稿のうえ収録。

(8) 『バタヴィア城日誌』一六三六年四月二一日条によれば、「東京《トンキン》の貨物購入のため、日本人はその携え来たりし現金を吹き分けて東京《トンキン》銀となし、生糸の買入れに有効なる程度に精煉す。彼等はスホイト銀〔丁銀〕百テール〔一貫目〕を純良銀八十三テール〔八百三十匁〕と交換す」(以下、同書からの引用はすべて平凡社東洋文庫版による)と記す。

(9) 榎本前掲書。

(10) 「灰吹遣之国々より出申候灰吹丁銀に吹立申覚」(森田柿園『加藩貨幣録』)。

(11) 拙稿「近世初期の撰銭令をめぐって」(『越境する貨幣』青木書店、一九九九年)。ここでいう京銭《きょうせん》は、室町末期の京銭《きんせん》とは異なる。小葉田淳は「幕府が慶長十三年永楽銭通用(一貫鐚四貫文としての)を廃止し、全面的使用を令した鐚に当り、上方にては当時上銭と称された古銭を主体となすものに他ならぬ」(『改訂増補日本貨幣流通史』刀江書院、一九四三年)、「京銭とよばれた畿内及び西日本の基準銭」(「領国武田氏の幣制と家康の幣制の確立」『歴史教育』一三‐一〇、一九六五年)と定義し、伊東多三郎も「京銭(上方で多く鋳造され流通した銭の総称)」(前掲「水戸藩成立期の鉱山と貨幣」)と記している。「上方で多く鋳造され」たとの部分が注目されるが、鋳造地の指摘はない。本稿でも、京都を中心とする上方で流通した比較的良質の銭を指し、主に宋銭銘を持った銭の総体を示す用語として使用する。一つの銭名ではなく、範疇を表す言葉である。ただし、小葉田が「東国で京銭とよばれたのは、ビタのことである」(「通貨と量・権衡について」『一五—一七世紀における物価史研究』、一九六二年)と記したように、京銭は上方以外での呼び名であった。

(12) 伊東前掲「水戸藩成立期の鉱山と貨幣」、「長州藩成立期の鉱山と貨幣」、「細川小倉藩の鉱山と貨幣」。本多博之「近世初期幕府の銭貨政策と長州藩」(『広島女子大学国際文化学部紀要』一三、二〇〇五年)。

(13) 藤井譲治「豊臣体制と秋田氏の領国支配」(『日本史研究』一二〇号、一九七一年)、のち『幕藩領主の権力構造』(岩波書店、二〇〇二年)所収。

(14) この一五年ほどの間に、京都の銭相場は約三倍上昇しており、ことに慶長中期の上昇幅は大きく、慶長一三、一四年頃の京銭の標準貨幣化によって建値の対象となる銭の内容が変化したとも考えられる。

(15) 東北中世考古学会編『中世の出土模鋳銭』(高志書院、二〇〇一年)のうち、「第一部　東北の模鋳銭」の諸論稿参照。

(16) 伊東前掲「細川小倉藩の鉱山と貨幣」。

(17) 注(11)前掲拙稿参照。本多前掲「近世初期幕府の銭貨政策と長州藩」も長州藩における「京銭」や「上銭」について同様の用法を紹介している。

(18) 『大日本近世史料　細川家史料』七、一七四八号。

(19) 岩生成一「江戸時代に於ける銅銭の海外輸出について」(『史学雑誌』三九 - 一一、一九二八年)。

(20) 史料引用や永積氏の見解は、永積洋子『朱印船』(吉川弘文館、二〇〇一年)一四四—一四五頁による。鈴木康子『近世日蘭貿易史の研究』(思文閣出版、二〇〇四年)一四〇頁の補注でも、一六三三年一二月一二日フェンロー号によって輸出されたサカモトを寛永通宝と見ている。

(21) 『バタヴィア城日誌』一六三四年二月一六日条では、フェンロー号船積銭が広南で需要が大きかったと伝えている。しかし同年五月一四日、二五日条によれば、オランダにとって銅銭輸出は広南貿易において利益が少ないので、平戸商館に銭の買入れを中止するよう命じた。状況が好転するのは、翌年の朱印船貿易の停止後、同地域における取引をオランダが有利に進めることが可能になってからであり、現地日本人との提携によって生糸の集荷と日本銭の大量輸出が再開された。また一六三六年五月一日条によれば、中国ジャンク船も長崎から広南に日本銭約三万テール分を輸出したことが記されているが、オランダ輸出分より質は劣ったようで、現地の国王は悪銭を買い上げ砲を鋳造したという。伊東前掲「細川小倉藩の鉱山と貨幣」によれば、小倉時代の細川氏も交趾などへ渡船させており、寛永五年通用停止の「新銭」の輸出を認めた。

(22) 伊東前掲「水戸藩成立期の鉱山と貨幣」。

(23) この価格から、国内流通銭に比して質が劣っていた、あるいは商館側に買い叩かれたと判断するのは早計である。輸出品価格は輸入品との相対的な関係のなかで決められたものであり、旧来の慣習によったと考えられるからである。イギリス商館長日記によれば、元和二年近江水口・平戸において銭一貫文を銀一〇匁で換算しているが、元和四年に東海道の草津では銀一七匁、吉原・大磯では一六匁五分で計算されている。いずれの年次も京都の銭相場は一六匁前後であったので、元和二年の場合は市中相場とは別の換算値があったものと思われる。

(24) 鈴木康子「オランダ商館と初期の貿易商人」(『日蘭学会誌』一九、一九八五年)による。のち改稿して前掲『近世日蘭貿易史の研究』所収。なお、表2の堺商人クローエモンについては、「仕訳帳」のアガヤ・クローエモンが該当すると思われるが、彼の銅取引の実績はこの時期の「仕訳帳」に記録されていない。銅取引に登場する京都商人のクローエモンもいるので、あるいはこの人物の間違いか。

(25) 『平戸オランダ商館の日記』一六三五年四月二五日(寛永一二年三月九日)条。

(26) 岩生『新版朱印船貿易史の研究』(吉川弘文館、一九八五年)四四六—四四七頁にも、一六三六年一月四日(寛永一二年一二月)バタヴィア総督府から出した一般政務報告を引用して、平野藤次郎から安価に銅銭を買い入れたことを説明している。

(27) 岩生前掲書、二八八頁。

(28) 岩生前掲書、四一一—四一二頁。

(29) 『平戸オランダ商館の日記』一六三三年一一月六日、一七日条。

(30) 前掲注(26)の政務報告による。

(31) 岩生前掲書、付録史料三、四六八―四七一頁による。

(32) 『バタヴィア城日誌』一六三六年一一月二六日条。

(33) 『平戸オランダ商館の日記』一六三七年一〇月一日(寛永一四年八月一三日)条。

(34) オランダによる銅銭輸出は、一六五〇年代になって再開した。『長崎オランダ商館日記』一六五二年九月五日条によれば、トンキン向け銅銭を豪商伊藤小左衛門と一〇〇〇個一四匁の契約で、一〇月一五日までに一二万匁(文か)を受け取ることにした。五四年九月二日条では、町年寄作右衛門から古い銅銭三〇〇〇万個の売却話があったが、一〇月一〇日条では、値段が一〇〇〇個一七匁であったためトンキンに輸出しても同地で国王・王子や大官から八、九匁で取り上げられるおそれもあるので断ることにしたと記している。いずれも寛永通宝以前の古銭であろう。ここに示された値段は当時の京都銭相場にほぼ一致する水準にあって、オランダにとって銭はもはや輸出品として妙味を失いつつあったと思われる。

(35) 引用は東洋文庫版『日本大王国志』(平凡社)による。

(36) 『大日本近世史料 細川家史料』一八、二五〇七号。

(37) 毛利家文庫「公儀所日乗」寛永一二年六月晦日条。

(38) 伊東前掲「長州藩成立期の鉱山と貨幣」。

(39) とくに断らないかぎり、以下の幕府関係の記事については国立公文書館内閣文庫「古記録」、『江戸幕府日記』、毛利家関係の事項は山口県文書館所蔵毛利家文庫「公儀所日乗」による。

(40) 寛永一三年五月一〇日付鍋島勝茂書状、『佐賀県史料集成』古文書編第九巻、多久家文書四一一号。

(41) 『大日本近世史料 細川家史料』二〇、三三六七号。

(42) オランダ商館は、幕府の銅輸出解禁について寛永通宝の鋳造が続いている間は困難との説明を平戸松浦氏から受けていた。寛永一七年頃からは銅が大砲原料など戦略物資であることを理由に禁止措置が継続された。ただし対馬宗氏による朝鮮への銅輸出については、寛永一四年に宗氏から幕府に伺い、許可を受けたうえで継続されている。

(43)「新銭」（寛永通宝）は、京都において鳳林章承の日記「隔蓂記」寛永一四年正月一七日条、「時慶卿記」（京都府立総合資料館所蔵写本）同年九月五日条、岩国吉川家の御取次所「日記」（岩国徴古館所蔵）では同年三月七日条で確認できる。なお、御取次所「日記」同年四月二二日条では「新京銭」と呼ばれており、寛永通宝が京銭の延長で認識されていたことがわかり興味深い。

(44)「貞山公治家記録」巻三九下、『伊達治家記録　四』。

(45)「玄徳公済美録」巻七、『広島県史』近世資料編Ⅲ八一・八二号。

(46)前掲寛永一三年五月一〇日付鍋島勝茂書状。

(47)寛永一三年五月二二日付島津久元書状、『鹿児島県史料　旧記雑録後編五』九二一号。

(48)山口県文書館所蔵毛利家文庫「桑原覚書」。

(49)前掲寛永一三年五月二二日付島津久元書状。

(50)寛永一四年三月一九日付老中連署奉書、『鹿児島県史料　旧記雑録後編五』一〇一七号。

(51)寛永一四年三月二二日付三原重饒・伊勢貞昌・川上久国連署書状、『鹿児島県史料　旧記雑録後編五』一〇二二号。

(52)岩生前掲論文、『球陽』附巻一、尚質王九年条。

(53)岡山の鋳銭所の職人が毛利・池田両家で問題となったことは、山本博文『江戸お留守居役の日記』（読売新聞社、一九九一年）参照。

(54)寛永一五年八月八日付覚、『鹿児島県史料　旧記雑録後編五』一三二三号。

(55)『御納戸大帳』備作史料研究会。

(56)（寛永一六年または一七年）三月六日付小堀政一書状、佐治家文書研究会編『小堀政一関係文書』五九号によれば、近江志賀郡坂本領・穴太村・見世村にて新銭私鋳の者を検挙し入牢させた。

(57) 前掲『小堀政一関係文書』六三号。

(58)『日本財政経済史料』第六巻など。また、正保三年二月一五日付井伊直孝書状、『久昌公御書写』(彦根市史近世史部会、二〇〇三年)六〇号によれば、直孝は領内町在における新銭等の鋳造禁止を国元家老に命じたが、背景に「去年ハ坂本之者大勢御せんさく」なる事件があったようで、詳しい調査を指示した。坂本ではこの時期にいたっても密造者がいたのであろう。京都で正保二年七月に似せ銭の者一二名が死罪になっているが(猪熊兼繁「板倉籠屋証文(二)」『法学論叢』六七-三)、これに該当するか。

(59) 本稿では詳しく検討する余裕はないが、職人統制と並んで、銅・鉛・錫など鋳銭原料についての統制も進んでいく。銅・鉛などの金属を各地の鉱山から中間製品のまま大坂の取扱業者に集荷させ、最終精錬を行って出荷する体制の構築である。銅吹屋はその代表例であろう。

(60) 寛永末年の寛永通宝の輸出計画については別に考えたい。

(61) 元和・寛永期の秋鹿家(遠江中泉代官)年貢勘定目録では、小物成の野銭は京銭建てで計上されたうえ、金一両=京銭四貫文で金換算されている。大野瑞男「江戸幕府直轄領の性格」(田中健夫編『前近代の日本と東アジア』吉川弘文館、一九九五年)参照。のち大野『江戸幕府財政史論』(吉川弘文館、一九九六年)所収。

(62) 榎本前掲書では、『豆州内浦漁民史料』を素材に、江戸時代を通じて諸役賦課単位として「京」が金一両=永一貫文=京四貫文の相場で維持されたことを論じている。

(63) 吉田伸之「寛永期江戸町方に関する一史料」(『歴史科学と教育』三、一九八四年、のち『近世都市社会の身分構造』東京大学出版会、一九九八年に再録)で紹介された阿波蜂須賀家文書中の「八町堀之御家町人ニ借申家賃并町役払申覚」によれば、寛永八年の川舟年貢高が京銭表示であり、『江戸町触集成』(塙書房)三七四五(元禄一四年)、五二四七(正徳六年)などでも船役金の京銭表示が継続している。

(64) 榎本前掲書では、永と同様に「京=計算の補助単位」として使われたと記す。

(65)　岩橋勝「近世後期の「銭遣い」について」(『三田学会雑誌』七三-三、一九八〇年)。
(66)　岩橋勝「南部地方の銭貨流通——近世「銭遣い経済圏」論をめぐって」(『社会経済史学』四八-六、一九八三年)参照。

第七章
無縁・呪縛・貨幣

安冨　歩

はじめに

本稿では網野善彦の「無縁」の概念を、動的な観点から再構成し、その上で貨幣を「「無縁」の物品の極致」と見做す、網野の見方について考察する。

本稿は以下のように構成されている。最初に無縁論に見られる「矛盾」を検討した上で、「無縁／有縁」という静的対立を、「縁切り／縁結び」という動的対立に置き換えた、「動的な無縁の原理」を構想する。そして、その原理が「ハラスメント」とその帰結である「呪縛」を解く上で重要な役割を果たすことを示す。最後に、貨幣が、即席の縁結び機能を持つことを示し、それとハラスメントとの関係を考える。

一　無縁の原理

網野善彦は一九八七年に出版された『増補　無縁・公界・楽』の補注(21)のなかで、貨幣は「「無縁」の物品の極致」であると主張した。この表現は、同年に出版された『週刊朝日　百科日本の歴史　五一　税・交易・貨幣』に網野の書いた「「互酬」「無縁の物」の原理から」という短文からの引用である（網野一九八七）。この文章の中では、貨幣の起源について、次のように述べている。

貨幣の起源についてはさまざまな議論があるが、このように考えてくれば、それは共同体の果てるところ、その内部での縁の切れた外部に発生するといわなくてはならない。

言うまでもなくこれはマルクスの、

商品交換は、共同体の果てるところで、共同体が他の共同体またはその成員と接触する点で始まる（マルクス一九六八、一一八頁）。

という議論に依拠している。網野は、同じ文章のなかで「共同体の外部にひらかれ、俗界から縁の切れた「自由」な場である市庭は、支配者にとって危険な場であった」とも言っている。このことから、この場面で網野は、

「共同体＝有縁」／「市場＝無縁」

という図式を採用していると言うことができる。

一方、『無縁・公界・楽』の第二一章に次のような箇所がある。

こうした百姓たちの抵抗に、長く強靭な生命力をもつ「原始の自由」の残存、「原始的な氏族共同体」以来の流れをくむ「自由民」としての特質を見出しうる……この平民百姓の動きの中には、地頭・領家による私的隷属から、まさしく「無縁」であろうとする志向が脈々と流れていた……。

「無縁」の原理は、この意味で、中世の平民百姓とその共同体にも、強力に作用していたのである。

この箇所では、中世の平民百姓の共同体が、原始的な氏族共同体の自由民の流れをくむと措定した上で、この共同体が、地頭・領家という世俗権力による私的隷属化から逃れる場と看做されている。つまりここでは、

「世俗権力＝有縁」／「共同体＝無縁」

という図式が描かれていることになる。

そうすると、一つの疑問が湧いてくる。網野は一方で共同体を有縁に結び付けており、もう一方では無縁に結び付けていることになる。これはそのまま見れば、明らかな矛盾ということになる。

東島(二〇〇〇、二四〇—二四二頁)はこの点について、網野の『無縁・公界・楽』では、

(a) 共同体による自由

(b) 共同体からの自由

の「輻輳」が生じている、と批判した。ここにいう「輻輳」は、本稿の最初で指摘した、「矛盾」と同じことである。そこで東島は、「公界」と「無縁」を区別し、前者が(a)に対応し、後者が(b)に対応する、という提案をする。そうすることでこの矛盾を解決すべきだと主張した。そして同時に、無縁論のメリットをそこに限定しようとする。

東島は、勝俣鎮夫(一九九六)の「公界としての共同体」論を網野の議論と並べてとりあげ、自治的村落や都市共同体といったものの本質が「閉じている」ことにあり、それではpublicたりえない、と指摘する。「解りやすい例」として東島は、近江国のある惣村に遠江国の住人が成員として加わることはできない、という例を挙げ、「公界としての共同体」が万人に開かれてはいない、ことを示して網野・勝俣を批判する。

これに対して東島が愛好するのは、身分にかかわりなく誰もが自由意志で参加しうる《結社》であり、そこにハーバーマスの言う「公共圏」への志向を見ようとする。もちろん、このようなものは《未完のプロジェクト》としての《モデルネ》であって、実態としての《公共圏》がそこに存在するわけではない、という断り書きが付いている。

しかし、この方向で無縁論を救い出すことには意味がない、と私は考える。なぜなら人間の疎外は、人と人のつながりがどんなパターンをとっていようとも生じうるからである。共同体は確かに、成員を閉じ込める力を持つがゆえに、束縛を生じさせやすいかもしれない。しかし、共同体が正しく運営されているなら、疎外の生成を最小限に抑えることもできる。

逆に、万人に開かれた結社は、万人にハラスメント(後述)を仕掛けることもできる。参加が自由だからといって、そこに生じる人間関係に個人的隷属が生じないわけではない。運営のされ方ひとつで、このような《公共圏》はいつでも《公共ハラスメント圏》に転じる。公共圏が未完のプロジェクトに終わるのは、このためである。公共圏という狐火を求めても、別の呪縛を発生させるだけのことである。

網野無縁論のわかりにくさの原因はほかにもある。たとえば「家」や「金融」というテーマについて主張されるように、「無縁」「無主」の原理に支えられることではじめて、私的所有という「有主」の世界が成り立ち、発展するという矛盾を積極的に主張している。たとえば第一六章「倉庫、金融と聖」の終わりのほうに次のような文がある。

問題はこうした背理そのもの——「無縁」「無主」の原理によって、「有主」、私的所有の世界がはじめて成り立ち、それを媒介として発展するという矛盾そのものにある。

桜井英治は、網野『日本中世都市の世界』の文庫版の解説で、家のアジール性をめぐって同じ論点を指摘し、「その後の研究は「無縁」「公界」というものをおおむね関係概念ととらえるようになってきている。」と指摘した。関係概念というのは次のような意味である。

ある空間が聖域性をそなえた場であり、そのことがその場をアジールたらしめているケースもあるとはいえ、アジールのすべてがそうだと考える必要はない。その場自体が聖域でなくとも、他との関係において一定の条件さえ整えば、いつでもそこにアジールが現出しうると考えるわけである。たとえば亡命という行為を考えてみればわかりやすい。亡命者はかならず他のいずれかの国に入国することになるが、その国はそれ自体が聖域であるというわけではない。亡命が成立するのは亡命先の国家が「無縁」の場だからではなく、亡命元の国家と亡命先の国家の関係が「無縁」だからなのである（四五五―四五六頁）。

この見方は、間違ってはいないが、不十分であるように思う。なによりも、無縁のもつ聖性を剝奪してしまい、「ある一定の条件」に解消してしまうなら、無縁という概念をわざわざ導入する必要がなくなってしまうからである。右の亡命の例では、両国の関係は無縁なのではなく、単に無関係、あるいは対立、と考えたほうが良い。むしろ、「亡命」という行為の成立を支えている慣行が無縁の原理を反映しているのであり、その慣行の背後に何らかの聖性を見るべきではなかろうか。

実のところ、網野自身は、この矛盾を自分の議論の欠陥とは考えていない可能性がある。それどころか、この矛盾こそが人類の歴史のなかの事実であるとさえ主張する。

事実はあくまでも事実である。事実から目を背けた途端、その見方が、科学＝学問と全く無縁の世界に転落するのは必定であろう。「無縁」の原理の生命力のおどろくべき強靭さをすでに知ったわれわれは、もはや躊躇することなく、こうした見方と縁を切って、この背理・矛盾の根源にまで、ふみこんでいかなければならない。

ということは、「共同体＝無縁」かつ「共同体＝有縁」という自信に満ちた力強い宣言を発するほどである。

という矛盾もまた歴史的事実なのであって、その事実を認めるところから考察を始めねばならないということになる。私は、この地点から考察を始めることにする。

言うまでもないが、網野は、

「有縁＝束縛」／「無縁＝解放」

という単純な図式を用いているのではない。もちろん網野は無縁・公界・楽の場について、「俗権力も介入できず、諸役は免許、自由な通行が保証され、私的隷属や貸借関係から自由、世俗の争い・戦争に関わりなく平和で、相互に平等な場、あるいは集団。まさしくこれは「理想郷」であり、中国風にいえば「桃源郷」に当る世界とすらいうことができよう」という表現を用いてはいる。しかしすぐに「現実はきびしく、このような理想郷がそのまま存在したわけではない」と断っている。それどころか、「飢死・野たれ死と、自由な境涯とは、背中合わせの現実であった」と言っている(第一一章)。

無縁所の生活は往々にしてきわめて厳しいものであり、無縁所に入ると、乞食の果てに餓死することも覚悟せねばならなかった。また、無縁の世界はそれなりの束縛を持っていた。たとえば江戸時代の縁切寺は「たしかに「自由」な場であった。しかしこの「自由」は、一面ではきわめてきびしい規律によってしばられていたことも、見落としてはならない。……そのうえ、駈入った女たちの間には階層があった」(第二章)。一般に無縁の世界は老若や臈次によって階層づけられている。「共同体からの自由」を自らのものとしていた人々の作る共同体を網野は「二次的な共同体」と呼ぶ(網野二〇〇〇)。それが寺社や天皇といった権威に結びついてその保護と支配を受けている。このような構造のなかで、人格的隷属が皆無であったとは考えられない。

言うまでもないことであるが、有縁の世界が、常に抑圧と暴力に満ちているのではない。人々が互いに支え合い、共に新しい価値を生み出していく関係もそこには存在する。もしそのようなものが一切ないのであれば、有縁の世界はそもそも消滅してしまっていることであろう。

無縁の世界もまた、平和と平等で満たされているわけではない。もしそのような桃源郷が実在するなら、全ての有縁世界の住人は、無縁世界に移動してしまうことであろう。

無縁と有縁は相互に前提しあうような、それでいて相互に異なる作動の原理である。二つの「世界」として区切ることも明確にはできないのであり、二つの世界が見えるとしても、それは相互に独立した別個の世界なのではない。

網野の無縁についての考察の原点は、「人間が人間に隷属し、支配されるということが、いかなる状況の下でおこりうるのかを根本的に考え直してみること」であった(同書、補注(27))。逆に言えばこれは、隷属・支配から逃れうるのは如何なる場合か、という問いでもある。

この書物がエンガチョとスイランカンジョーという二つの遊びに含まれる、「縁切り」という動作についての考察から始まっており、それに続いて縁切寺・駆込寺についての議論が行われていることは注目に値する。この「縁切り」という行為が「無縁」を成立させるための最初の契機に他ならないからである。また逆に、縁を切ってしまえば、他者との関係性を一切構築できなくなる純粋の孤独が待っているのであれば、人は縁切りに踏み出すことができない。そこにそれなりの無縁の世界が待っているとわかるからこそ、また社会的慣行によってその縁切りという行為が支えられているからこそ、縁を切ることができる。この縁切りという行為が今度は、無縁の世界を成り立たせる力を供給する。

「縁切り」の逆の行為は「縁結び」であるが、こちらは網野の考察の対象にはなっていない。私は、人間が自由である、ということは、「縁結び」と「縁切り」とを自分の感覚に従ってできる、ということではないかと考えている。縁が呪縛に転じたと感じたときに、躊躇なく縁切りをすることができるなら、その人は自由である。

逆に、無自覚に、流されるままに縁に取り込まれたならば、自分が呪縛されていることに気づくことすら難しく、ましてや縁を切る決意に到達するのは容易ではない。こういう場合に人は、「自分が弱いのだ」「自分が悪いのだ」と自分に言い聞かせ、その呪縛を正当化するように振る舞ってしまうからである。このとき、人は他者に隷属している（安冨二〇〇六、第二章）。

人が取り結ぶ縁の多くは、主体的選択の結果ではない。特に、親子関係だけは、どうしても選ぶことができない。生まれた時には既に縁結びが終わっている。この縁を切るのは難しい。ここを起点にして人は、親戚、近所、仕事、支配者などといったさまざまの縁に無自覚に取り込まれていく。

こういった縁が呪縛に転じたとき、人は自分の不快感の所以を認識することができず、徒に苦しむことになる。その苦しみから抜け出す先が「無縁」として存在しているなら、人は縁切りに踏み出すことが可能になる。また、このような可能性が潜在的にでも存在していることがわかっているなら、人と人との縁を、礼を欠いた呪縛に転じさせる圧力は減少することになる。相手が逃げ出せないとわかっているときに、呪縛は最も厳しいものとなるからである。

縁結び／縁切りという行為が、人にとって本質的であることは疑いようがない。それゆえ、網野の言うように、無縁の原理が人類史的な普遍性を持つこともまた疑いようがない。人間社会を有縁の観点のみから見ることは、大きなゆがみをもたらすものであり、有縁／無縁の相互作用のなかから常に考える必要がある。無縁の世界の存在は、人が縁を切ることを可能にする。その可能性の存在は、有縁の世界の呪縛を弱め、礼を実現する上で、有効な役割を果たすはずである。

このような観点から、本稿の最初に指摘した無縁論の「矛盾」を考えてみよう。既に見たように網野は、矛盾をものともしない強い姿勢を示していた。これは明らかに、マルクス経由のヘーゲル弁証法が根拠となっている。しかし、論理矛盾が恐るるに足りないことを示すのに、弁証法のような厄介なものを持ち出す必要はない。グレゴリー・ベイトソンが指摘したように、ブザーを持ち出すだけで十分である。

ブザーというのは、スイッチと電磁石を含む電気回路でできている。スイッチがつながると電気が流れて電磁石が作動し、それがスイッチを引き付けて切ってしまう。電気が切れると電磁石は磁力を失い、スイッチが戻って電気が流れる。すると電磁石が作動してスイッチが切れて、スイッチが切れるので電磁石が作動する。これを繰り返すのがブザーであり、スイッチの振動によって「ブー」という音が出る。

この当たり前の動作は、論理の観点から見ると当たり前でなくなる。というのも、

スイッチが入る＝スイッチが切れる

が矛盾だからである。つまり、無時間的な論理はブザーのような運動をシミュレートできない。逆に、運動は論理をシミュレートできる。これはコンピュータを見ればよい。コンピュータの計算は膨大な数のスイッチの作り出す運動であるが、どんな論理操作でもシミュレートすることができる(ベイトソン二〇〇一)。

この考え方を用いれば、網野の無縁論を「矛盾」を抱えたままで合理的に理解する道が開ける。無縁の本質を「縁切り」という操作に求めればよいのである。人間は他者との縁なしに生きていくことができない。しかし縁は常に呪縛に転化する危険をはらんでおり、その場合には縁切りをする衝動に人間は駆られる。これが無縁の原理を成り立たせる基底である。

「縁結び」の操作の集積が「有縁」の世界を構成するのと同じように、「縁切り」の集積は「無縁」の世界を作り出す。もっとも各個人が、縁結びと縁切りを自らの感覚に従って遂行できる社会であれば、これらは分離することがない。これが網野の言う「原無縁」の状態である。有縁の世界が縁切りを抑制する形で構成されるときに両者が分離し始める。つまり、縁のなかにどうしても切れないものが出現し、その縁を切ると一緒に多くの縁が切れてしまうような事態である。このとき無縁は有縁とは区別された独自の世界を構成するようになる。これが空間的に領域を確定すればアジールとなる。

網野は日本の幕末について「アジールそれ自体は、ほとんど消滅一歩手前の状況にあったといってよかろうが、「無縁」の原理とその基底の世界は、決して滅びはしないのである」(第二三章)と言っている。縁切りの衝動なしに人が生存できないことを認めれば、この原理が決して滅びないのは当然である。

無縁の本質が縁切りという操作にあるとすれば、共同体があるときは無縁であり、あるときは有縁であっても少しも不思議はない。物品の交換を行うときに、その生産者との間に切れない縁が存在すると、十全な所有権の移転は行われえない。そこで縁切りをする必要が生じるが、共同体内部でその手続きが遂行できず、市場という神仏の支配する空間に持ち込むことでそれを実現するなら、市場が縁切りの場であり、共同体は有縁の側に立つことになる。世俗権力との縁という観点に立てば、その縁を切る場が、惣・一揆に求められるなら、共同体の側が無縁となる。これらの縁切りの操作が、社会的慣行や信念によって何らかの形で受け入れられるなら、そこに無縁の原理の作動を見ることができる。縁切りの操作に注目した場合、桜井の言う関係概念としての無縁が成立する。

網野は議論していないが、無縁世界のなかに生じる二次的共同体などの縁もまた呪縛に転化しうるはずであり、そこからの脱出を求めるなら、無縁世界の側が有縁となる。桜井(一九九六)の指摘する一六世紀初頭における「大工職」

の崩壊過程は、この例として見られるのではないだろうか。職人という無縁の人々は、使用者である寺社との関係を「大工職」という形で所有権化して捉えるようになり、一五世紀末には使用者の意向を完全に排除するに至る。ところが一六世紀初頭にこの権利は突然崩壊しはじめ、寺社側が「縁次第」で職人を雇用するようになる。桜井はこの新しい「自由雇用の論理」が無縁の原理を基礎に成り立っているとしている。桜井の言う無縁の原理は、ここに論じたものだと考えることができる。

「縁」が「呪縛」に転じたときに、そこから逃れ出ようとする人間の衝動と、それを可能にする機構の全体を「無縁」と考え、それが社会のなかでどのように構成されているのかを考えるべきだ、というのが、網野無縁論の核心であると私は考える。このとき問題になるのは「呪縛」とは何か、ということである。節を改めてこの点について考察を加えたい。

二　呪縛

呪縛とは何かを考える上で、アメリカの哲学者ハーバート・フィンガレットの「魔法」と「礼」についての思索が重要な手がかりを与えてくれる。フィンガレットは、オースチンの言語行為論の視点から『論語』を考察した書物のなかで、人間と動物の最大の違いは、「魔法」を使えることだ、と指摘した。しかも、人間は誰でも魔法を使うことができる、という。フィンガレットの挙げる魔法の例とは次のようなものである(Fingarette, 1972)。

たとえば私が大学の教室で授業をしている最中に、『無縁・公界・楽』という本を学生に紹介したいと思ったとする。ところがその本は私の研究室の本棚にある。一つの方法は、私が自分で歩いて研究室まで行って、ドアを開け、本棚を探して持ってくるという方法である。しかし、魔法を使って教室に居ながらにして本を手に入れることもできる。どうするのかというと、誰か適当な学生に向かって、作法に従って正しく「呪文」を唱えるのである。

「私の部屋へ行って、『無縁・公界・楽』という本を取ってきてくれませんか」

というような呪文である。すると、教室に居ながらにして望みの本を手に入れることができる。こんなものは魔法ではない、と思われるかもしれないが、魔法を「呪文を唱えるほかに何もしないで、自分の希望を実現する方法」と定義するなら、まぎれもなく先の方法は魔法である。

大切なことは、本を取るように頼んだ私は、この場合、なんらの暴力も権力も使っておらず、学生に強制をしていないという点である。学生もこの場合、強制されたという思いを抱くこともなく、気持ちよくすすんで取りに行ってくれる。

もちろん、呪文の唱え方が下手だったり、私が日頃から根性の悪い魔法使いとして知られていれば、いくら正しく呪文を唱えたつもりでも、学生は圧力を感じ、渋々取りに行くことになる。その場合には魔法は失敗であり、強制力が使われている。

我々は日常生活のなかで魔法を頻繁に使っている。たとえば私が大学で歩いていると、向こうから学生がやってくる。向こうも私に気がつく。私が笑顔で頭を下げると、学生も一緒に頭を下げて、そのまま無言で通り過ぎる。このとき私は、適切なタイミングで適切な頭を下げるしぐさをすることで、なんらの強制力を使うことなく、学生の頭を下げさせることに成功している。しかも私の側に何かを強制した気分は残っておらず、学生の側にも何かを強制されたという気分は残っていない。

フィンガレットがわざわざ「魔法magic」という言葉を使うのは、『論語』にあらわれる孔子の思想を、いわゆる「合理性」で切り取ることに反対するからである。単なる合理主義者として孔子を見ることは、その思想の先鋭性を切り落とすことになる。たとえば次の章が魔法の例として挙げられる。

子曰く、無為にして治まれる者は、其れ舜か。夫れ何をか為さん。己を恭しくし正しく南面するのみ、と（衛霊公第十五、五）。〔論語の読み下しは加地二〇〇四による〕

孔子の言うところに従えば、舜は自分の心のありかたを慎み深くして、正しく王位についているだけで、何もしなかった。それだけで天下が平和に治まっていた。南面するのみで、何もせずに大きな効果を挙げたのであれば、これはまさに魔法である。

もちろん、ここにいう「魔法」は「礼」と言い換えることができる。論語の思想の核心が、礼に従いさえすれば、人間関係が調和し、天下に平和が訪れるという主張にある、と言って間違いではなかろう。このとき、礼はまるで魔法のようである。孔子の言うことが荒唐無稽に聞こえるとすれば、それはこの魔法の力を信じることができないからである。しかしだからといって、「怪力乱神を語らず」という論語の言葉を拡大解釈して、孔子を合理主義者と看做してしまえば、礼の持つ魔力という孔子の思想にとって最も本質的な側面を切り落としてしまうことになる。

フィンガレットは『論語』を読み解きつつ、人間の行為は本質的にこの魔法の要素を含んでいる、という主張を展開する。人間は神聖な儀礼を行う祭器のような存在であって、この神聖性を喪失すれば、人間は人間でなくなってしまう。フィンガレットは、そこに孔子の思想の先鋭性を見る。

実際、人間の行為に含まれる神聖性あるいは神秘性は、疑いようがない。それはさきほどの私と学生との挨拶の例を見れば十分である。日本人のお辞儀という挨拶のやり方を言葉で正確に書き下すことは不可能である。どのタイミングで、どの角度で、どういう風に頭を下げたら良いかが極めて難しいからである。

もちろん、さきほどの私のお辞儀の仕方を、学生を距離五メートルで発見し、四メートルに接近したところで笑顔をつくり、三メートルのところで頭を下げ始め、〇・七秒で角度二二度まで下げた、というように書き下すことはできる。しかし同じ学生と次の週にあった時に、同じことをするかというと、そうではない。毎回、微妙に違ってくる。それは相手とのあうんの呼吸がなければ、うまくお辞儀を完遂できないからである。あわてて早めに頭を下げてしまって、相手が出遅れて、こちらが上げたときに頭を下げられて、それを見てこちらもあわてて下げて、両方で何度も頭を上げたり下げたりすれば、それはみじめな失敗である。

あるいは、学生が私に気づいていないのに頭を下げても情けない。こちらだけが気づいており、相手が気づいていない場合には、視線を投げかけたり、何気なく荷物を持ち替えたり、手を振ったりして相手に自分の存在を気づかせるということをする。こうやって、相手に気づかせることに成功してはじめて、にっこりすることになる。この一連の操作もまた魔法の一部である。

こういう複雑で微妙な操作を、さまざまのレベルで動員してようやく、お辞儀が完成する。この複雑さは記述可能な範囲を超えており、プログラムとして書き下すことはできない。この精妙な操作に神聖性や神秘性を認めるのは道理に適っている。人間はこのような魔法を駆使して自分の望みを実現する生き物なのである。この神秘性は、論理ではなく、ダイナミクスに宿っている。

この魔法が使えないと、人はうまく他人に依存することができなくなる。他人に依存することなしに、人は生きていくことができないので、その場合には、他人を別の形で動かさざるを得なくなる。この非魔術的手法が「ハラスメント」である。

ハラスメントとは、相手の抱いている感覚とは異なった「意味」を押し付けることである。この押し付けられた意味と感覚のずれに対して、「自分が間違っているのではないか」という罪悪感を抱かせることができるなら、それを使って相手を操作することができる。

このようなハラスメントによる操作は、それを仕掛けられる側に、不愉快な気分を抱かせることになる。人は、この不愉快な気分を抱いていることから目を背ける傾向がある。世界はこのような不愉快さに満ちているのであり、これを感じることなしに人は生きられないのだと思い込む。このときハラスメントは無意識に入り込み、その人の行動を決定的に規定するようになる。このように、ハラスメントによって自分自身の感覚を裏切り、他人の操作を受ける状態を「呪縛」と呼ぶ(深尾二〇〇七)。

礼と呪縛の違いは、前者が双方の人としての尊厳を保持し、やりとりが充実感をもたらすのに対し、後者が他人を物扱いするものであり、呪縛を受ける側に苦痛をもたらすという点にある。礼によれば両者の関係は充実するが、呪縛によれば関係は空疎になり、人間性を疎外する。この違いは、双方の側で相手に対する学習過程が作動しているかどうかによって決まる。片方のみが学習過程を作動させ、もう片方が学習するフリをしているに過ぎないとき、呪縛が生じる(以上、ハラスメント論は、安冨二〇〇六、第二章、安冨・本條二〇〇七を参照)。

社会的分業を前提とした場合、人は他人の労働の成果に依拠せずに生存することができない。他人の生産した財を入手する、あるいは他人の労働をサービスとして利用することが生存のための条件となる。

この他人の労働を利用するための方法をカール・ポラニーは、「互酬性・再分配・市場交換」に分類した。これは財なりサービスなりが社会のなかで移動するときに生じる流れの形態に従った分類である。「市場交換」は二点間をつなぐ双方向の流れである。「再分配」は多くの人から一箇所に流れが一旦集まり、そのあとで多くの人へと分散していく。「互酬性」は対称的に配置された複数の点の間をつなぐものであるが、それぞれの流れは反対給付を要請しない(Polanyi 1977)。

ポラニーの概念は、財やサービスの流れを作り出すのは市場交換しかない、という経済学の単純な思い込みを打破する上で貴重であった。それでもこのパターンによる分類は、それが人間の関係性を豊かにするか乏しくするか、という観点を失わせるという問題がある。

「礼」と「呪縛」という観点に立てば、このようなパターンの違いは本質的ではなくなる。まず互酬性と市場交換の違いについて考えてみる。互酬性の個々の流れは贈与で構成されている。

ある人が別の人に無償で労働を提供したとしてみよう。深尾・安冨(二〇〇三)で論じたように、贈与は相手との関係性の強化という形で長期的な記憶に直接書き込むという機能を持つ。この関係性への書き込みという機能を果たしたことで、贈与の作動は完了している。こうして一方向の財やサービスの流れが生じる。

しかし贈与がこのような機能を果たすには、両者の関係性がそれを正当化するものであり、その贈与の仕方が適切なものである必要がある。この場合、贈与は礼にかなったものとなり、両者は心のわだかまりを持つことなく、お互いの関係性の強化を共に喜びながら、やりとりを遂行することができる。

ところが、この贈与が礼にかなわないものであれば、贈られた方は「負い目」を感じることになってしまう。たとえばそれほど深い関係性があるわけでもない相手から、過分な贈与を受けたというような場合である。この贈与の仕方がどれほど形式的に整ったものであっても、受けるべきでない相手から受けた贈与は、礼にかなってはいない。そうするとこの贈与は受けた側がある種の不快感を覚えることになり、その払拭を目指すことになる。そして機会を見つけて相手に贈与を仕返すことが必要になる。こういうことの繰り返しは気が滅入るものであり、「しがらみ」と呼ぶのがふさわしい。

ところが人類学では、贈与が関係を作り出すのは、この「負い目」によってであると看做されることが多い。たとえばサーリンズ(一九八四、二五二頁)は次のように言う。

まず最初に、まだ返弁されない贈与が、「人々のあいだに何かを創り出す。」すくなくとも返報の義務が解消されるまで、永続的な関係、連帯性をうみだすからである。第二に、《負い目の影》にはいって、貰い手は、与え手にたいする受身の関係に拘束される。

これでは贈与は呪縛の手段に過ぎないことになってしまう。

呪縛になるような形の贈与と、その払拭のための逆贈与の組み合わせは、同時ではないにしても、流れが双方向であり、これは「交換」と看做すこともできる。

次に「市場交換」の場合を考えよう。ある人が家を建てるのに別の人に手伝ってもらったとしよう。この人とは特に深い関係性があるわけではないなら、謝礼をしないでその労働提供を受けることは礼に反している。そこで、労働終了後に、働いてもらった時間にふさわしい財貨を渡したとする。これでサービスと財貨が逆方向に流れて、一つの交換が成立したことになる。

しかし、この場合、相手が気持ちよく働いてくれて助かったのであれば、今後、何か労働力を必要とする場合には、この人に頼もうという気になるのが普通である。これはモロッコのバーザールについてクリフォード・ギアツの観察した「常連化」という現象である。交換のための交渉という敵対的なはずのやりとりをとりかわすことで、両者の関係が密接になるという現象が常連化である(Geertz 1979)。

このような関係性の密接化が生じる場合には、「交換」といっても相互贈与の様相を呈していることになる。一方は労働を贈与し、もう一方がそれに謝礼を贈与したのである。共に贈与をしあうことで、関係性が強化される。これは互酬性の性質を帯びている。

勝俣（一九八六、一九〇頁）が指摘するように、「古代や中世においても男女の婚約など一体化のしるし」として互いに身につけていた衣を交換する風習が見られたが、これは衣がそれを着ている者の魂のつきどころとして魂の交換を意味し、両者を結び合わせる役割をになっていたことによる。すなわち、交換は、常に相互贈与に転じる可能性を持っている。問題は交換されたものに魂が籠もっているかどうかであり、財の流れそのものはそれを規定しない。

再分配についても同様のことが言える。網野善彦は『無縁・公界・楽』に収録された「初穂・出挙・関料」という論文のなかで、漁猟の獲物や農作物の最初の収穫を神に捧げる「初穂」という儀礼のなかに、さまざまな賦課、課税を支える機構を見出した。人々が収穫を神に感謝して捧げる「初穂」と、それを口実として権力が人々から取り上げる貢納は、形式的には全く同じであるが、中身は全く異なっている。

同書の第一五章に勧進についての同様の興味深い指摘がある。行基・空也に代表される勧進僧が、漂泊の生活のなかで家々に門付を行うことで集めた浄財により、寺院を建て、鐘を造り、橋を掛け、道路を開いたのは、再分配の典型的な事例である。これが一三世紀になると、守護の権力などの国家機構を全面的に利用して棟別銭を徴収し、それによって勧進の目的を達成しようとする「きわめて虫のよい方式」が成立した。本来の勧進も虫の良い勧進も、山伏や勧進聖が家々を回って棟別銭を集めるという形式は全く同じである。しかしそれでも後者は、前者の崇高なやり方の堕落形態である。

もちろん、互酬性・再分配・市場交換という分類が、パターンの違いを際立たせるためだけに用いられるなら問題は少ない。しかし、安冨（二〇〇五）で指摘したように、ポランニーはじめ多くの論者は「市場／共同体」という二項対立図式を持っており、前者に市場交換を、後者に互酬性・再分配を当てはめる傾向にある。そして、市場の暴力が、共同体の持つ人間的つながりを破壊してしまう、という構図を描き出す。

しかし、この図式には問題が多い。なぜなら、市場のみならず、共同体や家族も人間を疎外するからである。昔から人間関係は、家族関係を含めて、常に呪縛に転化する傾向を持っているのであり、家族や共同体ほどうっとうしいものはない、と思っている人は多い。たとえば日本の高度成長期に多くの人が村と家とを捨てて都会に集まったが、それは単に経済的理由だけではなく、村と家との持つ人間疎外にほとほと嫌気がさしていたからでもあった。

カール・ポラニーは、市場の持つ人間関係の破壊に強い敵意を抱いており、「大転換」以前の人類社会では、市場は常に共同体や社会の制御の範囲内で管理されていたのであり、長期的にはそのような管理状況が回復されるべきだ、というビジョンを描いていた。

このような思考法をピーター・ドラッカーは「社会による救済」を求める空想と看做して批判している。ドラッカーの言わんとするところは、市場の弊害に嫌気がさしたからといって、市場を放棄しても、人類社会にとって物資やサービスの流れを適切に制御する方法は他には存在しないばかりではなく、それを市場の外部に存在すると空想することは、全体主義に帰結してしまう、という点にある(ドラッカー一九七九)。

「魔法」の観点からすれば、経済活動が礼に基づいているか、呪縛に基づいているか、が決定的に重要となる。そのやりとりによって人間関係が充実し、人々が神聖性や神秘性を感得できるならそれは正しいのであり、それが失われているなら間違っている。

縁が呪縛に転化しないようにし、礼を実現するためには、相手との関係を壊す勇気を持つ必要がある。この点に関して、論語には次のような章がある(加地二〇〇四)。

怨みを匿して其の人を友とするは、左丘明之を恥ず。丘も亦之を恥ず。（公冶長第五、二五）
子曰く、唯仁者のみ能く人を好み、能く人を悪む。（里仁第四、三）
子曰く、君子は和して同ぜず、小人は同して和せず。（子路第十三、二三）
礼の用は和をもて貴しと為す。（学而第一、一二）

人に怨みを抱いた時に、我慢して縁をつないでいるのが「同」であり、これは小人のすることである。人々が同するとき、呪縛が蔓延する。これに対して仁者は、怨みを抱けば相手を正しく悪み、友としての縁を切る勇気を持つ。この仁を人々が保持するときにはじめて、和が生まれ、礼が実現する。

このような勇気を持つ上で、無縁の原理が重要な役割を果たす。人が縁を切るその操作を、社会的慣行が容認し支持するという機構が作動している場合、縁の呪縛への転化は抑制される。どこにも逃げ場がなければ、全ての縁が呪縛に転化してしまいかねないが、そのとき社会は早晩崩壊するであろう。

三　貨幣

このような「動的な無縁の原理」の立場から、貨幣はどのように解釈されるであろうか。既に引用したように、網野は貨幣が「「無縁」の物品の極致」であるとした。ここから議論をはじめることにしよう。

多くの論者の指摘するように、中世には、物品がその生産者と本源的な関係を結んでいる、という観念が強固に存在した（勝俣一九八六、笠松一九八六など）。この関係性は現代でも皆無になったわけではない。たとえば美術品がそうであり、ゴッホの絵は、誰に転売されたとしても、ゴッホの絵なのであり、その関係が切れることはない。ミャンマーに進出したある日本企業の駐在員に聞いたところでは、工員を雇うと一生懸命働いてくれるのは良いのだが、上手にできたと思った製品を家に持って帰ってしまうので困るという。理由を聞くと「家族に見せたいから」などと言うそうだが、作った者と作られた物の本源的な縁をミャンマーの人々は感じているのではなかろうか。

このような生産者と製品の有縁性が「徳政」における「戻り」という事態を可能にする。この有縁性は、ミャンマーの例に見られるように、商品を自由に流通させる上では不都合である。そこで、商品流通のために、市場という神仏の領域に商品を持ち込むという操作によって縁切りを行い、「市場交換」を実現することになる、というのが勝俣(一九八六)や網野(二〇〇六、二三九―二四〇頁)の主張である。

大抵の商品はある程度の時間を経れば、流通界から離れ、それを使用あるいは消費する人の手に渡る。無縁の世界から有縁の世界に戻るわけである。これに対して貨幣は、流通界のなかで、人々の手から手へと廻り続ける。このことが可能であるという意味で貨幣は、特定の個人との縁の最も薄い商品であり、「「無縁」の物品の極致」である。網野の主張はこのように理解すればよかろう。

この場合、冒頭に引用した網野(一九八七)の「共同体の果てるところ、その内部での縁の切れた外部」という観点と、勝俣の観点(晩年の網野も)の間には、微妙な違いのあることに注意せねばならない。

勝俣は、「市の聖域性は、市で市神をまつる形態はもちろんのこと、共同体をその外から分かつ異界との境界領域よりも、他界との境界領域としての神の示現する聖地のかたちのほうが古く、そこに立てられた市での売買などの交換行為そのものが神々を喜ばせ、祀ることに通ずるという観念が、その本質をなすものであった」と指摘する(勝俣一九八六、一八六頁)。

ここで大切なことは、勝俣がより本質的と考えているのが、

「共同体とその外部」

という区別ではなく、

「この世とその外部」

という区別だという点である。網野も、一九九六年に書かれた書物では、「市庭」を「世俗と縁の切れた「無縁」の場」と表現しており、「共同体の果てるところ」とは書いていない（網野二〇〇六、二三九頁）。

この区別は重要である。安冨（二〇〇五）で論じたように、

共同体／市場

という二項対立は広く深刻な思考障害を引き起こしており、勝俣の区分はその解毒剤として有用だからである。

この思考障害とは、「人間的紐帯に基づく互恵的共同的行為は共同体内部でのみ可能であり、荒々しい価格の値動きに晒される市場には存在しない。そこでは人々は交換のための敵対的交渉関係に置かれており、人間的束縛から自由であって、利益のより大きい方へと人々の行動は誘導されるばかりである。」という類の思い込みである。有縁と無縁を共同体と市場に振り分ける考え方は、既に見たように網野自身でさえも時折用いているが、この二項対立の持つ思考障害を引き継いでしまう。

既述のごとく、日本中世の市場は、人間的束縛の極みとでも言うべき、座・組・商人司・大工職・売場・立庭・館

場といったもので彩られていた。こういった束縛が、一六世紀に「無縁の原理」によって打破され、「楽売楽買」という自由な取引の場が生まれていくのであるが、それを実現したのは「町中」「町年寄」などと呼ばれる指導者に率いられた都市の地縁的共同体であった（桜井一九九六、第二部）。この事象を先の二項対立図式で理解することはできない。

共同性と市場性の混在した交換の場を私は「バーザール」と呼称した。バーザールのなかで人々は、相互のつながりを通じて絶え間ない噂話を繰り広げ、その喧騒のなかで関係性と経済性を考慮しながら交渉と交換を行い、その行動によって相互のつながりを絶えず戦略的に更新していく。経済活動の行われる社会的な場は、ほとんどがこのバーザールの特徴を持つのであり、それは「共同体」においても「市場」においても違いはない。

このような場において自分を守る方法は、自分なりのインターフェースを構築することである。このインターフェースの質の良し悪しがその人の運命を決定する。その人のまわりに良い縁がめぐらされておれば幸福であり、悪い縁がめぐらされておれば不幸である（深尾・安冨二〇〇三、安冨二〇〇五、二〇〇六）。

縁の良し悪しを区別するものが、フィンガレットのいう魔法である。魔法が掛かっておればその縁は良く、魔法が切れていればその縁は悪い。魔法が切れて呪縛に転じた縁を、切ることができるかどうかが魔法の効いた縁を作り出し維持する上で重要である。ここに無縁の原理が社会を維持する上で果たす大切な役割がある。

縁の深い人との経済的やりとりは、その場その場の決済である必要はなく、お互いに困ったときに助け合っていけばよい。労働や財の供与があまりに一方に偏ると魔法が切れてしまうので、うまく運営せねばならないが、目標は授受の平衡ではなく、魔法を効かせ続けることである。魔法が効いている限り、相手への援助の供与は喜びである。何らかの原因で魔法が切れてしまうと、それまでのやりとりのうちで偏った部分が一方の「負債」として計上され、

「縁」は「しがらみ」に転じることになる（深尾・安冨二〇〇三）。

縁の薄い人との経済的やりとりは、このようにはいかない。何らかの即席の魔法で縁結びをはかる必要がある。この必要を満たしてくれるものは何か、と考えると、まず思いつくのは、貨幣である。貨幣とは、汎用性が高く、初心者でも魔法を使えるようにする縁結びのための祭器なのではなかろうか。貨幣による縁は、結びやすく切れやすい。

こういった便利な祭器があれば、財やサービスの提供者は、縁の浅い相手からある程度確実な形で正しく「返礼」を受けることができる。提供を受ける者にとっても、こういった援助を相応しくない相手から受けるという「恩着せ」の感覚を受けることなく、容易に相手に魔法を掛けることができる。このやりとりは、贈与と返礼が瞬時に完結するので、そこに「しがらみ」が生じる可能性は低い。もちろん、何度も即席の魔法を掛け合っているうちに、そこにより深い縁を作り出すこともできる。

もちろん、貨幣を使ったからといって、直ちに魔法を掛けられるわけではない。使い方が悪く、「金を払っているんだから、このくらい当然だ」という態度を見せてしまい、相手に「金のためだから仕方がない」としがらみの感覚を抱かせてしまうなら、それは失敗である。網野は阿部謹也との対談のなかで、ペルーの市場を訪れた経験に触れながら、「市の買物は芸能だとつくづく思った」と発言している（網野・阿部一九九四、一八頁）。こういった「しがらみ」感を生じさせることなく、短い時間で適切に魔法を使うには、それなりの技芸が必要となる。

交換のこの儀礼的性格については、サーリンズ（一九八四、第六章）の「交易パートナー制」についての議論が参考になる。サーリンズは、マリノフスキーによる「物々交換と純然たる贈与とのあいだには非常におおくの移行形態や段階があるので、一方での交易、他方での贈与交換とのあいだにははっきりした境界線をひくことができない」という観察を拡張し、純粋の贈与から純粋の略奪に至る交換様態の連続体を考え、それを交換しあう人々のあいだの社会的距離の開きを変数とした関数と看做した。つまり、ある人間関係の濃度に対して、ある交換の様態が対応する、と見たのである。そしてその中間点(つまり純粋の仲間でも純粋の敵でもない中立的関係の人とのやりとり)がいわゆる直接的な交換となる。

サーリンズは、この中間点において、「需要と供給を通じた価格の均衡」が達成される見込みのない、細々とした取引しか行われない「未開交易」の場合でも、適切な交換レートが形成されるという事実を指摘する。たとえばある財(A)とほかの財(B)との交換レート(Aの個数／Bの個数)は、Aの原産地から離れるにしたがって上昇することが予想されるが、実際、クィーンズランドの交易連鎖における槍と斧の交換率は、そのように分布している。

この点を確認した上で、サーリンズは、なぜそのような合理的交換レートが、需要側にも供給側にも競争相手が全くいない状態で形成されるのかを考察した。サーリンズの答は、交換レートが、交易するパートナーの関係を維持するための「外交的術策」である、というものである。つまり、相互に交易関係を維持継続できるための条件を双方が勘案するため、さまざまの事情を含みこんだ形で適当なところにレートが落ち着く。よそ者同士が戦争することなく安寧を維持するための「平和条約」の代わりを交換レートが果たす。そのための値踏みによって、競争関係がなくとも、レートは適当なところに落ち着く、というのである。

では、ある交換レートでの交易を、どちらかが維持できなくなった場合はどうするか。そのときはリスクを覚悟で交易関係が破棄され、新たな交易関係が設定される。新しい交易関係のパートナーは、前と同じこともあれば、異なっていることもある。こうして短期的には安定したレートを維持しつつ、長期的には調整が行われる。このようなタイプの交換が頻繁に行われる地域では、「未開貨幣」とサーリンズが呼ぶ交換の媒介物が出現する。こうした貨幣は、

「均衡を維持するための特別な装置」であるという。(同書訳書、二七九頁)
サーリンズが想定しているのは、いつでも殺し合いに転じかねない相互に排他的な集団同士の「未開交易」であり、彼自身はそれをいわゆる需給調節機構の作動する市場経済と峻別しており、「自己調節市場では、需給が操作子であって、……それは、種々ことなる部族共同体間の交易と、まさに正反対なのだ」という(同書訳書、三〇九―三一〇頁)
しかし私には、この交易パートナー制の機構が、人間社会の交換の普遍的性質を示唆しているように見える。人と人との関係を安定して作り出すために価格があり、それを通じて関係が形成される。価格を変更しようとすることは、関係を新たに作り直すことにもなりうる。貨幣は人々をこのような関係に導く装置として作動する。市場を「バーザール」と看做す立場は、取引関係を基本的にこのように認識する。交易パートナー制における価格決定機構は、バーザールにおけるそれの基本形なのではなかろうか。
このような場では、貨幣を多く適切に用いることができると、他者に依存することが容易になる。貨幣を支払うことで他者の所有する財を得たり、あるいはその労働をサービスとして利用することは、他者に適切に依存しやすくなることを意味するからである。より厳密に言うならば、簡単に魔法を使って礼にかなった形で、他者から財やサービスの提供を受けることができる。これが貨幣のもたらす自由の根源である。
依存のゆえに従属が生じるのではない。従属とは、意に反して依存されている状態のことである。支配とは、魔法が使えないときに、他人に無理やり依存することである。人間は他人に依存することなしには生存できないので、正しく魔法を使って他人に依存しない限り、正しく生きることはできない。この魔法が消えた時に、呪縛によって支配と従属が生じる。貨幣とは、この魔法を魔力なしに実現する装置である。
この貨幣の魔法を正しく用いることができるなら、人は思うままに縁を結び、縁を切ることができる。この力を正しく用いることができるなら、その自由な魂を持つ人は「有徳人」と呼ばれるにふさわしい。桜井英治(一九九六、終章)は一六世紀中葉に近江国堅田の真宗寺院本福寺の住持明誓の『本福寺跡書』を引いて〈富者は一般に貧者に比して高い徳を具えていることが多い〉という当時の社会通念の存在を示している。「分限ナラバ強イ」という明誓の信念は貨幣の持つこの側面をあらわしている。分限の与えてくれる「余裕」があればこそ、人は正直になることも、温和であることもできる。

とはいえ魔法の祭器を持っていることそのものが、魔法の作用を保障するわけではないことを忘れてはならない。貨幣によって完全な自由を手に入れることができるわけではない。貨幣の所有を自由の達成と同一視したとき、貨幣の持つ別の呪縛に掛かることになる。この呪縛に掛かると、銭の亡者となってしまう。

同じく桜井の引用する『新猿楽記』の次の言葉はそのような呪縛に掛かった人の様子をあらわしている。

利を重んじて妻子を知らず、身を念いて他人を顧みず、一を以て万と成し、埴《つち》を摶《う》って金と成す、言を以て他心を誑《あざむ》き、謀を以て人目を抜く一物也

こうなってはいくらお金を持っていても、魂の自由は全く得られない。いくらお金を使っても魔法はうまく掛からず、人から恨まれ、さげすまれるばかりである。

貨幣は弱く切れやすい紐帯を作り出すことで、交易を可能にする。同時に、その機能によって、強く切れにくい紐帯の生成を阻害する力を持つ。この作用が、「共同体を貨幣が破壊する」という認識を生み出している。

しかし、貨幣そのものが人間の紐帯を破壊してしまうのではない。共同体的紐帯が、呪縛に転じているとき、貨幣はそれを無効化する強い効果を持つ。そして貨幣によって結ばれる紐帯にもとづいた、呪縛なき秩序を作ることもできる。

とはいえ、貨幣そのものが紐帯の代用品であるかのように思い込んでしまったとき、貨幣による呪縛が生じる。そのとき、社会は息苦しく、不安に満ちたものになる。

おわりに――崩壊のダイナミクス

本章の最後に、以上の議論の骨格をまとめておこう。まず、無縁／有縁という静的な対立の背後に、縁切り／縁結びという動的な操作があることを主張した。人々をつなぐ縁が呪縛に転じたとき、ひとはその縁を切る衝動に駆られる。この二種類の操作がそれぞれ要素となり、無縁の世界と有縁の世界が構成されているが、その二種類の行為が不可分のものであるのと同じように、その二つの世界は相互に依存する。

縁切りの衝動を引き起こすものはハラスメントによる呪縛である。これは相手の情動と違う意味を押し付けることによって行われる。それはフィンガレットのいう「魔法」を使って他者に正しく依存することができない者が使う悪辣な手段である。そして呪縛に掛けられた人は、罪悪感にとらわれ、苦しむことになる。

貨幣とは、この魔法を即席で成立させるための装置だと解釈することができる。この装置を用いることで、人は他者に容易に依存できるようになる。この機能が強い関係性を結ぶ圧力を減じさせるために、「共同体」への脅威となる。しかし、だからといって、貨幣が人々の縁を切るばかりのものなのではない。それは弱い縁を成立させるものだからである。しかし同時に、貨幣さえ持っていれば魔法が使える、と勘違いすることによって、別の呪縛が生じることにもなる。この間違った信念が社会を不安定化する力をも生み出す。

この社会の不安定化という問題について、桜井英治の議論を敷衍しつつ、考察を加えておきたい。

桜井(一九九六、三六八頁)は、「中世後期の経済構造は、われわれの想像以上に緻密で高度なものに高められていた」ことを指摘するとともに、「中世後期の経済構造が次の近世社会にそのまま継承されることはなかった。むしろ近世の経済は中世後期の経済構造を一八〇度転換させるところから出発しているといった方がよい」とする。

中世の経済の特徴は、たとえば大工が寺社の仕事を請け負う権利が「大工職」として所有権化され、時には売買される。同じようにある地域で物品を販売する権利が「縄張り」となって所有権化される。関所を設けて「初穂」を取り立てる権利も同様である。

このすべての人間関係の所有権化ともいうべき事態は、文書を所有してさえいれば権利が確保されるという「文書主義」の浸透と相互依存関係にあり、そのなかから「割符」とよばれる送金手段が発生し、これが流通して貨幣化する、という現象も生じた。

挙句の果てに、「贈り物を受け取る権利」までが所有権化され、勝手に譲渡された。桜井(一九九八)によれば、「八朔」の贈り物の習慣について、「花園天皇は「人において無益、国において非要、尤も止むべき事か」とその非合理性を指弾しながらも、「本意にあらずといえども、時俗に引かれ、免むるあたわず、此の事、君子において慙あり、悲しむべし、悲しむべし、ただ独り醒めたるは還って狂うに似たり、末代の法悲しむべし」と「時俗」に抗しえぬ自分をしきりに嘆いている。」という有様であった。この嘆きは「八朔」の贈り物の習慣に限定したものであるが、このような巨大な儀礼体系の頂点に位置する天皇までが嫌がるようなものと化していた。

このような事態は、本来、人々の縁結びを可能にするメディアとして生成したものが、今度はそれを手段として他人にハラスメントを仕掛けて呪縛に掛けるものとして、強力に作動していたことを示す。こういったものは、強力になればなるほど人々を強く呪縛に掛けるが、同時に、そうであればあるほど、そこから逃れたい、という縁切りの衝動を強化する。そうして、縁切り衝動を実現する無縁の原理の明示化を促進し、それが中世のアジール空間を創出させたのであろう。

両者がバランスしている間は、体制は安定していたが、その作動のあまりの堕落のゆえに、全体を支えている仏神の権威が失われはじめると共に、将棋倒しのようにとつぜん崩壊した。

桜井はこの崩壊を、「成熟した社会、すなわち普遍的な原理にもとづいて高度にシステム化された社会が共通に負っている宿命であり、脆さである」と主張する（桜井一九九六、三六九頁）。

安冨（二〇〇〇）は、貨幣の生成と崩壊のコンピュータ・シミュレーション・モデルを構築した。そのなかで、人々が交換の困難に直面しているとき、「みんなが受け取る財を受け取る」という戦略をとることで、自律的に貨幣の成立することを示した。しかし、みんなが貨幣を受け取るという秩序が生成すると、誰もが貨幣を信用するようになり、時が経過するに従ってその信用が過信となり、ほんの少しの貨幣不安が、一気に広まって貨幣を自律的に崩壊させることをも示した。このダイナミクスは、桜井の論理と親近性を持っている。

しかし、ハラスメント論の観点からするならば、この崩壊を単なる「脆さ」の帰結と見るべきではないように思う。システムを構成する習慣・慣行・制度などが、あまりに強化された結果として、魔法が効かなくなって呪縛に転じたとき、社会にハラスメントが蔓延し、人々がなだれをうって縁切りに走ることで生じるものではないか、と現在では考えている。

参照文献

網野善彦一九八七　「「互酬」「無縁の物」の原理から」、週刊朝日 百科日本の歴史 五一『税・交易・貨幣』朝日新聞社
———一九九四　「貨幣と資本」『岩波講座 日本通史 第九巻 中世3』二〇七—二四六頁
———一九九六　『増補 無縁・公界・楽』平凡社ライブラリー
———二〇〇〇　「日本中世の自由について」『中世再考』講談社学術文庫、三四—六九頁
———二〇〇六　『日本中世に何が起きたか』洋泉社
———・阿部謹也一九九四　『中世の再発見』平凡社ライブラリー
笠松宏至一九八六　「中世の安堵」、朝尾直弘ほか編『日本の社会史 第四巻』一五三—一七九頁、岩波書店
勝俣鎮夫一九八六　「売買・質入れと所有観念」、朝尾直弘ほか編『日本の社会史 第四巻』八一—一〇九頁、岩波書店
———一九九六　『戦国時代論』岩波書店
桜井英治一九九六　『日本中世の経済構造』岩波書店
———一九九八　「日本中世の贈与について」『思想』八八七号
サーリンズ、マーシャル一九八四　『石器時代の経済学』(山内昶訳)法政大学出版局
東島誠二〇〇〇　『公共圏の歴史的創造』東京大学出版会
ドラッカー、ピーター一九七九　『傍観者の時代』(風間禎三郎訳)ダイヤモンド社
深尾葉子二〇〇七　「現代に生きる革命の語り——日本における文革体験と黄土高原調査」、韓敏編『中国社会の変化と再構築』風響社(近刊予定)
深尾葉子・安冨歩二〇〇三　「中国陝西省北部農村の人間関係形成機構——〈相夥〉と〈雇〉」『東洋文化研究所紀要』第一四四冊、三五八(七五)—三一九(一一四)頁
ベイトソン、グレゴリー二〇〇一　『精神と自然——生きた世界の認識論』(改訂版)(佐藤良明訳)新思索社
マルクス、カール一九六八　マルクス゠エンゲルス全集刊行委員会訳『資本論 第一巻 第一分冊』大月書店

安冨歩二〇〇〇　『貨幣の複雑性』創文社
安冨歩二〇〇五　「マーケットからバザールへ――共同体と市場の二項対立を越えて」『経済論叢（京都大学）』第一七六巻第三号、（三六五）八九―（三八三）一〇七頁
安冨歩二〇〇六　『複雑さを生きる――やわらかな制御』岩波書店
安冨歩・本條晴一郎二〇〇七　『ハラスメントは連鎖する』光文社
Fingarette, Herbert. 1972 *Confucius—the secular as sacred*, New York: Harper & Row（山本和人訳『孔子』平凡社ライブラリー、一九九四年）
Geertz, C.,1979 "Suq: The Bazaar Economy in Setrou", in C. Geertz et al. eds., Meaning and Order in Moroccan Society, pp123-264, New York: Cambridge University Press
Polanyi K., 1977 The Livelihood of Man, New York: Academic Press
『論語』（加地伸行訳注）講談社学術文庫、二〇〇四年

終　章

銭貨のダイナミズム

——中世から近世へ——

桜井英治

一　量産の一〇年・どこまでを共有できたか

貨幣史研究が一九九〇年代以降の日本の中・近世移行期研究においてもっとも著しい進展のみられた分野であるということは、衆目のほぼ一致するところであろう。この間、当該期の貨幣史・経済史に関する私たちの理解は飛躍的に深まった。もちろん見解の不一致はつねに存在しつづけるものだが、私たちが共有できる知見は確実に増えているはずなのである。

では私たちはどこまでを共通理解として分かちあえており、どこからを分かちあえずにいるのだろうか。本章では本書に収録された論文に沿いながらその点を整理し、今後の貨幣史研究にとって有益な出発点と思われるところを提示してみたい（以下、たんに「〇〇論文」と表記するものは原則として本書収録論文をさす）。

さて、一二世紀半ばに大量の宋銭流入によってはじまった渡来銭経済は、途中いくつかの小変動を経験しながらも、一五世紀後半まではほぼ安定的な状態を保っていたとみてよい。ところが一五世紀末になると、それまで三世紀以上にわたって維持されていた渡来銭経済にもようやく動揺の兆しがみえはじめた。松延康隆の言葉を借りれば、それまで「円形方孔・表面の文字・銅銭特有の色と感触といった条件を満たす限り、その内部に含有する金属の価値とは関係なく、いかなる種類の銭も「一文」という単位として流通していた」銭たちが、突如、「単一の価値尺度としての機能を失」ってしまったのである(1)。

その動揺はまず特定の銭種のみを選好して、それ以外の銭種の受け取りを拒否する撰銭行為となってあらわれたが、一六世紀に入ると、当初のように低銭を流通から完全に排除してしまうことは少なくなり、代わって精銭よりも低い価値を与えたうえで通用させる慣行が一般化する。その背景には低銭の横溢と精銭の相対的希少化という事態の進行があったと考えられるが、どの銭種がどの程度の価値水準で評価されるかは、地域ごとにばらつきがあり、ここに一六世紀を特徴づける貨幣の地域性が浮上してくることになる。

銭の嗜好は時期によっても変わりうる。ある時期に低銭と評価されていた銭種が、次の時期にも引きつづき低銭の地位にとどまるとはかぎらない。一六世紀から一七世紀初頭にかけてみられたおおよその傾向は、ひとつは、かつて低銭とされていたものが次第にその価値を上昇させてゆく傾向であり、もうひとつは、多いとき・ところで四―五階層に分散していた銭の価格帯がしだいに二―三階層程度に収斂してゆく傾向である。どちらの背景にも、究極的には黒田明伸が指摘した中国からの銭供給の途絶という事態があったと考えられるが[2]、この事態はとくに西日本においては中・高額取引分野における銭遣いを破綻させ、一五七〇年前後には銭遣いから米遣いへ、続く一六世紀末から一七世紀初頭には米遣いから銀遣いへの転換を継起することになる(ただし小額取引では銭遣いが存続する)[3]。石見銀山をはじめとする良質な銀山に恵まれていたことと、貿易を通じて東アジア世界に広く開かれていた地理的環境が、西日本に国際通貨としての銀をいち早く普及させたのである。他方、銭が比較的豊富に存在した東日本では、高額取引分野への金の進出はみられたものの、基本的に銭遣いの破綻はおこらなかった。ただ、中国からの銭供給の途絶による銭の希少化はここでも確実に進行しており、長期的には、この慢性的な小額貨幣不足が江戸幕府による寛永通宝発行の背景となる[4]。と同時に、それは一六世紀以来の貨幣の地域性が終息し、全国的な貨幣統合に向かう過程でもあった。

中・近世移行期の貨幣史研究に関して、私が一応の共通理解と考えているのは以上である。ここまでは私たちが現に分かちあえている、ないしは分かちあうべき地平といってよいのではなかろうか。

ただし研究者の多くは、この点についてかならずしも自覚的であるとはいえない。中国からの銭供給の途絶を指摘した黒田説にまったく言及しない論文がいまなお存在することは驚くべきことだが、黒田説をうけて銭の希少化にともなう低銭の地位上昇と精銭の空位化を指摘した卑見にいたっては、言及されることの方がむしろ少ない。ではこの間、当該期の貨幣史研究が低調であったかといえば、冒頭にも述べたように、そのようなことはまったくないどころか、この一〇年は過去に例をみないほど大量の論文が生産された一〇年であった。

深刻なのは、これほど多くの論文が発表されながらも、それらのなかには誰のどの説を支持し、支持しないかの意思表示が明確になされていないものがあまりにも多いことである。相互の言及関係を欠いた論文の量産は、諸説の無用な乱立(あるいは誰かがすでに指摘したことの繰り返し)と議論の拡散を招くだけで、研究に裨益するところは少ない。本章が学界の共通理解の確認という、ごく初歩的なところからはじめざるをえなかったのも、そのような現状にかんがみてのことである。

二　前提としての一四—一五世紀

少しずつ争点のほうに話題を移していこう。

前述のように、渡来銭経済にはっきりとした動揺の兆しがみえはじめるのは一五世紀末であるが、その動揺が具体的にいつ、どのようにはじまるのかについてはかならずしも明らかにされているわけではない。

小葉田淳が収集した厖大な史料(5)や田中論文の指摘によれば、京都や大和での「悪銭替」の所見は一五世紀初頭に遡り、また千枝論文によれば、伊勢地方の史料に「ゑり銭」「あくせん十五文さし」などの注記が出現するのも一四三〇年ごろである。となると、一五世紀初頭ないし前半にはすでに「悪銭」が相当量流通していたと考えねばならないが、まず問題になるのはその「悪銭」の実体である。具体的には官銭の老朽化したものか、私鋳銭かということになるが、櫻木論文によれば、九州地方南部や東北地方北部では、一五世紀段階の遺跡から大量の私鋳銭が出土しているというから、一五世紀の「悪銭」に少なからぬ量の私鋳銭が含まれていたことは動かしがたい。見解が分かれるとすれば、その私鋳銭に占める中国産、国内産の比重をそれぞれどの程度と見積もるかだが、櫻木論文が整理しているように、国内遺跡からの私鋳銭の鋳型の発見例が一四世紀中葉にまで遡り、その後一六世紀後半まで連続して報告されていることからすれば、国内産私鋳銭も一五世紀にはすでに安定生産の段階に達していたと考えてよさそうである。この点はまさに近年の考古学の大きな成果であり、私自身一〇年前にはまったく予測していなかった事態であることを告白しなければならない(6)。これらの考古学的発見により、康永二年(一三四三)に検非違使庁が「新銭作銅細工等」を逮捕した事件も、単発的、孤立的な銭貨偽造事件ではなく、まさに私鋳銭時代の到来を告げる出来事であることが明らかになったといえよう(7)。

その背景について時代を遡って考えてみよう。

一三世紀後半、一二七〇年代に宋から元への王朝交代と元が採用した紙幣専用政策の影響で、大量の宋銭が中国から周辺諸国へと流出し、それをうけて日本でも年貢の代銭納制の普及に代表される銭遣いの飛躍的拡大がおこった(8)。それは一二世紀半ばに渡来銭経済がはじまって以来、最大の出来事といってよい。

けれども溢れ出した水にもやがて尽きる日が来る。明くる一四世紀に入ると一三世紀後半のインフレーションは終息し、日本は一転して銭荒(銭不足)・銭貴(銭高)に見舞われることになった。松延康隆が明らかにした一四世紀の著しい地価下落は、そのような銭荒・銭貴の進行を直截に示す現象であろう。[9] この地価下落については南北朝の動乱に原因を求める見解もあるが、主因はやはり貨幣要因に求めねばなるまい。後醍醐天皇の貨幣発行計画がこの銭荒・銭貴に便乗して企てられたであろうことについては別稿で触れたが、[10] 一四世紀後半には高麗・朝鮮やヴェトナムでも銅銭や紙幣を自前で発行する動きが強まることを重視すると、一四世紀には東アジア規模で銭荒・銭貴が進行していた可能性が高く、その原因が中国からの銭流出の鈍化にあったことももはや論を俟たないところであろう。中国との窓口にあたる博多からの出土銭が一四世紀後半に減少するという櫻木論文の指摘もこの理解を支持しているように思われる。

備蓄銭の慣行が一四世紀後半ごろから日本各地で本格化するのも、おそらくこのことと無関係ではない。松延は備蓄銭慣行の広まり、すなわち銭が富の蓄蔵機能を獲得したことが、銭の退蔵を促し、それが銭荒・銭貴の原因になったと推測したが、これは原因と結果が逆である可能性が高く、むしろ長期的な銭荒・銭貴傾向のなかで将来の銭供給にたいする不安とさらなる銭貴への予測から、備蓄銭の慣行が広まったと解釈したほうがよさそうである。

一五世紀後半にも、百瀬今朝雄が指摘したように、米価に長期的な低落傾向がみられ、[11] これも同じく貨幣要因によるとすれば、銭荒・銭貴傾向は一四―一五世紀を貫く長期的トレンドと考えてよいことになる。であれば、この銭荒・銭貴と符節を合わせて本格化する私鋳銭生産は、銭荒を緩和するためにとられた民間的対応であると同時に、長期的な銭貴傾向がそこに一定の利潤動機を与えていたといえる。

私鋳銭のうち良質なものは精銭のなかに潜り込み、巧みに同化したであろうが、粗悪なものは精銭から区別され、老朽化した官銭とともに「悪銭」として括られることになる。次に問題となるのはその「悪銭」がどのように扱われたかだが、京都とその周辺では、一五世紀に関するかぎり「悪銭」は排除の対象として出てくるケースが圧倒的に多い。精銭がまだ大量に流通し、「悪銭」がマイノリティであった時代の余裕を反映しているといえよう。これとは対照的に、九州地方南部や東北地方北部では、一五世紀段階の遺跡から個別出土銭・一括出土銭を問わず、大量の私鋳銭が出土しているが、これは「悪銭」が日常的な小額取引にとどまらず、富の蓄蔵手段や高額取引の領域にも進出していたことを物語る。その背景としては、精銭の地域的偏在性という問題が当然考慮されるべきだが、ちょうど両地域の中間に位置するのが千枝論文の扱う伊勢地方であろう。

伊勢は宗教センターとしての特殊性をもつ。そこには全国から多くの参宮者が訪れ、散銭(賽銭)という匿名性の高い貨幣使用をおこなう。伊勢神宮とそこに連なる人びとからみれば、それは受領を拒否できない、受け身で無防備な貨幣の侵入である。純粋に地理的距離だけを測れば、京都にむしろ近い伊勢地方だが、ここは他地域よりもはるかに「悪銭」が集中しやすい条件にさらされていたのである。「ゑり銭」「あくせん十五文さし」など、のちの撰銭令を先取りした慣行が、この地にきわめて早熟なかたちで出現するのもその特殊性に起因していることはまちがいあるまい。

以上のように、貨幣の地域性がすでに一五世紀段階からあらわれてくることは注目に値するが、一六世紀の貨幣動向を検討するに先立って、もうひとつ考えておいてもよい問題は一四—一五世紀における中国国内の宋銭残存量である。一四世紀の東アジア諸国における銭荒・銭貴が中国からの銭流出の鈍化に起因していたことは前述したが、当の中国でも皇慶年間(一三一二—一三一三)以降は「民間に残存する江南の銅銭は宋代に較べて、その十分の一」といわれるような状況にあった[12]。至正一〇年(一三五〇)の銅銭解禁にさいして、それまで鈔庫などに収蔵されていた歴代の銅銭も放出されたというが[13]、それを含めたとしても一三世紀後半の大量流出以後、中国国内に残存していた宋銭総量は高が知れていたというべきではないか。だとすれば、一六世紀前半になってふたたび中国から日本へと大量に持ち込まれる「宋銭」の実体は何かということがあらためて問題となる。虚心に考えれば、黒田論文が強調するように、一六世紀の国内遺跡から出土する「宋銭」――私たちが外観のまともさからこれまで北宋政府鋳造の官銭と信じて疑わなかった精銭――のなかにもかなりの量の私鋳銭が紛れ込んでいると考えざるをえないのではなかろうか。

もちろん一六世紀の輸入銭にも真の宋銭は当然含まれていたであろうし、また年貢や段銭などの税制に銭が組み込まれていた中世後期の日本は、中国とは違って銭が比較的還流しやすい環境にあったと考えられるから、真の宋銭が数世紀にわたって流通しつづけることは十分ありえたであろう。したがって極論はつねに慎まねばならぬが、少なくとも外観や成分がもはや官銭と私鋳銭を弁別する決定的な指標たりえないということだけは私たちの共通認識になりつつあるように思われる。

三　大内氏撰銭令と明銭論争――一五世紀末の動向

一五世紀末における渡来銭経済の動揺を端的に物語るのが、文明一七年(一四八五)四月一五日の大内氏撰銭令[14]である。これは撰銭令の初見史料として周知のものだが、注目すべきはその内容であり、この撰銭令から、当時の大内氏領国において猖獗をきわめ、問題視されていた撰銭とは、じつは粗悪銭にたいしてではなく、意外にも当時出まわりはじめたばかりの明銭にたいしておこなわれていたことが明らかになるのである。明銭にたいする忌避はほどなく畿内にも波及するが、研究者の関心をさらに引きつけたのは、明銭忌避が日本ばかりでなく、同時期の中国でもおきていた事実である。

この問題をはじめて本格的に組上に載せたのは中国史家足立啓二であった。足立は中国における明銭忌避の原因を、一四三六年に明政府が銀財政への転換を開始して銭が国家的支払手段でなくなったことに求め、日本における明銭忌避はそれが波及したものだと説明した。[15]この理解にもとづいて足立が提唱した、中世日本は中国の内部貨幣圏であるとの主張は、一九九〇年代初頭の日本史学界に大きなセンセーションを巻きおこし、鈴木公雄の出土銭貨研究[16]とならんで、以後、貨幣史研究の活発化を促す重要なきっかけとなった。

足立説はまもなく、明は銀財政以前から鈔法(紙幣専用政策)をとっており、銭が国家財政とリンクしていた事実はそもそもなかったとする大田由起夫の批判によって後景に退いたが、その大田は明銭の鋳造量の少なさ、その希少性自体に忌避の原因を求めた。[17]大量に存在することが小額貨幣として受容されるための重要な条件であったことは経験則として知られており、また理論的にも確かめられるようだが、[18]明銭はその条件を満たしていなかったというのが大田の理解である。この大田説は、結論自体にはそれなりの説得力があるものの、論証には難解なところが多く、そのためか、大田説にたいする反響は予想外に鈍かったように思われる。おそらくは足立説を批判したところまではうけいれるが、大田が提起した代案には賛否を決めかねていたというのがこの間の学界全体のムードではなかったろうか。

こうしていったん停滞期に入った感のある明銭論争であったが、近年その沈黙を破って久しぶりに新説を提唱したのが黒田明伸である。

黒田は、北京で永楽銭にたいする撰銭が発生するのが一四六〇年代であったこと、そしてそのきっかけが一四五六年ごろから顕著になる江南からの私鋳永楽銭の流入にあったことに着目し、この私鋳永楽銭がやがて北京でなく、日本をめざすようになったと推測した。[19]つまり黒田は、北京と日本で明銭忌避がほぼ共時的に発生した原因は、まさに同一の私鋳永楽銭が流入したことにあったとみたのである。また黒田は、この私鋳永楽銭の鋳造に、遣明船が持ち込んだ日本銅が利用された可能性も指摘しているが、本書収録論文においてはこの見解をさらに発展させ、私鋳銭にとどまらず、官銭と遣明船・日本銅のあいだにも密接な関係を推測するにいたっている。

まことに斬新で大胆な見解であり、これを機にふたたび議論が高まることを大いに期待したいが、その露払いとしてごく素朴な疑問を二、三列挙しておこう。ひとつは一四五六年に北京に流入した私鋳永楽銭が、当時の中国側史料が語るとおり「大小不一、倶各雑以錫鉄等物」[20]というシロモノだったとすれば、たとえ一〇〇文中二〇文に限っていたとはいえ、そのようなものをはたして大内氏が段銭として受け取ろうとするだろうかという疑問である。大内氏撰銭令の永楽銭は一四五六年に北京に流入したものとは別種の、もっと良質なものだった可能性はないだろうか。もうひとつは、一四八〇年の北京における明銭「挑揀」について、黒田はこれを明銭の退蔵と解釈しているが、この解釈によれば公鋳の明銭は、通説とは異なり、良貨でありつづけたことになる。けれども、一方にはほぼ同時期の北京で明銭が過低評価されていたことをうかがわせる史料もたしかに存在しているから[21]、それらをどう整合的に解釈するかが課題になってこよう。三つ目は、前節でみたように国内でもすでに安定した私鋳銭生産がはじまっていたとみられる一五世紀後半において、中国に原料銅を持ち込んでまで私鋳銭を外注しなければならない必然性があったのかどうかである。もっとも原料銅を持ち込んだかどうかはともかく、この時期にも室町幕府が依然として明に銅銭を求めつづけていたことは動かしがたい事実であり、その原因としては、さしあたり国内の私鋳銭生産が幕府とは別個の主体によっておこなわれていたこと、および国内の私鋳銭生産に精銭を安定的につくりだせる技術力がまだ備わっていなかったことの二点を想定する必要が出てくる。国内私鋳銭生産の主体と技術力の解明は、黒田というよりは、私たち全員に課せられた課題というべきだが、明銭論争の行方も結局はそこにかかってくるのではなかろうか。

四　階層化のメカニズム——一六世紀前半の動向

ところで黒田論文が日中の共時性として注目しているもうひとつの貨幣動向に、銭流通の階層化がある。前述のとおり、一五世紀段階の京都やその周辺では、「悪銭」は基本的に排除の対象であった。特定の銭種のみを選好して、それ以外の銭種は受け取りを拒否するという二者択一の撰銭行為がおこなわれていたのである。ところが一六世紀段階になると、「悪銭」を流通から完全に排除してしまうことは少なくなり、代わって精銭よりも低い価値を与えたうえで通用させる慣行が一般化した。この変化が黒田のいう「銭流通の階層化」にあたる。[22]ここでは日常の小額取引には「悪銭」を用い、富の蓄蔵や高額決済・遠隔地決済には精銭を用いるというように銭種間に分業関係が生まれる。黒田のいう「補完的な関係」である。

このような階層化は、中国・北京では一四六五年にはすでに確認されるが、日本のばあいには、明応二年(一四九三)成立の『相良氏法度』[23]第五条が、土地売買における「悪銭」の使用を認めたうえで、「字大鳥」一〇貫文を精銭四貫文、「黒銭」一〇貫文を精銭五貫文相当と規定したのが法制史料にあらわれるもっとも早い例であろう。[24]一六世紀に入ると、本多博之が「清銭」の四分の一の価値水準をもつ「並銭」の存在を確認した永正一一年(一五一四)の豊前国の事例をはじめ、[25]精銭とは異なる価値水準をもつ低銭の流通が一般化するが、初期の事例が、『相良氏法度』を含め、九州地方に集中しているのはやはり偶然とはいえまい。前述のとおり、考古学的所見からも同地方は早くから私鋳銭流通が優勢な地域であったことが知られるからである。

ただ、その原因を中国との地理的な近さに求め、中国の貨幣動向がダイレクトに影響したためとか、中国の低銭が大量に流入したためなどと説明するのは早計かもしれない。というのも、同じ傾向は九州だけでなく、東北地方でも確認されるからである。

東北地方では、残念ながら九州のように精銭と低銭との比価を明示した史料はいまのところ確認されていないが、これは史料自体の乏しさが原因であり、そのような貨幣動向がなかったことの証左にはならない。一方、別稿でも指摘したように、『常在寺衆中記』(『妙法寺記』『勝山記』)にあらわれる甲斐国都留郡の穀物価格は、一五世紀末以来、他地域にくらべて異様な高水準を示しており、それらが低銭建てであったことを疑わせる。近年の考古学の成果から類推しても、「甲斐国都留郡では一五世紀末というごく早い段階からすでに低銭が主要な流通貨幣となっていた可能性[26]」がますます強まってきたように思われる。この推測が正しいとすれば、東日本における私鋳銭優勢地域の南限は東北地方からはるかに南下して関東甲信地方の山間部にまで入り込んでくる可能性も出てこよう。

ともかく日本においても一五世紀末には確実に銭流通の階層化がおきており、それは私鋳銭流通が優勢であった南北の辺境地域から波及した可能性が強い。他方、畿内とその周辺の動向については田中論文に詳しいが、撰銭令に即してみたばあい、銭流通の階層化を認めたのは永禄一二年(一五六九)の織田信長撰銭令[27]が最初であり、それ以前の撰銭令は幕府・戦国大名を問わず、少なくとも建前上は等価値使用の原則、すなわちいったん使用を許した銭種については、銭種間の区別立てを認めず、あくまでも一枚一文の等価値で扱う原則を堅持していた。

しかし法と実態とはしばしば乖離する。民間ではこれ以前から低銭のみによる売買が広くおこなわれていたことは、ほかならぬそれらの撰銭令に撰銭禁制と並んで悪銭売買禁制がみえることから明らかである[28]。禁制の存在は、通常その行為の横行を示すものだからである。さらに川戸貴史[29]や田中論文が紹介した長享二年(一四八八)賀茂別雷神社領能登国土田荘公用銭算用状の「拾貫文内壱貫文悪銭　但五百十一文本銭ニ成候」なる記述に注目するならば、京都においても銭流通の階層化の時期が一五世紀末に遡る可能性が出てくる。「悪銭」一貫文が「本銭」(精銭)五一一文に換算された、ないしは実際に交換されたことを示すその内容は、京都に悪銭の取引市場が発生しつつあった状況を示唆すると同時に、精銭とは異なる価値水準をもつ「悪銭」相場の形成、すなわち銭流通の階層化の萌芽を物語っているからである。

ただし、「悪銭」の受け取りが拒否される事例はこれ以後も跡を絶たない。しかもそれら「悪銭」をめぐる事案の多くが遠隔地荘園から送進されてくる年貢銭をめぐって発生していることも重要だろう。京都の荘園領主たちはお目が高く、なかなか銭流通の階層化を認めようとしなかったのである。しかしまた、京都にはまさに荘園領主の居所であるがゆえに年貢銭として全国各地からさまざまな銭種が流入してきたのも事実であり、それが京都の抱える特殊事情であった。

ただ前述の伊勢地方と少し異なるのは、こと年貢銭に関しては貨幣使用者の匿名性がきわめて低い点である。「悪銭」の受け取りが拒否される事例が遅くまで残存するのもこのこととかかわりがあろう。荘園現地サイドでは、ごく初期の段階にはグレシャムの法則よろしくなるべく多くの「悪銭」を荘園領主に受領させようとする心理が働いたにちがいない。ところが荘園領主側が受領を拒否する頻度が増え、あるいは受領するにしても大幅に減価したうえでしか受領しなくなれば、輸送コストに圧迫されて、「悪銭」は早晩遠隔地決済の場から退場せざるをえない。こうして「悪銭」は荘園現地にとどまることになり、精銭と「悪銭」の分業関係が発生する。銭流通の階層化が促進されるのである。

永禄一二年(一五六九)の織田信長撰銭令は、それまでの等価値使用の原則を捨てて、銭流通の階層化という現状をはじめて追認した点で画期的な法令であるが、信長令とそれ以前の撰銭令との違いは、それだけにはとどまらなかった。

信長令以前の撰銭令が、民間で忌避されていた銭種を精銭と等価値使用させるためにとった方策は、サシ銭への混入比率を規定したうえで精銭と混用させることであった。たんに等価値使用を強制するだけでは、法令自体がまったく遵守されないか、遵守されたとしても精銭の退蔵を引き起こしかねないからである。それは撰銭令の初見史料である大内氏撰銭令が永楽銭・宣徳銭について、一〇〇文中、段銭には二〇文、民間での使用には三〇文の混入を規定して以来の伝統的な手法であり、なかには永正九年(一五一二)八月三〇日の室町幕府撰銭令[30]のように、およそ実行可能とは思えないような詳細にすぎる規定が存在したこともたしかだが、ただ、そのすべてが市場の実態を無視した非現実的な規定であったかというと、かならずしもそうとはいいきれない面がある。というのも、千枝論文が詳しく紹介しているように、伊勢地方では一五世紀前半からすでに「あくせん十五文さし」「悪銭三十指」等の慣行がおこなわれており、また、一六世紀前半に豊前国で流通していた「並銭」も「百文仁荒銭参拾文指」という構成をとっていたことが、本多博之によって明らかにされているからである[31]。精銭もしくは基準銭に一定量の明銭や低銭を混入してサシ銭をつくるという慣行は在地から発生してきたものであり、信長令以前の撰銭令はそれを踏襲した側面が強いといえよう。

信長令は、等価値使用の原則を放棄しただけでなく、このような「組成主義[32]」を廃した点でも、それまでの撰銭令とはヴィジョンを異にしていたといえるが、ただ、「精銭」と「地悪銭(中銭)」の混用を命じた後北条氏の諸法令[33]や、千枝論文が紹介した伊勢における永楽銭と「薄銭」の半分充て使用慣行[34]、そしてほかならぬ信長令にみえる「精銭」と「増銭」の半分充て使用規定など、諸税の納入や売買の代価に二種類の銭種を取り混ぜて使用することを命じた法令や慣行はこのあとも引きつづきみることができる。複数の銭種を連ねて一サシをつくるという本来のあり方からはかなり変質しているとはいえ、「組成主義」的な発想が根強く残ってゆくこともたしかだろう。

いずれにせよ一六世紀には、中国に続いて日本でもようやく銭流通の階層化が普遍的なものになる。ただし、階層化自体は普遍的な現象であっても、その各層を構成する銭種は地域ごとに大きく異なっていた。そこでは、下層を構成する低銭はほとんど地域内でしか使用されず、ただ上層に位置する精銭のみが広域的な汎用性をもち、富の蓄蔵や遠隔地決済に使用されえたのである[35]。

黒田論文は、それを「悪貨が良貨を駆逐する」が通用しない世界と評したが、翻って「悪貨が良貨を駆逐する」事態がおきるとすれば、それはどのようなばあいであろうか。

強力な公権力が存在し、それが世上での評価の異なる二つの銭種を強制的に等価値で使用させようとしたばあいには「悪貨が良貨を駆逐する」事態は往々にしておこりうるかもしれない。けれども中世日本のように強力な公権力が存在しないばあいにはどうであろうか。そこでは悪貨が希少なばあい、人びとの行動は悪貨の排除へと動き、グレシャムの法則は働かない。いわゆる撰銭の段階である。一方、悪貨が増加してある閾値を超えると階層化が生まれる。となれば、かりにグレシャムの法則に働く余地があったとしても、それはそのあいだのごく一瞬でしかありえない。それは階層化の直前に過渡的、瞬間的にしかあらわれない出来事なのである。大内氏撰銭令の第二条が「永楽・せんとくはかりを用へからす」と述べるのは、そのような事態を予想してのことだろうが、それが杞憂に終わったことはいうまでもない。

ところで悪貨が排除の対象から一転して通貨として認知される――つまり銭貨流通の階層化がおきる――誘因は何であろうか。現時点ではほとんど仮説の域を出ないが、私は飢饉や戦争による米価の高騰がそのきっかけになった可能性を予測している。米価の高騰が低銭の地位を一気に押し上げた例は、天正一八―一九年（一五九〇―一五九一）ごろの奈良において実際に見出すことができるが、[36]それに類するような、それまで排除の対象でしかなかった低銭の動員を不可避にする何らかの要因が関与していたことが考えられるのである。[37]近年、高木久史が主張している撰銭令と食糧需給政策との関係も、そのような角度からあらためてとらえなおしてみる必要があろう。[38]

五　低銭の地位上昇・階層性の収束・精銭の空位化――一六世紀後半の動向

一六世紀後半、それまで四〇〇年以上にわたって続いてきた銭遣いが、西日本においてはとくに中・高額取引分野を中心に、一五七〇年前後に米遣いへ、さらに一六世紀末から一七世紀初頭には銀遣いへとめまぐるしく変化したことについては、浦長瀬隆の研究が明らかにしているとおりである。[39]これについては高木久史の批判があるものの、[40]大きな流れとしてはほぼ認めてよいのではなかろうか。一方、その原因を中国からの銭供給の途絶に求めた黒田明伸の所説については、前述のごとく、そろそろ私たちの共通理解として認める必要があると考えているが、依然として旗幟を鮮明にしていない論者も少なくないのが実情である。[41]

黒田ははじめ、一五七〇年前後に中国から日本への銭供給が途絶した理由について、マニラ―アカプルコ間の定期航路の開設にともない、ポトシ銀が銭の密造基地であった中国東南沿岸部に流入し、同地域を銭遣い圏から銀遣い圏に変えてしまったためと説明していたが、[42]その後、一五六六―六七年に明政府が倭寇の本拠地であった漳州を制圧するとともに海禁を一部解除した事実をもうひとつの理由として追加した。[43]これは、西日本における銭遣いの消滅が、マニラ―アカプルコ間航路の開設よりも早い一五六八年ごろからあらわれる事実を考慮してのことだが、黒田説はこうして銭の密輸組織の消滅、ついで密造組織の消滅という二段階説をとって完成をみたのである。

中国と日本国内、二つの銭供給源のうち一方を失ったことで、日本国内では銭の希少化が進行する。西日本において銭遣いから米遣いへの転換がおきたのはそのもっとも顕著なあらわれだが、毛利一憲が解明した天正期奈良におけるビタ価格の上昇もその影響とみるべきである。[44]

こうした銭の希少化に随伴しておきた三つの現象が低銭の地位上昇と銭流通の階層性の収束、そして精銭の空位化(実体の消滅と計算貨幣化)であった。

まず低銭の地位上昇とは次のような現象である。毛利が追究した奈良のビタは、当初一〇〇文=米二升六合というかなりの低銭であったが、しだいにその価値を上昇させてゆき、天正一九年(一五九一)にはひとつ上の階層に属していた流通銭が永禄末年ごろもっていた一〇〇文=米一斗六升という価値水準を追い越すことが知られている。そのさい見逃せないのが、この銭が天正一八年を境にしてビタとよばれなくなる事実である。この変化は、かつてビタとよばれていた低銭の地位が銭の希少化にともなって上昇し、新たな基準銭としての地位を獲得した結果と考えられよう。[45]また、これを別の角度からとらえるならば、ここではビタがひとつ上の階層の銭に追いつき、合流することにより、銭の階層がひとつ減少したことを意味する。これが銭流通の階層性の収束である。もともと低い階層の出身であった銭が上の階層に追いつき、呑みこんでゆく、まさに「銭の下剋上」とよんでもよい現象が進行したのである。

かつて仮説的に述べたこれらの現象については、近年次々と証明されつつある。千枝論文は伊勢地方においてもまったく同じ現象がおきていたことを報告している。すなわち、同地方におけるビタの初見は元亀三年(一五七二)であり、一五七〇年代には価値の低い銭だったが、一五八〇年代半ばに価値が上昇し、慶長一一年(一六〇六)を最後にビタの呼称が消滅するという。[46]　奈良とまったく同じ現象がここでも進行していたのである。櫻木論文の指摘する、一六世紀末から一七世紀初頭における「模鋳銭の精銭化」という事態も同一の現象としてとらえられよう。櫻木は一六世紀末の青森市新城、一七世紀初頭の堺環濠都市遺跡SKT448-3地点の一括出土銭では模鋳銭の混入率がきわめて高いことから、一六世紀末―一七世紀初頭には、銭不足から模鋳銭でさえ精銭として認知されていたのではないかと推測しているが、したがうべき見解である。このほか越前においても高木久史によってビタの地位上昇が確かめられており、[47]この現象は畿内以東において広汎に観察されることが明らかとなった。[48]

そのなかで天正一一年(一五八三)の京都における銭価格の対金・銀・米全面安を指摘する田中論文の所見は、以上の理解にたいして、いまのところ唯一の反証になっているが(ただし、田中論文も京都で精銭とビタがほぼ同価格になることは認めている)、これを田中論文のように本能寺の変という政治的要因に求めるか、経済的要因に求めるかは悩ましいところである。あえて後者の可能性を探るならば、銭遣いから米遣い、銀遣いへの変化がみられた西日本からは、畿内をのぞいて、いまのところ低銭の明確な地位上昇を示す事例が報告されていない事実を重視すべきかもしれない。西日本では、米と銀という代替物の存在が銭に価格弾力性を与え、それが銭価格の上昇を抑制していた可能性が考えられるからである。そしてちょうど畿内がその境界に位置していたと考えれば、同じ畿内でも奈良が東日本的、京都が西日本的という異なる様相を呈していたことにも一応の説明がつく。いずれにせよ、西日本の低銭価格に関する実証的データの充実が待たれるところであろう。

次に銭流通の階層性の収束という現象についてだが、従来あまり注目されることのなかったこの現象を私がなぜ重視するかといえば、これこそが近世の銭貨統合を可能にした重要な前提条件だったと考えているからである。

一五世紀末にはじまった銭流通の階層化が極限まで進行した結果、ほとんど多層化とよんでもよい様相を呈していたのが織田信長の撰銭令が出された永禄一二年(一五六九)ごろの畿内であった。そこでは精銭のほか、精銭の二分の一、五分の一、一〇分の一の価値をもつ各低銭の、合計四階層の存在が確認されるからである。また、永禄三年(一五六〇)の伊勢でも「へいら」「鐚」「古銭」「悪銭」「永楽(中銭)」という、少なくとも五階層(比価は四:五:一二:二五:四〇)が確認され、これについては前述した同地の特殊性も考慮に入れるべきかもしれないが、いずれにせよ、もっとも多層化の進んだ段階では四—五階層の価格帯が出現するのである。

しかし、このような多層化の事実を指摘しただけでは近世につながる銭貨統合の契機を見落としてしまうことになる。いったん多層化した銭流通は次にふたたび収束への道をたどるからである。その具体的な過程は奈良のビタについてみたとおり、下位の階層に属する銭が価格上昇の結果、上位の階層を呑みこむかたちで進行したと考えられるが、この現象は、永楽一貫文=京銭(ビタ)四貫文=金一両の公定レートを定めた慶長一三年(一六〇八)令の大前提となる。少なくともこの法令が意味をもつためには、それまで存在していた複数の階層がひとつに収斂し、ほぼ永楽の四分の一の価格帯に集中する大きな銭種群(京銭・ビタ)をつくりあげていなければならないからである。それが安国良一のいう「京銭による銭貨統合の時代」[49]の前提でもあった。

はたしてそのような過程は織田信長の撰銭令からさほど降らぬ時期にあらわれる。ひとつは大和の筒井順慶が「ワレ・カケ・ナマリ銭」以外は精銭一貫文にたいして一律三貫文で使用することを命じた天正一〇年(一五八二)九月の法令であり[50]、もうひとつは羽柴秀吉が山城国大山崎に充てて「なんきん銭・うちひらめ銭」以外は一律「三文立」(三枚で精銭一文)で授受することを命じた同年一〇月の法令である[51]。両法令が想定しているのは、精銭と、精銭の三分の一の価値をもつ通用銭(「並銭」「次銭」)のみからなる二階層の世界である。高木久史は両法令を「事実上の等価値使用政策」と評価し、銭の階層性を認めた永禄一二年(一五六九)の織田信長撰銭令からの政策転換があったことを指摘するが、その政策転換を促したものこそが階層性の収束にほかならない[52]。したがって、ここでの等価値使用原則をかつての撰銭令にみられたそれと同一視することはできない。双方のあいだには銭流通の階層化とその収束という、市場が自律的にたどったダイナミックな過程が介在しているからである。それがかならずしも政策的に誘導されたものでないことは、たとえばこの種の法令の存在が知られていない伊勢においても、一六世紀末―一七世紀初頭の流通銭が、やはり旧ビタとみられる価格帯（一貫文＝銀一二・三―一九・九匁）と精銭（永楽銭・薄銭）とみられる価格帯（一貫文＝銀二〇―三八匁）の二層構造をとっていたという千枝論文の指摘からも推測されるところであろう。いずれにせよ、この二層構造を前提とした施策が以後、豊臣から徳川政権へと継承される銭貨政策の基調をなすのである。

銭の希少化に随伴しておきた三つ目の現象は精銭の空位化である。低銭に地位の上昇がみられたのと並行して、階層の最上位に位置する精銭におきたのが実体の消滅と計算貨幣化の動きであった[53]。本多博之が見出した毛利領国の「古銭」は、そのような経過を比較的早い時期にたどった銭の一例といえるが[54]、天正一〇年代末の奈良でもそれまで一〇〇文＝米二斗前後の高価格をもっていた精銭が実体を失い、「本銭」とよばれる純粋な計算貨幣に転化したことが毛利一憲によって明らかにされている[55]。そして東日本において高い評価を獲得し、「超精銭」としての地位を築いていた永楽銭も、まもなくまったく同じ道を歩むことになる。

後北条氏が諸税の永楽銭での納入を原則としながらも、実際には黄金・米穀・漆・綿等での代納を認めざるをえなかったこと、東海地方でもそれまで永楽銭で納入されていた年貢が天正一〇年代前半ごろから永楽一貫文＝ビタ四貫文の比価でしだいにビタによる代納に切り替えられていったこと、そしてその背景に永楽銭自体の希少化があったことについては、私自身かつて指摘し[56]、本書でも本多論文が再度触れているところだが[57]、その延長線上に永楽一貫文＝京銭（ビタ）四貫文＝金一両の公定レートを定めると同時に永楽銭の流通を禁止した慶長一三年（一六〇八）令が位置することになる。このころまでに永楽銭は流通銭としてはほぼ実体を失っていたとみられ、永楽銭流通の禁止もそのような現状を追認した規定と考えられるが、にもかかわらず、上記の公定レートに永楽銭が組み込まれたのは、かつて永楽銭が広く流通していた時代に作成された永楽建ての台帳が、年貢や諸税の納入にさいしてまだ広汎に利用されていたためであろう。永楽銭はこれ以後、実体をともなわない計算貨幣としてのみ存続することになり、その慣行が一部地域に永高制として長く残存したことは周知のとおりだが、このような永楽銭の運命が政策的に誘導されたものではなく、究極的には中国からの銭供給の途絶がもたらしたひとつの帰結であることも忘れてはなるまい。

こうして最上位の精銭が空位化したのにともない、それまでこの精銭がになっていた広域通貨としての役割は、次席を占めていた京銭(ビタ)に委ねられる。しかしさまざまな銭種を含み、また地域性を完全には払拭しきれていなかったこの銭種群を全国化するためには若干の政策的な誘導も必要であり、それを近世初期の撰銭令がはたしてゆくことになる。安国良一のいう「京銭による銭貨統合の時代」とは、このようなコンテクストで理解できるのではなかろうか。

ところで戦国期東日本で流通していた永楽銭に関しては、黒田論文がそのほとんどを東日本で鋳造された私鋳銭とみる大胆な仮説を提起しており、茨城県東海村の村松白根遺跡から永楽通宝の枝銭が出土した事実もこの仮説を支持しているようにみえるが、ただこの仮説にしたがうと、黒田自身が力説した中国からの銭供給の途絶の影響が、東日本の永楽銭にはまったく作用していなかったことになり、一六世紀末から一七世紀初頭にみられた永楽銭の希少化という現象を説明できなくなる。また永楽銭が、永楽銭にたいする評価の低い西日本から、評価の高い東日本をめざして大量に流入したという、いかにもありそうな可能性についても、黒田論文は収集・輸送コストの観点からこれに否定的であるが、前述のとおり中世後期の日本は税制上、中国とは違って銭が比較的還流しやすい環境にあったから、収集コストを過大に見積もる必要は感じられない。また戦国期には金・銀だけでなく、精銭もれっきとした遠隔地決済手段であったことについては本多博之の指摘があり[58]、黒田もそのこと自体は認めているから、東日本向け決済に、きわめて有利な支払手段であったはずの永楽銭が用いられなかったとは考えにくいのではあるまいか。ごく常識的な理解になるが、戦国期東日本で流通していた永楽銭のなかには、たしかに東日本で鋳造された私鋳銭もあったにはちがいないが、西日本から東漸してきた官銭・私鋳銭も少なからぬ量で含まれていたと考えたい。

六　寛永通宝の発行と銅資源の問題——一七世紀前半の動向

一七世紀前半は貨幣手段、とりわけ小額貨幣の不足が深刻化し、民間・諸藩・幕府それぞれがこの事態への対応を迫られていた時代であった。民間の対応としては、中世以来の私鋳銭生産と、千枝論文が詳しくとりあげている山田羽書などの私札・銀札の発行を代表的な動きとしてあげることができよう。また諸藩の対応としては、伊東多三郎[59]や安国論文が注目した豊前小倉藩による「新銭」発行事業は、寛永通宝発行にいたる前史として見逃せない動向だが、この「新銭」は宋銭を模したものと推定され、藩権力による私鋳銭鋳造事業としての性格が濃厚である。その他、低品位領国銀の発行や、寛永七年(一六三〇)の備後福山藩を初見とする藩札の発行なども小額貨幣不足への対応とみてよいだろう。ただ、このような積極的な政策を試みた藩がある反面、安国論文が紹介しているように、「針金銭」(考古学でいう輪銭・リング銭)とよばれた超低銭に甘んじていた佐竹氏をはじめ、有効な対応策を打ち出せずにいた藩も少なくなかったのである。

幕府による寛永通宝の発行は、長期的にみれば、民間や諸藩のそれと同様、小額貨幣不足にたいする幕府の対応として評価しうるものである。また寛永通宝は、四貫文＝金一両という公定レートや、当初古銭(京銭・ビタ)との併用が命じられた事実からみても、明らかに低銭の地位を継承するものであった[60]。私はかつて寛永通宝の発行を、一六世紀に民間でおこなわれていた「悪銭売買」が「体制化」したものと評したことがあるが[61]、その真意はほとんど伝わらなかったようにみえる。おそらく四貫文＝金一両の高価値を示す古銭(京銭・ビタ)が、一六世紀に「悪銭」とよばれた低銭の系譜を引いているとは誰も想像できなかったのだろう。けれどもそれはまぎれもない事実であり、それが一六世紀のダイナミズムなのである[62]。

ただ短期的にみたばあいには、寛永通宝の発行には別の契機もあったことがうかがえる。安国論文は、寛永通宝の発行計画が寛永一一年(一六三四)の三代将軍徳川家光上洛時に浮上してきた事実に注目し、上洛中の家光と幕閣が、近江坂本で良質な銭が輸出向けに大量鋳造されている事実を目の当たりにしたことが直接の契機になったとみている。安国はさらに、翌寛永一二年に発布された日本人の海外渡航禁止令も銭の海外流出防止策であった可能性を示唆しているが、大いにありうることであろう。

ただ、寛永通宝発行時の直接の目的は何かということになると、街道筋における銭不足の緩和という安国年来の主張がやはり妥当性をもっているように思われる[63]。家光は上洛の途上、銭不足を肌身で感じるところがあったのだろう。また時系列的にみれば、寛永一二年(一六三五)にはじまる参勤交代制のことも当然当局者たちの視野に入っていたと考えねばならぬが、いずれにせよ、寛永通宝は移動する大軍団が各宿場で使用するための小額貨幣を提供する目的で発行された公算が強まってくるのである。

私は以前、寛永通宝の意義について「国家の利益ではなく、まさしく国民への一般的交換手段の供給を目的として鋳造された日本最初の(中略)自国鋳貨であったという点に求められる」と述べたが、[64] 以上の推論が正しいとすれば、少なくとも初期の目的に関するかぎり、この言は訂正されねばならないだろう。国民一般のために貨幣を発行するという高邁な発想は、家光や幕閣たちにとってはまだ遠いところにあったのかもしれない。

前近代国家における貨幣発行事業に関しては、しばしば財政補塡手段(貨幣発行収入)と兵士や公共工事労働者にたいする小額貨幣提供という二つの目的が指摘される。実現にはいたらなかったものの、後醍醐天皇の貨幣発行計画は明らかに前者を目的としていたし、黒田論文が北京駐留の兵士向けであったと指摘する永楽通宝の発行は、黒田説にしたがえばその目的は後者である。そして右の推論が正しいとすれば、寛永通宝の発行も後者を目的としていたことになろう。

ただ、これら二つの目的は、かならずしもつねに排他的であったというわけではない。たとえば和同開珎は平城京造営事業と関連した財政補塡手段であるといわれるが、ここでは公共工事にともなって発生する莫大な人件費、大勢の人夫にたいする給料の支払いを素材価値の安い名目貨幣でおこなうことによって、公共工事労働者にたいする小額貨幣提供が同時にネガティブな財政補塡手段たりえているのである。それは大内裏造営計画の一環として企てられた後醍醐天皇の貨幣発行計画にしても同様だろう。要するに、財政補塡手段としての貨幣発行は、恒常的な収入をめざしていたというよりは、国家が公共工事のような臨時の、そして多額の支出に直面したときに、国庫への負担を最小限に抑えるべく企図されることが多いのであり、財政補塡手段といってもあくまでもネガティブなかたちでしかあらわれないことに注意したい。もちろんこれは一般論であり、寛永通宝の発行がただちにこのケースにあたるというわけではないが、たとえば私札のなかにも、大坂の江戸堀川銀札や堺の木地屋銀札(夕雲開銀札)のように、公共工事を契機として発行されたものが少なからず見出せる事実は、貨幣発行の一般的な契機を探るうえで、留意しておいてもよい点だろう。[65]慢性的な小額貨幣不足のなかで、どうしても大量の小額貨幣を一時に準備しなければならないとき――国家や企業が貨幣発行にふみきる瞬間とは、たぶんそういうときなのである。

寛永通宝発行後もただちにその安定した流通が実現されたわけではなく、その事業が軌道に乗るまでにまだ多少の年月を要したことについては安国論文に詳しいが、江戸幕府が公式に古銭の使用禁止を宣言し、寛永通宝の専用が確定した寛文一〇年(一六七〇)をもってひとつの画期とみなすことには大きな異論は出ないのではなかろうか。これにより日本はようやく自国鋳貨のみによる貨幣体系を確立し、(イミテーションを含めた)中国銭への依存から脱却するのである。それは同時に、一六世紀以来の銭貨の地域性と階層性とが解消され(ただし高額貨幣である金・銀貨とのあいだに新たな階層性が築かれるのだが)、金・銀両貨を含めてまがりなりにも貨幣統合が実現された瞬間であった、と少なくとも理念的にはとらえることができるだろう。

けれどもその一方で、藩札・私札の流通や地域ごとに異なるユニットをもつ銭匁勘定などが新たな地域性として浮上してくる。[66]それが寛永通宝の供給不足にともなって発生したまったく新しい事態なのか、それとも中世以来の地域性を継承する部分もあったのかは今後の大きな論点になろうが、近世後期に高額銭文札が流通した地域がかつての無文銭優勢地域と重なるという安国論文の指摘は、後者の可能性にも大きな道を開いているといえよう。そのような根強い地域性のなかで、江戸幕府がなしとげた貨幣統合とはいかなる意味での統合だったのかをあらためて問い直してみる必要が出てきそうである。

ところで安国論文が注目しているもうひとつの重要な動向に、一七世紀における銭輸出の問題がある。安国論文が詳述しているように、この時期、朱印船貿易家やオランダ東インド会社によって大量の銭が日本国内から持ち出され、東京や交趾、あるいは台湾、バタヴィアへと輸出された。そこにはかねてから国内で流通していた古銭も当然含まれていたであろうが、一方では前述した近江坂本のように輸出向けの私鋳銭生産もおこなわれていたのである。そこで生産された銭の実体は、おそらく安国の推測どおり、宋銭の銭銘を刻した私鋳宋銭だったと考えられるが、そもそも日本国内が銭不足に悩まされているさなかに大量の銭が輸出されるとは何とも不可解な状況ではないか。それがある種「飢餓輸出」としての側面をもっていたことはたしかに否定できぬところであろうが、ただ、そのような私鋳銭量産技術が早くから確立していたなら、中国からの銭供給の途絶の影響はもっと小さなものにとどまったであろうし、一六世紀末以来の銭の価格上昇もおこらなかったはずである。(67) とすれば、この輸出産業は当時まさに勃興期にあったと考えてよく、そこには安国論文のいうように「中世・近世を画する技術革新や鋳造組織の整備があったと想定」するのが妥当だろう。さらに付け加えるなら、もうひとつの重要な要素として、この産業をささえていた銅資源の問題も忘れてはなるまい。

近世銅山の初期の歴史は、史料の乏しさからほとんど解明されていないのが実情だが、数は少ないながら、いくつかの徴証は、まさにこのころを銅山開発の盛期として指し示している。かつて古代律令政府の銅銭鋳造事業をささえ、豊前小倉藩の「新銭」鋳造事業にも原料銅を提供していた可能性のある長門国長登銅山が、慶長四年(一五九九)ごろ開掘され、寛永年中に盛期を迎えたとされていること、また、日立銅山の前身であり、輸出銭のミト(安国論文参照)や寛永通宝鋳造事業との関係も指摘される常陸国宮田銅山が、元和年中までに開掘され、同じく寛永ごろ盛況を迎えたとされていることは、いずれも右の推定を傍証するものであろう。(68)

さかのぼれば、黒田論文が戦国期東日本で流通していた永楽銭のほとんどは東日本で鋳造された私鋳銭であろうと述べたとき、それをささえる銅資源の問題はどのように考えられていたのか。私たちの貨幣史研究は、かつての小葉田淳がそうであったように、ふたたび鉱山開発の問題と直面しつつあるようである。

七　貨幣の能動性をめぐって――むすびにかえて

網野善彦は貨幣を「「無縁」の極致」と評した。[69] 所有者とのあいだに呪術的な関係を取り結ぶこともなく人の手から手へと転々と渡り歩く貨幣、徳政令が出されてもけっしてもとの持ち主のもとへもどろうとしない貨幣は、まさに「「無縁」の極致」とよぶにふさわしいものであろう。そして、この言を手がかりに、貨幣のもつ「人々の縁を切るばかり」ではない、「弱く切れやすい紐帯を作り出す」というもうひとつの特性に注目し、そこに貨幣のもたらす「自由の根源」を見出したのが安冨論文である。貨幣を適切に用いることが他者との良好な関係をつくり出すことにつながるとするその主張は、「交易」や「価格」にたいする私たちの既成観念を打ち砕くと同時に、私たちの目をあらためて貨幣のもつ能動的な役割に向けさせてくれたように思われる。それは「貨幣の中立性」のドグマを強く批判しつづけてきた黒田明伸の仕事とも共鳴しあいながら、私たちをより本質的な議論へといざなうであろう。

貨幣が「中立」であるどころか、歴史上の重要局面においてしばしば決定的な役割を演じてきたという事実は、一〇年前ならまだしも、いまの私たちにはさほどの驚きもなくうけいれられるはずである。一三世紀後半における年貢の代銭納制の普及と市場経済の発達、あるいは一六世紀後半の石高制の採用と米納年貢制の成立等々――これらに関する定説は、いまや銭貨のダイナミズムの前で完全に覆ってしまったではないか。

他方、安冨はその著『貨幣の複雑性』において、貨幣がみずから生成と崩壊のプロセスを繰り返すメカニズムを明らかにしてみせた。[70] 貨幣は人びとの「他人の受け取るものを受け取る」戦略から生まれるが、やがてわずかなノイズが貨幣を崩壊させ、以後そのプロセスを繰り返す。一六世紀の貨幣史研究にたずさわる者ならば、いくらでも思い当たる節があろう。素材価値によるでもなく、ほとんど気まぐれとしかいいようのない特定銭銘にたいする執着と忌避、それまで忌避されていた銭種がいつのまにか好評を博するケース、逆にそれまで何の問題もなく授受されていた銭種が突然受領されなくなるケース――それらすべてに複雑系のメカニズムは働いていたにちがいないのである。その現象をどのように記述してゆくかは依然として困難をともなう課題ではあるけれども、そろそろその具体的な方法を模索してもよい時期にさしかかっていることだけはまちがいなさそうである。

その一方で、安冨論文の主張するところはきわめて今日的、実践的でもあり、まさに私たちのいま、とこれから、にかかわっている。遍在する「呪縛」の誘惑にどうすれば打ち克てるかという問いにたいし、私たちの貨幣史研究はいったいいかなる知恵を提供できるだろうか。それもまた、一度は立ち止まり、真剣に考えてみなければならぬ問題である。

(1) 松延康隆「銭と貨幣の観念――鎌倉期における貨幣機能の変化について」『列島の文化史』六号、一九八九年。
(2) 黒田明伸『中華帝国の構造と世界経済』名古屋大学出版会、一九九四年。
(3) 浦長瀬隆『中近世日本貨幣流通史』勁草書房、二〇〇一年。
(4) 拙稿「中世の貨幣・信用」、桜井英治・中西聡編『新体系日本史12　流通経済史』山川出版社、二〇〇二年。
(5) 小葉田淳『日本貨幣流通史』刀江書院、一九六九年、六九―一三五頁。
(6) 中島圭一は、「中世貨幣の普遍性と地域性」(網野善彦他編『中世日本列島の地域性――考古学と中世史研究6』名著出版、一九九七年)において、「独自の通貨を創り出す動きが国内に広がっていた」ところに「明における銭の信用の崩壊が日本に伝わり」、それが後述する「明銭の通用価値の不安定化」を招いたとの展望を示した。この「独自の通貨を創り出す動き」が

「明銭の通用価値の不安定化」に先行するとの理解にたいしては、拙稿「日本中世における貨幣と信用について」(『歴史学研究』七〇三号、一九九七年)や池享「前近代日本の貨幣と国家」(池享編『銭貨――前近代日本の貨幣と国家』青木書店、二〇〇一年)が疑義を表明したが、近年の発掘成果は、私たちに中島説の再評価を迫っているといえるかもしれない。なお、この問題については、中島「日本の中世貨幣と国家」(『歴史学研究』七一一号、一九九八年、のち歴史学研究会編『越境する貨幣』青木書店、一九九九年、に再録)も参照のこと。

(7)『八坂神社記録1』「社家記録二」康永二年一〇月二八日条。

(8)大田由紀夫「一二―一五世紀初頭東アジアにおける銅銭の流布――日本・中国を中心として」『社会経済史学』六一巻二号、一九九五年。

(9)注(1)松延論文。

(10)注(4)拙稿。なお、この銭荒・銭貴に便乗したという点では、康永二年(一三四三)に逮捕された「新銭作銅細工等」も後醍醐と同じ発想の持ち主であった。

(11)百瀬今朝雄「室町時代における米価表――東寺関係の場合」『史学雑誌』六六編一号、一九五七年。

(12)前田直典『元朝史の研究』東京大学出版会、一九七三年、八五頁。

(13)同右、八六頁。

(14)『中世法制史料集3　武家家法I』「大内氏掟書」六一―六三条。

(15)足立啓二「中国から見た日本貨幣史の二・三の問題」『新しい歴史学のために』二〇三号、一九九一年、同「東アジアにおける銭貨の流通」、荒野泰典他編『アジアのなかの日本史III　海上の道』東京大学出版会、一九九二年。

(16)鈴木公雄『出土銭貨の研究』東京大学出版会、一九九九年。

(17)大田由紀夫「一五・一六世紀中国における銭貨流通」『名古屋大学東洋史研究報告』二一号、一九九七年。

(18)安冨歩『貨幣の複雑性』創文社、二〇〇〇年、七八頁。

(19) Kuroda, Akinobu, "Copper Coins Chosen and Silver Differentiated: Another Aspect of the 'Silver Century' in East Asia," *ACTA ASIATICA* 88, 2005.
(20) 『明英宗実録』景泰七年七月甲申条。
(21) 注(17)大田論文。
(22) 従来からしばしば使われてきた「区別立て」という表現は、一般に撰銭すなわち銭の排除も含んでいる点で黒田のいう「階層化」より用法が広い。
(23) 『中世法制史料集3　武家家法Ⅰ』。
(24) 同条をめぐる解釈の異同については、本多博之『戦国織豊期の貨幣と石高制』(吉川弘文館、二〇〇六年)四八頁、参照。
(25) 同右、三二―三三頁。
(26) 拙稿「中世における物価の特性と消費者行動」『国立歴史民俗博物館研究報告』一一三集、二〇〇四年、註(28)。
(27) 『中世法制史料集5　武家家法Ⅲ』六八五、六八六号。
(28) 『中世法制史料集2　室町幕府法』追加法三三四号　永正二年一〇月一〇日室町幕府奉行人連署制札案、他。なお、悪銭売買禁制の意義については注(6)拙稿参照。
(29) 川戸貴史「撰銭現象の再検討――収取の現場を中心に」『人民の歴史学』一六六号、二〇〇五年。
(30) 『中世法制史料集2　室町幕府法』追加法三八五―三八九号。
(31) 注(24)本多書、五八、六三頁。ただしこのケースについては、大内氏撰銭令がモデルを提供した可能性がある。
(32) 複数の銭種を合成して別の新しい銭種カテゴリーを構成しようとする発想ないし方法を、拙稿「本多報告へのコメント」(第一四回貨幣史研究会東日本部会、日本銀行金融研究所、二〇〇三年一二月九日)ではこのように仮称してみた。詳しくは、http://www.imes.boj.or.jp/japanese/kaheikenkyukai/kaheishi_index.html を参照のこと。
(33) 『戦国遺文　後北条氏編1』五八〇号　永禄元年五月一一日北条家朱印状、六二二号　(永禄三年)二月晦日北条家朱印状、

六二三号　（永禄三年）三月一六日北条家朱印状、六三三号　永禄三年六月二日北条家朱印状写、他。
(34)　これについては、千枝大志「中近世移行期伊勢神宮周辺地域における永楽銭」（『出土銭貨』二六号、二〇〇七年）も参照のこと。
(35)　注(24)本多書、二九頁。
(36)　毛利一憲「ビタ銭の価値変動に関する研究」上・下、『日本歴史』三一〇・三一一号、一九七四年、注(6)拙稿。
(37)　奈良の例にかんがみれば、たとえば需要の価格弾力性の小さい食糧の価格が高騰したときなどが考えられるのではなかろうか。
(38)　高木久史「撰銭令の再検討――食料需給の視点から」（『ヒストリア』一七九号、二〇〇二年）が、「食料需要が増大する時期もしくはそれが予想される時期に撰銭令が出されている可能性が強い」と指摘しているのは傾聴に値する。撰銭令のすべてとはいえないが、その一部が食糧販売者に低銭を受領させる効果をねらっていた可能性は十分にあろう。ただし奈良の例は、米価高騰の折には撰銭令が出る出ないにかかわりなく、低銭の地位が上昇した可能性を示唆しており、そのなかで撰銭令の効果をどのように評価するかが依然として大きな問題であろう。なお、この問題については、黒田基樹「戦国大名の撰銭対策とその背景」（黒田『中近世移行期の大名権力と村落』校倉書房、二〇〇三年）、中島圭一「撰銭再考」（小野正敏他編『考古学と中世史研究2　モノとココロの資料学――中世史料論の新段階』高志書院、二〇〇五年）も参照のこと。
(39)　注(3)浦長瀬書。ただし、小額取引では銭遣いが存続することは、前述のとおりである。
(40)　高木久史「一六世紀後半の畿内における価格表記について――『多聞院日記』から」『神戸大学史学年報』一八号、二〇〇三年、同「一六世紀後半における貨幣史的転換について――浦長瀬隆氏の所論を中心に」『ヒストリア』一九五号、二〇〇五年。
(41)　注(2)黒田書。
(42)　同右、一二五―一二七頁。

(43) 黒田明伸「一六・一七世紀環シナ海経済と銭貨流通」『歴史学研究』七一一号、一九九八年、のち歴史学研究会編『越境する貨幣』青木書店、一九九九年、に再録。
(44) 注(36)毛利論文。
(45) 注(6)拙稿。
(46) これについては、注(34)千枝論文も参照のこと。
(47) 高木久史「一六世紀後半越前における銭使用秩序の変容」『神戸大学史学年報』二二号、二〇〇七年。
(48) 二枚で一文の「低悪之銭」であった「板児」とよばれる銭が、のちに一枚一文で通用するようになったという、黒田論文が紹介する中国の事例も、あるいは同様のケースかもしれない。
(49) 安国良一「近世初期の撰銭令をめぐって」、歴史学研究会編『越境する貨幣』青木書店、一九九九年。
(50) 『多聞院日記』天正一〇年九月一六日条。
(51) 『大山崎町史 史料編』「疋田家本離宮八幡宮文書」四三号、天正一〇年一〇月日羽柴秀吉定書写。
(52) 注(47)高木論文。なお、高木はすでに「日本中世銭貨史研究の現在」(『歴史評論』六六七号、二〇〇五年)のなかで「等価値使用の解消」から「再統一」へという正しい展望にたどりついている。
(53) 注(4)拙稿。
(54) 注(24)本多書、七六―八六頁、他。
(55) 注(36)毛利論文。
(56) 注(4)拙稿。
(57) ただし本多論文は永楽銭の希少化については言及していない。
(58) 注(24)本多書、二九頁。
(59) 伊東多三郎「細川小倉藩の鉱山と貨幣」『日本歴史』二四七号、一九六八年、のち伊東『近世史の研究5』吉川弘文館、一九八四年、に再録。

(60) 注(4)拙稿。

(61) 注(6)拙稿。

(62) 同様の理由から、一七世紀の「南京」と一六世紀の「南京」とを価格水準の違いだけから別種と断じることもできないと考えている。

(63) 注(49)安国論文。

(64) 注(4)拙稿。

(65) 朝尾直弘「木地屋銀札について」『日本史研究』七二号、一九六四年、のち朝尾『近世封建社会の基礎構造』御茶の水書房、一九六七年、に再録、作道洋太郎「幕藩体制と通貨問題」、豊田武・児玉幸多編『体系日本史叢書13 流通史I』山川出版社、一九六九年。

(66) 岩橋勝「近世の貨幣・信用」、桜井英治・中西聡編『新体系日本史12 流通経済史』山川出版社、二〇〇二年、他。

(67) 注(49)安国論文に掲げられた「京都の銭相場」表によれば、一七世紀に入ってからの京都の銭相場も、元和二年(一六一六)に唯一の急落があるのをのぞいて、それ以前も以後も上昇傾向を示している。

(68) 注(59)伊東書、二〇四、二二七頁。

(69) 網野善彦『網野善彦著作集12 無縁・公界・楽』岩波書店、二〇〇七年、四五六頁、他。

(70) 注(18)安冨書。

あとがき

序文に掲げた「前近代日本貨幣史の再構築」は、慶應義塾大学名誉教授の鈴木公雄が二〇〇四年三月に日本銀行金融研究所に提出した研究会活動報告書からの抜粋である（一部補訂。全文は日本銀行金融研究所『金融研究』二〇〇五年三月号に掲載されている）。

鈴木の提案で貨幣史研究会東日本部会が発足したのは一九九九年四月のことであった。同研究会は、鈴木を座長とし、日本銀行金融研究所の一室を借りて、年三回ほどのペースで開かれた。一応正規のメンバーらしきものはあったが、実際の参加者はかなり流動的で、あえて宣伝ということはしなかったけれども、口コミ等で研究会の存在を知った者ならば誰でも参加が許された。その意味では自由で開放的な研究会であったといえよう。自然ここには多くの貨幣史研究者が集まり、研究の最先端をゆく熱い議論を戦わすことになったのである。

毎回の研究会の記録は、「貨幣史研究会・東日本部会の記録」(http://www.imes.boj.or.jp/japanese/kaheikenkyukai/kaheishi_index.html)としてホームページ上に公開されているので、詳しくはそちらを参照していただきたいが、はじめの数回はとくにテーマを定めることもなく、次はこの人の話が聴いてみたいと名前のあがった人をアトランダムに招いて報告してもらう形式がしばらく続いた。ついで七―九回は古代貨幣史をテーマに進められ、当時論争の渦中にあった富本銭の問題を中心に鋳造貨幣草創期をめぐる活発な議論が交わされた。その後、一〇―一二回の古代・中世移行期の貨幣動向に関する報告、一三回の中世商品流通史に関する報告を経たのち、一四回以降は中・近世移行期の貨幣動向にテーマが移った。これは鈴木の発案であり、序文の原型もおそらくはこのころに書かれたものと思われる(以上の研究会の流れをふまえると、序文の内容もさらにわかりやすいものとなろう)。

この一四回以降は、まさに本書に直結する内容であるから、参考までにラインアップを紹介しておこう(肩書はすべて当時)。

一四回　二〇〇三年一二月九日
報告：本多博之(県立広島女子大学助教授)「中近世移行期の貨幣流通と石高制」
　コメント：桜井英治(北海道大学助教授)
一五回　二〇〇四年三月一一日
報告1：黒田明伸(東京大学教授)「一五世紀末及び一六世紀前半の中国・日本における銭貨流通の共時性について」
　コメント：櫻木晋一(下関市立大学教授)
報告2：千枝大志(皇學館大学大学院文学研究科博士後期課程)「一五―一七世紀における貨幣・金融の実態と地域性――伊勢神宮周辺地域を中心に」
　コメント：井原今朝男(国立歴史民俗博物館教授)
一六回　二〇〇四年五月二七日
報告1：中島圭一(慶應義塾大学助教授)「撰銭再考」
報告2：田中浩司(函館大学助教授)「一六世紀の京都における貨幣の様相――大徳寺関係文書を中心に」

コメント：桜井英治（北海道大学助教授）
一七回　二〇〇四年一〇月七日
報告：安国良一（住友史料館主席研究員）「銭からみた近世初期貨幣史の課題」
コメント：櫻木晋一（下関市立大学教授）
千枝大志（皇學館大学大学院文学研究科博士後期課程）

研究会は鈴木の健康上の理由から二〇〇四年一〇月七日開催の一七回をもって休会に入った。一六、一七回の最後二回の研究会に鈴木の姿はなく、いつも鈴木がつとめていた司会は別の参加者によって代行された。鈴木が他界したのは休会からまもない二〇〇四年一〇月二二日のことである。

けれども中・近世移行期にテーマを絞ってからの終盤の数回は、これまでになく密度の濃い、白熱した議論が交わされ、そのなかで当該期の貨幣流通が地域ごとにみせる多様なあり方が浮き彫りになるとともに、近世幣制につながる貨幣統合の道筋もようやくみえかけてきたところであった。だから休会にさいし、参加者のあいだからその成果を公表することなく休会するのは惜しいとの声が多数あがったのも当然のことと思われた。そこで、私たちの総意を岩波書店に打診してみたところ、幸いにして同社が理解を示され、今回の出版にいたった次第である。年々研究書の刊行が厳しくなるなか、ご快諾くださった岩波書店と、編集の労をお取りくださった同社の小島潔氏に心よりお礼申し上げたい。

長年にわたり研究会の場を提供してくださるとともに、今回も機関誌『金融研究』からの序文の転載を快くお許しくださるなど、本書への協力を惜しまれなかった日本銀行金融研究所と同所長（当時）翁邦雄氏のご厚意にも深く感謝申し上げる。また、私たちと貨幣史への思いをともに熱く語り合った企画役(当時)の鎮目雅人氏、報告者の人選を含め、毎回の研究会をコーディネートしてくださった企画役補佐の山岡直人氏と貨幣博物館学芸員の関口かをり氏にも感謝の言葉を忘れるわけにはいかない。

本書は鈴木の没後に企画されたものである。したがって故人を編者に立てることに違和感を抱かれる向きもあろうが、本書の実質はまさにこの研究会の議論のなかで生み出されたのであり、その後も本書の完成にいたるまで鈴木のさしのべる「見えざる手」を意識しないことは一時たりともなかった。その意味で鈴木は、私たちのなかではまぎれもなく本書の編者でありつづけるのである。そのことへのご理解を賜れば幸甚である。

とはいえ、本書が鈴木の期待に十分応えられているかどうかはまた別問題である。たしかに出土銭貨資料の活用は当たり前となった。というよりそれを使わずして貨幣史を語ることはもはや不可能になったというべきだろう。本書所収の各論文がそれを証明しているはずである。けれども鈴木が序文で言及している民俗学的研究の活用はまだまだであり、本書所収の論文においてもそれを実現しているものは少ない。そのような残された課題が山積していることを率直に認めつつ、まずは本書をもって世に問うてみたいと考えている。

最後になったが、この研究会には、同時に発足した西日本部会(座長は松山大学の岩橋勝氏)というパートナーがある。古代・中世史を中心とする私たちの研究会にたいして、西日本の研究会は近世・近代史を中心にいまも精力的な活動を続けている。私たちのほうは休会になったが、近世の入口までたどり着いた本書のその先のことを考えると、西日本の研究会で展開されているであろう議論にどのように連結してゆくのかにも興味を抱かずにはおれないところである。

なお、私たち執筆者一同は、休会した研究会とは別個に、本書の完成に向けて独自の研究会を重ねてきたが、これは、科学研究費補助金「中近世東アジア貨幣史の特殊性・共時性とその貨幣論的含意」(平成一七―二一年度、課題番号一七〇八三〇〇七、研究代表 黒田明伸)の一環としておこなわれた。したがって本書はその成果の一部でもあることを申し添えておく。

二〇〇七年一〇月二二日

執筆者一同

■岩波オンデマンドブックス■

貨幣の地域史――中世から近世へ

2007年11月29日　第1刷発行
2019年9月10日　オンデマンド版発行

編　者　鈴木公雄《すずききみお》

発行者　岡本　厚

発行所　株式会社　岩波書店
〒101-8002　東京都千代田区一ツ橋2-5-5
電話案内　03-5210-4000
https://www.iwanami.co.jp/

印刷／製本・法令印刷

ISBN 978-4-00-730923-6　　Printed in Japan